会展创意与策划

主　编　刘建波　徐艳芳
副主编　赵晓涵　王丽亚

山东大学出版社
SHANDONG UNIVERSITY PRESS
·济南·

图书在版编目(CIP)数据

会展创意与策划/刘建波,徐艳芳主编．—济南:
山东大学出版社,2022.8
ISBN 978-7-5607-7402-2

Ⅰ．①会…　Ⅱ．①刘…②徐…　Ⅲ．①展览会—策划
Ⅳ．①G245

中国版本图书馆 CIP 数据核字(2022)第 047222 号

责任编辑　王桂琴
文案编辑　杨露宾
封面设计　张　润　于　宁

出版发行　山东大学出版社
社　　址　山东省济南市山大南路 20 号
邮政编码　250100
发行热线　(0531)88363008
经　　销　新华书店
印　　刷　东港股份有限公司
规　　格　720 毫米×1000 毫米　1/16
　　　　　18 印张　328 千字
版　　次　2022 年 8 月第 1 版
印　　次　2022 年 8 月第 1 次印刷
定　　价　57.00 元

《会展创意与策划》编委会

主　编　刘建波　徐艳芳

副主编　赵晓涵　王丽亚

参　编　王　蔚　陈少峰　张　心

前　言

会展业的发展是衡量一个国家或地区开放度、发展水平、发展活力和发展潜力的重要标志。近年来，全球都高度重视会展业的发展，将会展业作为扩大区域影响、增进国际交往、拉动区域经济、促进产业发展、优化资源配置、推进旅游和文化交流的重要手段。我国会展业虽然起步较晚，但是因为旺盛的市场需求与强大的经济支撑，正在逐步成为全球最大的会展经济体，会展业也逐渐成为我国促进国际间经济文化合作交流，积极参与全球治理体系和国际秩序变革，推动构建人类命运共同体，贡献中国智慧、中国方案的特殊载体，成为连接生产与消费、供给与需求、国际与国内的重要桥梁，成为吸引国际关注度、构建资源聚合度、提升城市活跃度、驱动流量经济加速度的重要动力机制。

目前，我国会展经济产业规模不断扩大，产业链条不断延伸，产值和 GDP 贡献度大幅增加，形成了市场化、专业化、国际化、品牌化、信息化的发展趋势，呈现出了良好的发展势头。但是，由于我国会展经济起步晚，国际国内形势变化较快，交通、通信的信息化、智能化发展迅速，尤其是近年来新冠肺炎疫情的影响等因素，我们的会展业发展还面临着诸多的机遇和挑战，存在着如市场开发不足、资源配置不均衡、具有全球性影响力的会展品牌缺乏、专业人才培养和创新创意不足等问题。这既是现阶段存在的问题，也是下一步我国会展业腾飞发展的基础所在。

市场需求与创新创意是会展经济的两大要素，其中市场需求是会展经济的躯体，而创新创意是会展经济的灵魂。会展活动就是根据市场特别的需求而精心策划实施的专业活动，会展策划是会展产业链的核心环节，而创意是会展策划的主要特征。会展策划中，策划人根据会展的活动目标，在充分调研的基础上，开展一系列的创意构思、资源整合、场景设计、结构安排等工作，最终形成富有创造性的会展策划方案。随着会展产业逐渐地发展成熟，会展策划尤其是商业项目策划出新出奇的创意难度越来越大，也给会展策划人士带来越来越大的挑战。因此，系统性地研究会展创意与策划理论，并把这些理论运用到教学与行业实践中，探索会展策划的新规律、新思路，总结会展策划的新经验，成为会展研究人员、教育工作者以及行业实践者的当务之急。

本书的定位是一本专注会展创意与策划的专业教材，通过理论梳理和案例解析，力求兼顾理论和实践。本书的框架既考虑了会展策划的流程性，也兼顾了会展行业各主要构成部分的重点讲解；既借鉴了国内外相关理论研究的新成果，也吸收了编者多年的行业实践和教学实践成果。因此，它既可以作为会展经济与管理、旅游管理等专业相关课程的教材使用，也可以作为会展从业人员的参考书和岗位培训用书。

本书由刘建波提出编写思路、制订编写计划、搭建编写框架，并对此书进行了修改审定；徐艳芳编写了第一章，王蔚编写了第二章，赵晓涵编写了第三章、第五章，陈少峰编写了第四章、第八章第二节，王丽亚编写了第六章、第八章第一节和第三节，张心编写了第七章、第八章第四节。

本书在编写过程中得到了国内外同仁的大力支持，在此深表感谢。会展业是朝气蓬勃的新兴行业，会展学科是一门具有无限发展潜力的年轻学科，会展创意与策划是一个富有挑战性的课题。由于编写时间仓促、编写水平有限，本书中必定存在不够完善的地方，希望方家不吝指正，以利于我们提升、修改和完善。

编　者

2022 年 6 月于济南

目　录

第一章　会展创意与策划概述

学习导引

怎样才能策划一场会展活动，怎样才能策划一场有创意的会展活动？这个问题贯穿会展策划的全过程。要回答这个问题，需要首先理解什么是会展策划以及创意与会展策划的关系。除此之外，本章还涉及会展策划的理念、原则等理论性问题以及会展策划的一般流程和方法。

学习重点

通过本章学习，重点掌握以下知识要点：

1. 会展策划的概念及内涵。
2. 创意与会展策划的关系。
3. 会展策划的核心理念。
4. 会展策划的基本原理和原则。
5. 会展策划的主要方法。

第一节　会展策划的概念与作用

一、策划与会展策划

在现代社会中，策划已经成为一种具有方法论意义的思维方式和运作方式，了解"策划"一词的来源，研究"策划"一词的内涵，对于我们学习会展策划的相关知识和方法，具有十分重要的意义。

国内策划学研究一致认为，策划学起源于中国。汉语中的"策"字主要有名词和动词两种用法。用作名词时，主要意思为头上有尖刺的竹制马鞭，引申为驾驭马匹的工具，包括缰绳之类，如《礼记·曲礼上》中有“则仆执策立于马前”；又指策略或计谋，如贾谊《过秦论》中有“惠文、武、昭襄蒙故业，因遗策”；还可以指成编的竹片或木片记事，如《战国策·秦策一》中有“书策稠浊，百姓不足”，引申为策书或应试者对答的文字。用作动词时，引申出了“驾驭”“督促”“谋划”等含义。

“划”的繁体写法是“劃”，另外也有“划”字，但在古代，却是意义不同的两个字。“划”(huá)是左右结构会意字，从“刂”、从“戈”，意思是用尖利物把东西割开，现代汉语中“划船”“划桨”“划开”等就是这个意思。“劃”(huà)同“画”，指用笔或其他工具写画或涂画，含义扩展为刻画、筹划、计策等。由此可见，“策”和“划”从汉字的本意上都有筹谋、筹划、计策的含义。据考证，两字连在一起的“策划”一词最早出现在《后汉书》。《后汉书·隗嚣列传》中有“夫智者睹危思变，贤者泥而不滓，是以功名终申，策画复得”，其中“画”与“划”相通互代，“策画”即“策划”，意思是盘算、计划、打算。还有一说，“策划”一词最早出自《文选·晋纪总论》：“魏武帝为丞相，命高祖为文学掾，每与谋，策画多善。”其中的“策画”，就是今天的“策划”。除了在古代典籍中以“策画”出现以外，古语中的“预则立，不预则废”“未雨绸缪”等说法讲的就是预先计划、事先谋划，也是策划的意思。考察“策划”在我国发展的历史，可以看出“策划”贯穿于中国文化的历史长河中，广泛应用于政治、经济、军事以及民间生活的各个领域，是中国传统文化的重要组成部分，与中国传统的谋略文化息息相关。

英文中与“策划”相对应的词语，一般认为是“strategy”或“plan”，但前者更倾向于“战略”所强调的宏观含义，后者更强调行动的实施层面。在英文语境中，“策划”被广泛应用在商业领域，尤其是市场营销、公共关系等领域，例如“Strategy Plan”(战略计划)、“Marketing Plan”(市场营销规划)。20 世纪 50 年代，美国学者爱德华·伯纳斯(Edward L. Bernays)在《策划同意》一书中，首次把“策划”的概念全面引入公共关系的理论和实践，并得到人们的普遍认可。英文中另一个与“策划”含义相近的词是“consult”，一般翻译为“咨询”“商议”“顾问”“图谋”等，不但被应用于商业领域，还广泛应用于政治决策、家庭生活等社会活动的方方面面。

策划学研究者从认识“策划”的不同侧重点出发，对“策划”给出各种不同的定义。新华社记者出身的著名策划人王志纲在 1997 年上海策划峰会上对“策划”的定义是：条条道路通罗马，最近的毕竟只有一条，策划就是找出这条路。吴粲认为：策划是对市场信息进行管理、运作、技巧处理或操纵的过程，对市场进行计划、决策并运用谋略的过程，强调策划是一个整合、系统的过程。李道平认为：策划是用掌握的相关信息，推测事物发展的趋势，分析需要解决的问题和主客观条件，在行动之前，对指导思想、目标、对象、方针、政策、战略、策略、途径、步骤、人员安排、时空利用、经费开支、方式方法等作出构思和设计，并形成系统、完整的方案，简言之，策划就是行动谋划方案。哈佛企业丛书编委会认为：策划是一种程序，从本质上是一种运用脑力的行为，是关于未来的事物。也就是说，策划是针对未来要发生的事情作当前的决策。换言之，策划是找出事物的因果关系，衡量可采取之途径，作为目前决定之依据，即策划是预先决定做什么，何时做，如何做，谁来做。策划如同一座桥，它连接着目前与未来的经过之处。刘嘉龙认为：策划就是策略、谋划，是为达到一定的目标，在调查分析有关材料的基础上，遵循一定的程序，对未来某项工作或事件事先进行系统、全面的构思、谋划，制订和选择合理可行的执行方案，并根据目标要求和环境变化对方案进行修改、调整的一种创造性活动过程。

分析上述从不同侧重点对策划的定义，可以看出策划的几个鲜明特点。第一，策划具有前置性，即策划是在事件发生之前进行的，是预先进行的活动。第二，策划是一种过程。从我国古代的谋略文化来看，策划是一种谋略的过程。策划也是一种信息处理的过程，好的策划一定是以完善充分的信息掌握与处理作为前提。从事物的决策角度，策划又是一种决策过程。第三，策划是一种思维活动，创造性、前瞻性的思维是策划质量的关键要素，通俗地讲，策划就是“出点子”，是基于创意思维的脑力劳动。第四，策划是一种管理行为。现代策划活动广泛应用于市场营销、广告、大型活动与事件、公共关系、企业战略、私人活动等领域，证明策划具有管理属性。

策划类型众多，按照不同领域不同行业，策划可划分为政治策划、经济策划、军事策划、文化策划、体育策划、影视策划、活动策划、商业策划等；按照策划所用到的不同手段，可划分为新闻策划、促销策划、广告策划、形象策划、公关策划等；按照策划对象，还可划分为选题策划、产品策划、专题策划、项目策划等。如果把“策划”放在相应词语之前，就有“策划经济”“策划政治”“策划军事”“策划文化”等。具体到上述的每一类策划类型中，还往往包括若干个小的策划类型。例如商务策划，即包括战略、形象、品牌、公关、营销、广告、活动、融资、管理、经营、产品、市场定位、开业等策划；从内容上看，可涉及房产、企业（如企业重组和企业形象）、婚庆、影视、动漫、建筑装潢、工艺产品、出版、玩具、博物馆、画廊、图书馆、流行音乐、体育、游戏、软件、新闻、会展、娱乐、服装等方面的策划。会展策划是众多策划类型中的一种，是一种对“会展”这一特定事物和活动的策划行为。

二、会展策划的概念与特点

（一）会展策划的概念

理解了“策划”的含义，就不难理解“会展策划”。会展产业的学者与广大的从业人员在长期的会展实践和理论探索中，对会展策划的认识也越来越深入完整。张凡认为：会展策划是商业策划的一个分支，其理论来源和基本规律与商业策划并无二致。舒波等认为:会展策划是指充分利用现有信息和资源,判断事物变化发展的趋势,全面构思、设计,选择合理有效的方案,使之达到预期目标的活动。许传宏理解的会展策划,则是在会展活动开始的最初阶段就要进行的,有时甚至要贯穿会展活动始终的一种优先的、提前的、指导性的活动。综合借鉴现有观点,我们认为,会展策划是以会展产业信息和资源分析为基础,以创意为核心,以会展活动有序、有效开展为目标,对会展活动的可行性以及实施过程进行全面设计的前瞻性规划活动。对“会展策划”概念的完整理解,要把握以下几个方面。

第一,会展策划的服务对象是会展主办方,也就是说,会展策划活动是以会展主办方的需求为中心展开的。换言之,会展策划不能游离于会展活动主办方而独立存在,即便是专门从事策划服务的机构提供会展策划服务,也必须接受会展活动主办方的委托进行策划,才具有现实意义。会展活动主办方主要包括政府、政治团体、社会团体和企业。

第二,会展策划是指针对会展活动特定领域的策划。现代会展范围涵盖十分广泛,主要包括展览、会议、节事活动、奖励旅游以及其他活动,会展策划一般要集中某一种活动作为策划对象,例如展览策划、会议策划等。

第三,会展策划是对会展活动进行全方位的设计并找出最佳解决方案的过程。会展策划就是策划主体根据主办方的要求,在收集和整理信息的基础上,对项目的立项可行性、方案实施、品牌树立和推广、流程设计、营销以及相关活动的开展进行的总体部署。具体到策划的内容,既可以是对某项会展活动的整体规划,也可以是就其中某一个环节或内容的安排。

(二)会展策划的特点

会展策划具有针对性、前瞻性、系统性、创意性、可行性等特点。

1. 针对性

会展策划具有明确的工作对象和目标,也就是说会展策划是一项针对性很强的活动。在进行会展策划时,应首先明确会展活动要达到的目标,包括近期目标和长远目标。比如,策划一个消费类展览会,就要充分研究市场基础,分析市场信息以研究展会项目的可行性,进而确定科学的目标以及围绕目标而确定的展会主题及各种活动的实施方案。

2. 前瞻性

前瞻性包含着前置性与预见性两层含义。从时间顺序来看,会展策划是在会展活动实施之前展开,也就是说,策划在前。只有形成了成熟的策划方案,才能最大限度地保证会展活动的有序、有效开展。前瞻性的另一层含义是指预见性,能判断准即将到来的形势或发生的事件,以增强策划的可行性。从大的方面讲,预见性是指对世界以及国家等大范围形势的判断;从小的方面讲,也是指对项目运营过程中可能出现的小范围变化的预见。会展策划的前瞻性必须建立在对当前事物的正确理解和判断基础之上，能否准确地“预见”，取决于实事求是的分析。

3. 系统性

会展策划是一个系统工程，最终形成的策划方案是由相互作用、相互依赖的若干组成部分结合而成的、具有特定功能的有机整体，各个组成部分一定有某种内在关系，功能互补，目标一致，协调行动。从会展策划的过程来看，成功的会展策划源于对经济、市场等社会资源的有效整合，整合的过程就是一个系统工程。首先确定目标，然后通过市场调查、环境分析，形成基本创意，拟订方案，最后进行评价筛选、方案优选，并在实施过程中不断进行反馈和修正。因此，会展策划需要用系统的观念认识资源，用系统的方法分析整合资源。用系统的观念实现资源的优化是成功策划会展的主要方法之一。

4. 创意性

会展策划的过程是人的大脑工作的过程，是创意过程，会展策划实质上就是创意策划。会展策划中，策划人大脑中产生的与老思想、老点子和老办法不同的新思想、新点子和新办法通过组合，最终形成富有创造性的会展策划方案。创意是新生事物产生发展的核心动力，对于会展策划尤其如此。前文所述中有的学者认为会展策划的实质就是出点子，就是强调它的创意性。在现代市场经济条件下，会展策划的关键在于瞄准市场需求，捕捉新兴市场和潜力市场，与时俱进，才能策划出新意和吸引力。随着会展产业逐渐发展成熟，会展策划尤其是商业项目策划的创意难度越来越大，也给会展策划人士带来越来越大的挑战，任何个人已经很难独立完成复杂的会展策划任务。因此，最常见的会展策划方法是头脑风暴法，群策群力，群体公关，在反复实践的过程中，好的会展策划团队也就会历练成思想库与智囊团。

5. 可行性

可行性是指会展策划方案在现实中要切实可行。没有可行性的会展策划方案写得再完美也是纸上谈兵。会展策划方案的可行性主要体现在策划的目标定位、实施的可能性以及预期效益等方面。一个具有可行性的策划方案首要的是策划项目目标能够被清楚定义，并且是可以最终实现的。在目标可行的基础上，好的策划还要论证实施的可能性，即按照策划书的安排，会展活动是能够被按计划实施的。同时，还要兼顾利益相关者不同的期望和需求，把利益相关者的共同利益作为会展项目效益可行性的重要考量。

（三）会展策划的作用

对于会展的组织者来说，会展策划是会展运作的核心环节；对于参展商来说，会展策划提供的是参展策略和具体计划；对于会展观众来说，会展策划是提供高质量会展活动的保障。会展策划通过整合资源、主题创新，以达到提升会展项目品质的效果。具体来说，会展策划的重要作用体现在战略指导、规划实施、进程约束、运作规范、效果保障等方面。

1. 战略指导作用

战略指导作用，是指会展策划能为会展活动的执行提供总体的指导思想，提供全局性的计划和策略。自古不谋万世者，不足谋一时；不谋全局者，不足谋一域。会展策划能够从全局出发，以理性思维，对会展活动的目的、内容、步骤和保障等方面予以谋划，以确保未来即将进行的活动能够有条不紊地按预定的目标进行。会展策划也是在战略指导下的决策行为，是策划者为策划目标进行决策谋划、探索、设计多种备选方案的过程。决策者以策划方案为基础，进行选择和决断，从而保证决策的程序化和科学性。以展览策划为例，如展览场地、展会规模、展会的主题及时间的安排、展会品牌、主要合作伙伴（行业）等方面，在会展策划方案中都要提出详细的预案。

2. 规划实施作用

规划实施作用，是指会展策划能为会展活动提供具体的行动计划。战略指导指向全局，规划的实施指向具体和细节。会展策划为会展活动的展开细节进行详细的安排，提出一系列的行动和措施，保障活动按步骤顺利开展。一般来说，会展策划方案通过之后，在具体的实施过程中可以根据情况做适当调整，例如，可以根据实际情况调整活动的细节，但会展活动运行的总体思路与要求是不会改变的，策划方案是会展活动实施的主要依据。

3. 进程约束作用

进程约束作用，是指行动计划必须要有相应的约束机制才能保障活动的实施效果。会展活动的进程不仅是一个时间顺序问题，还是一个空间安排问题，是一个时间、空间、事件、人员交织在一起的错综复杂的系统。在这个系统的运行过程中，还存在不可预知的因素，有可能出现突发的事件，任何一个环节的失误都可能影响整个活动的效果。因此，要想保证会展活动的顺利实施，需要会展策划对活动进程予以约束。尤其是大型会展活动，所涉及的工作千头万绪，在会展活动执行的进程中，必须严格按照策划所提出的方案进行工作，这样才能确保会展活动的顺利进行。

4. 运作规范作用

运作规范作用，是指会展策划能使会展运作趋于科学、合理、规范。会展策划者在进行计划或规划之前，通过对会展活动相关信息和资料的收集、分析、处理，运用科学的策划运作程序对计划进行构思和设计，使策划具有科学性和可行性。在会展活动的实施步骤、预算、人员配备、应急预案等内容的策划中，为会展活动提供规范、合理的方案，以保障会展活动的可行性、规范性和有效性。

5. 效果控制作用

效果控制作用，是指策划一般会对会展活动发展的长远问题或本质问题，包括会展环境的未来变化发展，进行超前研究，预测发展趋势，思考未来发展问题，以提高会展活动策划主体适应未来和创造未来的主动性。由此，会展策划便能预测、监督会展项目活动的效果。某一会展活动在执行过程中是否达到预期的效果，通过对照策划方案的相关要求就能够清晰地看出。会展策划一方面能对会展活动的最终完成效果进行控制，另一方面也可以对策划方案本身的可行性、合理性进行检验。

三、创意与会展策划

创意是会展策划的主要特征，也是会展策划的灵魂。《辞源》中对"创意"的解释是"独立立言，指文章中提出的新见解"。"创意"一词的"创"字含有创见、创造和创新的意义，而"意"字则指思维、意识和理念。"创"字和"意"字合起来的"创意"，是指创新型思维。英国学者克里斯·比尔顿(Chris Bilton)对创意的定义是，"创意要求我们做或者想新的东西，或现有元素的重新组合"，这就是创新。与此同时，"新点子还必须有用或有价值，具有合乎目的的适用性"，这就是价值。所以创意等于"创新"加"价值"。在会展策划过程中，创意活动贯穿始终，主要体现在以下几个方面。

(一)主题创意

会展主题是会展内容的高度浓缩与概括，它表达了会展的宗旨、理念和目标。主题是会展活动的灵魂，主题的创新性、时代性是会展活动能否成功的关键，也能影响到后续会展活动的其他环节的创意设计。会展主题创意，一般要根据会展举办地的资源性质、特色、产业基础、同类产品竞争状况、会展服务等因素进行。

(二)活动创意

不论是展览、会议，还是节事活动和奖励旅游，都是由一系列的活动组合进行的，是一种大活动包含多个小活动的套嵌。会展活动中套嵌哪些小的活动以及这些活动如何组合与组织，是会展创意的重要内容。

(三)形象与展示创意

一个富有创意的展示设计才能够将会展活动的主题、目标等淋漓尽致地展现出来。好的形象和展示设计能巧妙呈现会展产品特性，向观众传达理念，体现会展活动所蕴含的文化内涵。

(四)服务创意

服务创意主要体现在服务类型和服务质量两个方面。服务无止境，具有创意的细心周到的服务可以给会展参加各方带来优质的体验。服务创意还体现在与时俱进地把最新的科技成果应用到会展服务中，使会展活动具有时代感、新奇感，提高活动服务效率和会展吸引力。

知识活页

2010年世博会中国馆建筑外观设计

2010年上海世博会中国馆，共分为国家馆和地区馆两部分。国家馆主体造型雄浑有力，犹如华冠高耸；地区馆平台基座汇聚人流，寓意社泽神州，富庶四方。国家馆和地区馆的整体布局，隐喻天地交泰、万物咸亨。中国馆以大红色为主要元素，充分体现了中国自古以来以红色为主题的理念，更能体现出喜庆的气氛。

中国馆主体构思建筑外观以“东方之冠”为主题，充分表达了中国文化的精神与气质。在总体布局上，国家馆居中升起、层叠出挑、庄严华美，形成凝聚中国元素、象征中国精神的主体造型——“东方之冠”。地区馆水平展开、汇聚人流，以基座平台的舒展形态衬托国家馆，展现出属于城市、面向世界的中国大舞台的形象。在场地设计上，整合南北城市绿地，形成坐南朝北、中轴统领、大气恢宏的整体格局，体现了传统中国建筑和城市布局的经验和智慧。在技术设计上，层层出挑的主体造型，显示了现代工程技术的力度美和结构美；对生态节能技术的综合运用显示出我们对环境和能源等当今重大问题的关注与重视。

第二节 会展策划理念和原则

一、会展策划核心理念

理念是处于至高层面的意识特质，是上升到理性高度的观念。以什么样的理念进行会展策划，不仅影响到策划方案的可行性和目标，更影响到策划的方法、手段和效果。会展策划理念贯穿于会展活动主题、内容、实施、保障全过程，体现在会展活动策划的主题创新、模式选择、组织设计、内容编排、效果评估等各个环节。总之，理念就是会展策划的“纲”，是策划的指针、纲领和理论基础，是整个会展活动的灵魂。

（一）产品理念

从管理学的角度来看，会展策划的对象既是一种活动、一个项目，也是一种产品。长期以来，我们习惯于把会展视为一种展示、展览、会议等的集聚性活动，而弱化了会展也是一种产品的认识。随着国内外对会展管理的研究，会展作为特殊的活动已成为为目标客户提供特定需求的产品。会展产品除了具备一般产品的公共特点以外，还具有区别于一般产品的特性。会展产品的供需关系涉及主办方、PCO（专业会议组织者）、PEO（展览组织者）、DMC（目的地管理公司）、观众、参展商、与会者等多方面的企业、组织和个体，具有非常强的综合性。同时，作为一种服务产品，会展产品又具有不可分割性、无形性、不可储存性、依存性等特征。树立会展策划的产品理念，就是要求会展策划要根据会展产品的上述特征，根据客户需求，在充分占有资源的基础上，策划出符合会展产品特性的方案。例如，展览项目的策划就应该同时考虑参展商和观展商这两个重要的目标客户的需求，策划出符合两者共同利益的综合性产品。只重视参展商而忽视观展商的展览是不完整的，也是不会成功的。

（二）服务理念

会展产品是一种服务产品。世界贸易组织将展览界定为“非物质形态的服务型产品”，在我国统计局颁布的国民经济行业分类中，也将会议及展览行业（会展产业的主体）、旅行社相关服务等会展活动划分到商业服务业大类中。

既然会展活动是一种产品，我们就应树立产品策划的服务理念，强化会展策划的服务意识。长期以来，会展业服务意识普遍不强，例如，展会前组展阶段，成熟的展览企业会以客人为主，称为销售，而有的企业则以己为主，称为招商组展；展览中阶段，好的展览公司注重协调，而有的企业则被动应付；展览后阶段，应该注重评估并征询意见，不能简单总结，万事大吉。两者的差别就在于服务意识不同。如果会展企业身在服务领域却服务意识淡薄，就会导致参展商与观展商目标不一致，信息不对称，展览效果不佳，展览业务得不到发展。

（三）品牌理念

把会展策划的对象看作是一种产品，就应树立品牌理念，会展品牌建设是会展产业可持续发展的保障。我国会展业起步晚，发展速度快，不论是会展企业还是会展项目的成长主要体现在速度和规模上，质量发展和品牌建设相对较弱，品牌会展项目比重不高。2018 年我国境内外办展项目共 11013 场，通过国际展览联盟（UFI）认证的项目只有 118 个，仅占全部展览项目的 10.7%。与一般的会展项目相比，品牌展会具有四大基本特征：一是具有较高的知名度；二是具有较好的规模成效；三是具有较强的权威性；四是具有规范的服务和完善功能。会展策划要围绕品牌会展项目的特征，在主题、目标、功能、流程、服务等方面，加强项目的知名度、规模化、权威性、规范化设计策划，强化品牌战略意识，培育高档次的国际化品牌，提升经营服务理念，加快我国会展品牌化建设步伐。

（四）以人为本的理念

会展活动是基于人类在政治、经济、社会文化等领域的沟通和交流而展开的，人是会展活动的主体，也是会展活动中最活跃的因素。因此，会展项目的创意策划就必须树立以人为本的理念。首先，会展活动要体现人的参与性，要体现对人性的关怀。会展策划要围绕“人”来进行，按照“人”的特点和能力来安排会展活动，设计活动流程，注重人性化设计。其次，会展活动的形式和内容安排，要以提高参与者的参与性为目标。不论是主题、口号的确定，还是会展服务的内容，都要以提高对人的吸引力、提高观众的参与度为目标。2008 年北京奥运会的主题口号“同一个世界，同一个梦想”就体现了“天地之性，人为贵”的人性关怀与广泛参与性。最后，会展策划要注重参与者的体验。从参与者体验的角度来看，会展活动是一个载体，活动的过程就是构建会展活动与公众间的关系的过程。根据不同人群，在性别、心理、年龄、区域、文化等层面，体现会展场景环境在参与者参加活动过程中的感知性、理解性、参与性，这是体验会展设计的关键。

二、会展策划的基本原理

会展活动是一种参与主体多、涉及行业广的综合性活动。从管理学的角度来看，会展活动是项目，会展策划就是基于项目的产品策划。从经济学的角度来看，会展是基于活动、融合相关产业、在为客户提供会展产品的过程中形成的各种经济关系的总和。从文化角度来看，会展是基于人的情感和社会交往需求的信息和文化的交流活动。因此，会展策划过程中就会涉及管理学、经济学、文化学等诸多学科中的理论与方法。会展策划只有灵活地将这些理论运用到实践中，才能策划出操作性强、有吸引力的会展项目。

(一)信息不对称理论

信息不对称理论是指在市场经济活动中各类人员对有关信息的了解是有差异的，掌握更多信息的一方可以通过向信息贫乏的一方传递可靠信息而在市场中获益，买卖双方中拥有信息较少的一方会努力从另一方获取信息。一个好的展会之所以有吸引力，是因为这个展会较好地运用了信息不对称原理。展品、展示过程等各环节信息在参展商与专业买家之间的不对称，是驱动参展商和专业买家参展的动力，也是会展项目发展的动力。展示的产品是新产品，或者展示的方式是新方式，都能提高展会的吸引力，吸引观众参加展会。基于信息不对称理论，策划会展项目过程中要特别重视展品展示过程中的信息传递，在展品设计、产品展示方式设计、展会流程以及相关活动的安排上要有利于提升参与者对信息获取的兴趣度，有利于参与各方传递或接收信息，使信息流动渠道畅通。

(二)集聚扩散理论

会展的集聚和扩散，既是指物质实体的集聚和扩散，例如展品的流动，也包括信息等无形资源的集聚和扩散，例如知识、资金和技能等。会展项目是短时间内人流、物流、资金流、信息流集聚和扩散的平台,参展商集聚了大量的产品参加展览会,观众从不同的地域在同一时间向展览目的地集聚,在集聚的过程中同时发生着产品和信息扩散。就会议而言,参会者向会议目的地的集聚带来的是知识和信息的扩散。不论是会议、展览还是其他大型活动,都是在参与者、展品和信息的集聚扩散运动中完成商务、营销、交流等会展功能。对会展项目的评估来说,人流、物流、信息流和资金流的流量、流速和流动方式,是判断会展项目质量高低的重要标准。判断一个展会的好坏,关键看参展商和客商(专业买家)的集聚扩散能否带来较大的社会影响力。同理,判断一个会议或大型活动的质量,关键看参加者的层次结构,高层次和结构合理的参加者能够促进活动信息的发散、传播和吸收,使活动获得预期的经济效益和社会效益。展会的集聚和扩散理论告诉我们怎样判断人流、物流、信息流和资金流的流动方式,并据此来设计一个好的项目,这在实操中非常重要。

(三)体验经济理论

会展经济具有神经经济、注意力经济和行为经济特征,体验是会展的重要内容。纵观世界经济的发展,到目前为止经历了四个不同的阶段:农业经济、工业经济、服务经济和体验经济。体验经济(The Experience Economy)是以服务作为舞台,以商品作为道具来使顾客融入其中的经济演进阶段。体验经济从生活与情境出发,塑造感官体验及思维认同,以此抓住顾客的注意力,改变消费行为,并为商品找到新的生存价值与空间。比如家长为孩子过生日而准备生日蛋糕的进化过程。在农业经济时代,家长是拿自家农场的面粉、鸡蛋等材料,亲手做蛋糕,从头忙到尾,成本不到一美元。到了工业经济时代,家长到商店里花几美元买混合好的盒装粉,回家自己烘烤。进入服务经济时代,家长是向西点店或超市订购做好的蛋糕,花费十几美元。到了今天,家长不但不烘烤蛋糕,甚至不用亲自自己办生日晚会,而是花一百美元,将生日活动外包给一些公司,请他们为孩子筹办一个难忘的生日晚会。这就是体验经济的诞生。在上述例子中,“为孩子筹办生日晚会”的经济就是会展经济。会展项目就是为消费者提供一个交流、合作、体验的平台,成功的会展项目也都是能为参与各方提供美好体验的项目。因此,会展策划时,要根据体验经济的非生产性、互动性、映像性、感官性、延伸性等特征策划会展主题、展品、议题、活动等,根据体验经济规律运营会展项目,让“体验设计”贯穿会展策划的各个环节。

(四)溢出效应理论

所谓“溢出效应”(Spillover Effect),是指一个组织在进行某项活动时,不仅会产生活动所预期的效果,而且会对组织之外的人或社会产生影响。简而言之,就是某项活动要有外部收益,而且是活动的主体得不到的收益。溢出效应分为知识溢出效应、技术溢出效应、经济溢出效应、文化溢出效应等。根据会展活动的层次理论,会展项目的效益是分层次的,有的注重经济效益,有的则注重社会效益。但不论是哪种层次的项目,效益都不会是单一的,即便不去刻意地追求,也会有其他的效益产生,也就是说,会展项目效益是一个综合效益。这就要求在会展策划阶段,确定主要效益目标的同时,兼顾其他效益的设想、设计和策划。当前我们看到很多展会,不论直接经济效益如何,总是出现很多让人不满意的地方,给参与各方的体验不完美,原因就是策划阶段往往强调某一种效益,而忽略了展会的溢出性。一个好的展会是一个系统性的谋划,展会的综合效益是衡量展会质量和可持续发展性的重要标志。

三、会展策划的原则

会展活动是为专业性、综合性、大规模的会展活动提供策略指导和具体的行动计划,必须遵循市场经济的运行规律和会展活动运行的基本原则。

(一)系统性原则

会展活动是一种综合性活动,要求会展策划要遵循系统性原则。会展策划的系统性原则,就是运用系统理论对会展策划资源进行系统分析,从系统的整体性和部分之间的相互依赖、相互制约的关系中,揭示会展策划这一系统的特征和运行规律,以取得最好的活动效果。每一个完整的会展项目都需要围绕主题,整合分析资源,从人员调配、活动设计,到产品营销,每一个环节都既是相对独立运行,又和其他环节互动、交叉运行。把会展项目作为一个整体进行系统策划,就是综合运用不同的手段、工具和方法,使各个子系统之间的资源和优势互补、匹配,产生好的整体效果。会展策划系统性原则的运用要把握以下几点。

第一,会展策划是动态的,不是一成不变的。会展项目作为一个系统,具有鲜明的开放式运作管理的特点,随时与外界发生能量、物质、信息、知识的交换,会展项目运作过程中必然会受到内外环境不确定性要素的影响,在强调展会策划系统的时候应该时刻关注系统的变化,并且及时调整相关的计划,以保证系统的运行顺利应对变化,实现最终目标。

第二,会展策划是协同策划,不是单一部门的单一工作。会展项目的各个独立的子项目之间涉及的各种管理要素、管理对象以及运用的管理方法,都需要通过策划的系统性原则形成一种互动协作的状态,才能使得展会策划发挥资源的聚变效应,调动一切可以调动的各种优势因素共同为会展目标服务。

第三,会展策划是整体策划,要有全局观。整体性目标就是提高会展项目管理系统的整体效率,重视系统的集成功能,形成设计科学、运行高效的工作流程,如立项、前期准备、会展实施、现场运营、评估和总结等,以及在这个流程中的资源分配和组织等。

(二)效益性原则

会展活动的效益主要包括经济效益和社会效益,社会效益又分为环境效益、文化效益等诸多方面。会展活动要取得良好的经济和社会效益是举办会展活动的一个主要目的,会展各方主体的目标在很大程度上是通过会展活动获取利润,可以说会展的效益是衡量展会策划是否成功的标准。会展策划的效益性原则要求在策划会展项目时,效益是首先要关注的目标,既要考虑直接效益,也要考虑间接效益,既要考虑经济效益,也要考虑社会文化效益,既要有对现实运行状态的考察,也要包括对未来潜能的预测、预期。同时,会展策划还要有风险意识,投资环境的不确定性,重大的政治、经济、社会事件,都会影响会展效益的实现。

(三)可操作性原则

会展策划不但要为会展活动提供策略的指导,而且要提供项目运行的具体行动计划,以保证会展活动能够在总体策略下顺利进行。会展项目顺利实施是会展策划的最终目标,因此会展策划应该具有完全的可操作性。会展项目的可操作性原则要求在做项目策划时,要结合市场的客观实际情况,以及会展企业的具体情况、实施能力进行。否则,再好的策划创意都会失去意义。要保证会展项目的可操作性,一是要对会展项目资源进行充分、科学的分析与评价;二是要准确把握各种政策法规的规范性和有效性;三是要建立完善的会展项目保障制度。

(四)创新性原则

创新是会展企业得以发展的动力,是会展项目赖以生存和发展的主要手段。会展策划的创新就是在进行策划时不要拘泥于现状,应源于现状而高于现状,立足于现在,着眼于未来。运用超前的创意,设计出新颖而又可行的行动方案,达到出奇制胜的效果。会展策划的创新主要表现在会展主题创新、理念创新、目标的选择与决策创新、组织与管理创新、程序设计创新、技术创新、服务创新等。要创新会展项目,就需要策划者把握大势,关心关注社会经济发展的现状和趋势,要眼观六路耳听八方,保持对新生事物的敏感性和前瞻性。信息闭塞、知识陈旧、观念保守,很难策划出成功的会展项目。

第三节　会展策划的流程和方法

一、会展策划创意思维训练

从根本上说,会展策划活动是一种系统的思维创意活动,会展策划的创新原则落实到操作层面,核心就是要求策划者具有创意思维,掌握创意方法。

古往今来，中外创意研究学者都在努力回答创意发生过程、方法和技巧等问题，综合起来，主要的创意思维方法有如下几种。

(1)多向性思维：就是在思维过程中尝试多角度思考，正所谓“横看成岭侧成峰”。从不同的角度来观察和分析问题，这样才能对事物进行全面的了解。

(2)放射性思维：就是紧密围绕一个中心，在与之相关的领域内呈放射式地寻找一切与之有联系的信息，以此找出尽可能多的答案。

(3)换元思维：在思维的过程中，通过分析构成事物特征的多种元素，并对其中的某个要素进行变换，以寻找和发现事物的新特征。

(4)转向思维：我们在思考问题时，一旦在某一个方向受阻，应该能够及时转向另一个角度。在探索事物的过程中，应学会及时转弯，毕竟条条大路通罗马。

(5)对立思维：从常规思考角度的对立方向展开思维，从而将二者有机地结合起来。

(6)逆向思维：从问题的相反方向出发，寻找突破的新途径。

此外，联想与想象、标新立异与独创性、广度与深度、求同与求异等也是重要的思维训练方式。具体到创意思维的训练技巧和模式，也有很多训练方法，例如头脑风暴法、心智图法、列举法、检核表法、目录法等。

二、会展策划的基本方法

把上述方法体系综合运用到会展策划中，就会形成适用于会展策划的方法体系。最为常用的方法有头脑风暴法、SWOT 分析法、系统方法、德尔菲法等。

(一)头脑风暴法

头脑风暴法(Brain Storming)，是 1937 年由美国天联广告公司(BBDO)的奥斯本(Alex F. Osborn)首创的创意思维方法，倡导集体思维，着重相互激发思考。该方法的操作是小组人员在正常融洽和不受任何限制的气氛中以会议形式进行讨论、座谈，打破常规，积极思考，畅所欲言，充分发表看法。小组成员专心提出构想而不加以评价，不局限思考的空间，讨论越热烈越好，主意越多越好。

知识活页

天联广告公司(BBDO)是世界排名第一的广告公司，隶属于全球最大的传播集团——奥姆尼康集团(Omnicom，又译“宏盟集团”)。在全球拥有 323 家分公司，遍布 77 个国家，雇员超过 17000 人，年营业额高达 149 亿美元。BBDO 在 2007～2011 年连续五年获得法国戛纳广告节(Cannes Festival)“年度最佳广告公司”(Network of the Year)称号。2006～2010 年连续五年被《全球广告创意报告》

(The Gunn Report)评选为“年度广告公司”。2006～2011 年连续六年被 Caples & Echos 评选为“年度最佳广告代理”,并分别在 2008 年、2009 年及 2010 年赢走 The Big Won Report 评选中的“年度最佳广告公司”桂冠。

头脑风暴法的运用主要有以下四个原则。

(1)提倡自由发言,畅所欲言,任意思考。要求与会者尽可能解放思想,无拘无束地思考问题并畅所欲言,不必顾虑自己的想法或说法是否“离经叛道”或“荒唐可笑”;欢迎自由奔放、异想天开的意见,观念越奇越好。

(2)会上禁止批评和评论,也不要自谦。对别人提出的任何想法都不能批判、不得阻拦。即使自己认为是幼稚的、错误的,甚至是荒诞离奇的设想,亦不得予以驳斥;同时也不允许自我批判。在心理上调动每一个与会者的积极性,彻底防止出现一些“扼杀性语句”和“自我扼杀语句”。诸如“这根本行不通”“你这想法太陈旧了”“这是不可能的”“这不符合某某定律”以及“我提一个不成熟的看法”“我有一个不一定行得通的想法”等语句,禁止在会议上出现。只有这样,与会者才可能在充分放松的心境下,在别人设想的激励下,集中全部精力开拓自己的思路。

(3)以量求质。鼓励与会者尽可能多地提出设想,以大量的设想来保证质量较高的设想的存在,设想多多益善,不必顾虑构思内容的好坏,会议以谋取设想的数量为目标。

(4)“搭便车”,见解无问专利。鼓励“盗用”别人的构思,借题发挥,根据别人的构思联想另一个构思,即利用一个灵感引发另外一个灵感,或者把别人的构思加以修改。

另外,运用头脑风暴法进行会展策划讨论会时,策划人要充分说明讨论的主题,尽可能充分地提供相关信息,创造一个自由的空间,让与会者充分表达自己的想法。为此,参加讨论会的人地位应当相当,以免产生权威效应,从而影响另一部分人创意思维的发挥。参与人数不宜过多,一般 5～12 人比较合适。讨论时间适中,时间太短与会者很难充分讨论,策划者很难获取充分信息,时间过长则容易使讨论偏离主题。

头脑风暴法的优点是效率高,能快速获取广泛的信息和创意;能有效调动参与者的积极性,集思广益,互相启发思维,使与会者的智力思维尽可能发挥出来;能够增加对学员的了解和沟通,起到团队合作的作用和效果,在这个过程中达到资源优化和组合。在会展策划过程中,头脑风暴法可用于会展主题的选择与确定、会展资源分析、项目流程以及项目人员配置等会展策划的各个环节。

(二)SWOT 分析法

SWOT 分析法是 20 世纪 80 年代初由美国旧金山大学的管理学教授韦里克

(Heinz Weihrich)提出的,是一种基于内外部竞争环境和竞争条件下的态势分析法,是将与研究对象密切相关的各种内部的优势、劣势和外部的机会、威胁,通过调查列举出来,并依照矩阵形式排列,然后用系统分析的思想把各种因素相互匹配起来加以分析,从中得出一系列相应的结论,而结论通常带有一定的决策性。其中,S(strengths)是优势,W(weaknesses)是劣势,O(opportunities)是机会,T(threats)是威胁。

从整体上看,SWOT可以分为两部分:第一部分为SW,主要用来分析内部条件;第二部分为OT,主要用来分析外部条件。利用这种方法可以从中找出对自己有利的、值得发扬的因素,以及对自己不利的、要避开的东西,发现存在的问题,找出解决办法,并明确以后的发展方向。根据这个分析,可以将问题按轻重缓急分类,明确哪些是急需解决的问题,哪些是可以稍微拖后一点儿的事情,哪些属于战略目标上的障碍,哪些属于战术上的问题,并将这些研究对象列举出来,依照矩阵形式排列,然后用系统分析的方法把各种因素相互匹配起来加以分析,从中得出一系列相应的结论。结论通常带有一定的决策性,有利于领导者和管理者作出较正确的决策和规划。

一般来讲,SWOT分析法常常被用于制定集团发展战略和分析竞争对手情况,是最常用战略分析方法之一。在会展策划中,SWOT方法可以用来分析会展企业发展现状及战略、会展项目的创新升级、会展项目研发的可行性分析、会展项目风险评估等。进行SWOT分析时,主要有以下几个方面的内容。

1. 分析环境因素

运用各种调查研究方法,分析出公司或项目所处的各种环境因素,即外部环境因素和内部能力因素。外部环境因素包括机会因素和威胁因素,它们是外部环境对企业或项目发展直接有影响的有利和不利因素,属于客观因素;内部环境因素包括优势因素和弱点因素,它们是企业或项目发展中自身存在的积极和消极因素,属主观因素。在调查分析这些因素时,不仅要考虑历史与现状,更要考虑未来发展问题。

2. 构造SWOT矩阵

将调查得出的各种因素根据轻重缓急或影响程度等排序,构造SWOT矩阵。在此过程中,将那些对企业或项目发展有直接的、重要的、大量的、迫切的、久远的影响的因素优先排列出来,而将那些间接的、次要的、少许的、不急的、短暂的影响因素排列在后面。

3. 制定行动计划

在完成环境因素分析和SWOT矩阵的构造后,便可以制定出相应的行动计划。制定计划的基本思路是:发挥优势因素,克服弱点因素,利用机会因素,化解威胁因素；考虑过去，立足当前，着眼未来。运用系统分析的综合分析方法，将排列与考虑的各种环境因素相互匹配起来加以组合，得出一系列企业或项目发展的可选择对策。

SWOT方法的优点在于考虑问题全面，是一种系统思维，而且可以把对问题的“诊断”和“开处方”紧密结合在一起，条理清楚，便于检验。

（三）系统方法

系统方法的主要原理是把事物看成是一个完整的系统，这个系统既包括自身组成要素的各个方面，又包括各要素间的联系以及各相关事物间的关系与地位。系统的方法要求从几个方面或整体出发，对策划对象进行不同角度的分析。

根据会展活动的普遍特征，其整个系统由名称、内容、时间、地点、组织机构五大要素构成。这五大要素互相联系，形成会展活动的功能主体。会展组织和策划者将会展活动相关的各类资源整合成完整的系统，并对系统内相关元素的关系进行协调，以实现系统功能的优化，从而达到会展活动成功举办的目的。

（四）五W系统分析法

五W系统分析法，是世界商务策划师联合会（WBSA）商务策划知识体系中的OK原理与会展实务操作经验相结合而产生的会展策划的思维方法。所谓“五W”，包括以下五点。

（1）What（做什么），即做什么样的会展项目。它包括项目名称、主题、内容、形式等。

（2）Why（为何做），即选择项目的背景理由是什么，其答案是基于对项目关联的宏观和微观资源环境的分析、整理和判断。

（3）Who（谁来参与），即项目实施的组织机构和参与对象如何。它包括主办、承办、执行、支持、协办、赞助、参展、参会等单位的选择。

（4）Where（何地做），即项目在什么地方举办。它包括对举办地所处的政治、经济、地理、文化、行政、人力等资源状况的分析和判断。

（5）When（何时做），即项目实施的具体时间如何。它通常包括项目的规划、筹备、执行时间及周期的安排。

会展组织者和策划者采用五W系统分析法，可以对会展活动相关资源进行简单的、明确的、系统的分析和整理，从而对会展活动的构成要素进行科学的定位。

（五）德尔菲法

德尔菲（Delphi），是古希腊的地名。德尔菲法，也称“专家调查法”，1946年由美国兰德公司（Rand Corporation）创始实行，广泛应用于商业、军事、教育、卫生保健等领域。德尔菲法在医学中的应用，最早开始于对护理工作的研究，并且在使用过程中显示了它的优越性和适用性，受到了越来越多研究者的青睐。德尔菲法可用于会展策划流程中的预测和决策等各个环节。

德尔菲法本质上是一种反馈匿名函询法。其大致流程是:在对所要预测的问题征得专家的意见之后,进行整理、归纳、统计,再匿名反馈给各专家,再次征求意见,再集中,再反馈,直至得到一致的意见。其过程可简单表示为:匿名征求专家意见→归纳、统计→匿名反馈→归纳、统计,若干轮后停止。

由此可见,德尔菲法是一种利用函询形式进行的集体匿名思想交流过程。它有三个明显区别于其他专家预测方法的特点,即匿名性、多次反馈、小组的统计回答。

德尔菲法是为了克服专家会议法的缺点而产生的一种专家预测方法。在预测过程中,专家彼此互不相识、互不往来,这就克服了在专家会议法中经常发生的专家们不能充分发表意见、权威人物的意见左右其他人的意见等弊病,各位专家能真正充分地发表自己的预测意见。德尔菲法依据系统的程序,采用匿名发表意见的方式,即专家之间不得互相讨论,不发生横向联系,只能与调查人员发生关系,经过反复征询、归纳、修改,最后汇总成基本一致的看法作为结果。这种方法具有广泛的代表性,较为可靠。

运用德尔菲法进行会展策划时,要求专家具备策划的相关专业知识,熟悉市场的情况,精通策划的业务操作。根据专家意见得出结果后,策划人需要对结果进行统计处理。但是这种方法缺乏客观标准,主要凭专家判断,再者由于次数较多,反馈时间较长,有的专家可能因工作忙或其他原因而中途退出,影响策划的准确性。

三、会展策划的基本流程

流程是指事物进行中的次序或顺序的布置和安排,或指两个以上业务步骤的完成过程。会展策划的流程指的就是会展策划工作步骤的次序和安排,从策划小组成立到策划方案完成一系列策划步骤的完成过程。会展活动的主题、目标、规模、性质、重点、环境不同,会展策划的流程也会有差异,有的活动步骤多、流程长,策划就复杂一些,有的活动步骤少、流程短,策划就简单一些。也就是说,不同的会展活动,策划步骤及策划工作的次序安排也不同。一般来讲,一个完整的会展活动策划应包含以下流程。

(一)成立策划小组

会展策划工作需要集合各方面的人士进行集体决策,因此,首先要成立一个会展策划小组,具体负责会展策划工作。一般而言,会展策划小组应由以下几种人组成。

1. 项目负责人

一般由总经理、副总经理或业务部经理、创意业务负责人、策划部负责人等人担任。在会展公司里,业务主管(贸易展示会经理)具有特殊地位,他是沟通会展公司与展会服务承包商、参展商的中介。一方面，他代表会展公司与展会服务承包商、参展商等洽谈业务；另一方面，他又代表展会服务承包商、参展商等监督会展公司一切活动的开展。

2. 策划人员

一般由策划部的正副主管和业务骨干来承担，主要负责编拟会展计划。

3. 文案撰写人员

专门负责撰写各种会展文案，包括会展常用文书、会展业务社交文书、会展业务专用文书、会展业务推介文书、会展业务事务文书、会展业务合同协议文书、会展业务法律文书等。文案撰写人员应该能够精确地领悟策划小组的集体意图，具有很强的文字表述能力。

4. 会展设计人员

会展设计人员的工作是在会议、展览会、博览会活动策划中，利用空间环境，采用建造、工程、视觉传达等手段，借助展具设施，将所要传播的信息和内容呈现在公众面前。其中包括展台设计、空间布局设计、平面设计、照明道具设计以及相应的展馆设计等。会展设计业务既可以由策划方承担，也可以外包给专门的会展设计搭建公司承担，策划小组只安排专人与专业公司联络协调。

5. 市场调查人员

能进行各种复杂的市场调查，并能写出高质量的市场调查报告。

6. 媒体联络人员

要求熟悉各种媒体的优势、劣势、刊播价格，并且与媒体有良好的关系，能按照会展策划的部署进行媒体规划，争取最佳的广告宣传效果。

7. 公关人员

能够为会展公司创造融洽、和谐的公众关系氛围，获得各方面的支持帮助，同时能够从公关的角度提供建议。

在会展策划过程中，由项目负责人负责，各方面人员通力配合，协调一致，共同做好会展策划工作。

（二）进行市场调查

市场调查是指用科学的方法，有目的地、系统地搜集、记录、整理和分析市场情况，了解市场的现状及其发展趋势，为企业的决策者制定政策、进行市场预测、做出经营决策、制定计划提供客观、正确的依据。

会展市场调查是会展策划的基础性工作。会展市场调查的目标是全面了解市场信息，科学评估市场现状与前景，把握市场变化趋势，进而确定会展项目目标和主题，设计会展活动，保证会展策划方案的科学性、可行性和可操作性。

在进行市场调查时，不仅要从宏观上考察本区域的优势产业和主导产业，考察重点产业及政府扶持行业以及会展产业的地位及规模，还要从微观上考察行业市场状况以及会展企业的发展情况。总的来说，会展策划人员应将以下内容作为市场调研的重点：

(1)产业环境及市场前景分析。

(2)目标市场及市场规模类型。

(3)同类展会的状况及竞争能力。

(4)自身资源及优劣势条件分析。

(5)政策法规及可行性。

(三)会展决策

作出会展决定是一个决策过程，应该有相应的程序。在一般情况下，会展决策应考虑营销需求、市场条件、营销方式、内部条件等因素。在充分地进行市场调研与预测之后，需要进行会展目标市场的定位与会展营销计划的制定。

以展览会为例，组织者在进行目标市场定位时需考虑以下因素。

1. 展览会类型

组织者首先要明确自己所主办的是什么类型的展览会，是政治外交类展会，还是市场类展会；是贸易展还是消费展。不同类型的展会在具体操作模式和策略的制定上有很大区别。

2. 产业要素

一次展览会往往要涉及多个产业。如举办医疗器械展，组织者不仅要考虑医疗器械的生产销售企业，还要努力吸引材料、高科技研发等企业和研发机构。

3. 地域差异

由于不同地区的参展商和专业观众有着不同的需求特征及营销反应，所以地理变量经常被作为划分展览市场的依据。展会组织者不仅要分析不同国家的参展商对展览会的个性化要求，而且要弄清参展商在本国的具体分布，这样才能行之有效地进行决策。

4. 动机与行为

会展活动的市场定位必须建立在活动参与主体的动机和行为分析基础上。例如展览会的市场定位，就必须分析参展商的参展动机和购买动机，从而准确判断参展商的需求和行为，才能做出针对性的市场定位。

会展决策应该在充分掌握现有相关资料的基础上进行，如宏观政策环境、企业经营实力、会展市场竞争状况、顾客满意程度等。如从会展营销的角度来说，一份会展营销计划应包括会展营销现状分析、企业(或具体会议、展览会、节事活动)SWOT分析、营销目标的确立、市场营销组合策略、具体的行动方案、营销预算费用以及营销计划的执行与控制等。

（四）制定媒体策略

现代社会是一个信息社会，人与人之间、企业与企业之间都需要交流，而信息交流的主要载体便是各种各样的媒体。实施有效的媒体策略对会展活动组织者至关重要，会展组织者要根据有限的广告预算以及举办会议、展览会、节事活动的需要和条件，来选择合适的媒体。在选择媒体的类型时需要综合考虑目标受众的媒体习惯、产品性质、信息类型以及广告成本等因素。

随着信息化技术的快速发展，会展活动与新媒体的关系越来越密切，为传统会展业的完善和发展提供了技术保障。近年来，网络推广、电子支付、身份认证、网络直播等技术手段都已经广泛应用到会展活动中。尤其值得一提的是，虚拟技术在会展中的运用，线上会展的广泛运营，弥补了实体线下会展活动的不足，在应对突发新冠疫情的危机中，新的媒体和网络技术起到了巨大的作用。

（五）制定设计策略

展示设计是以传达展览信息、吸引参观者为主要机能的有目的、有计划的环境、展台、展品设计。好的设计能提高展会的品位，吸引参展者、参观者，对产品营销也起着潜移默化的作用。

一般而言，较大的展会活动的有关设计工作在开展前几个月就开始了。从参展商的角度来说，设计不仅仅是一个展台设计的问题，在策划阶段就要考虑设计展览结构、取得展览公司的设计批准、制作展会宣传册等。展台设计根据具体情况要求有不同的设计原则、功能区分，所以其设计的策略也是千变万化的。以宣传材料的设计与制作为例，对于参展商来说，狭义的宣传材料主要指各种文字资料，如宣传册页、新闻稿件等。广义的宣传材料不仅仅是现场分发给观众或记者的文字资料，它还包括很多形式，如直接邮寄资料、产品介绍、DVD、纪念包（手提袋）、酒店的户外广告或展会的每日快讯等。在宣传材料外观的设计上，必须要尊重整体风格，同时要能形成强大的视觉冲击力。外观设计主要是要解决材料的形状和大小两个问题，并要求设计富有人性化，便于人们携带。

（六）制定预算方案

良好的财务管理和预算控制是筹办会展最重要的因素之一，如果安排得当，不仅能起到增加收益、提高效益的作用，而且能使管理者了解收入的来源及比例、分析主要的投入项目、确定主要的收入来源。预算是协助实现财务目标的一个工具。会展策划在制定预算时必须做到有计划、有步骤，不断更新信息。制定一份会展预算至少包括以下几方面的内容。

(1)历史数据。回顾过去的工作，以便制定出相对精确的新预算。

(2)支出费用。包括场地费、行政管理费（公司行政人员的工资及行政办公费等）、宣传推广费用、招展招商费用、相关活动经费等。

(3)收入。即预算带来的收入,包括拨款、预算、注册费、出售展品和纪念品的收入、赞助等。

(4)收益。扣除费用的收入部分。

(5)调整控制。由于预算是根据估计而制定的,因此不一定准确,需要不断地调整。

会展策划中,为了衡量一个项目的财务成果,必须设置一个用于实现既定财务目标的预算开支。预算采用的方式,可视具体情况而定。

(七)撰写策划方案

把策划过程用文字完整地记录下来就是会展策划案。广义的会展策划案可以涵盖经市场调查而产生的可行性研究报告、项目意向书、项目建议书以及广告策划方案、宣传手册等,还包括围绕某次会展的展前、展期、展后所有的策划文案。

(八)实施效果评估

会展活动的效果是长期的。例如一个展览会,参展商在重视并投入很大力量进行展台设计、产品展示、展览宣传、展台接待和推销等工作的同时,也应当投入相当的力量做会展后续工作。如果说展会相当于"播种",建立新的客户关系,那么,展会的后续工作就相当于"耕耘"与"收获",将新的关系发展为实际的客户关系。展会的后续工作有很多,实施效果评估是其中的重要一环。展会的效果评估内容很多,有展会工作评估、效果评估、服务评估等。展会效果的评估内容有定性的内容也有定量的内容,条件许可的情况下尽量用定量的评估内容,这样能使评估的结果更客观、更有价值。展会效果评估需要由参与者自己安排或委托专业评估公司来做。

本章小结

1. 会展策划是以会展产业信息和资源分析为基础,以创意为核心,以会展活动有序、有效开展为目标,对会展活动的可行性以及实施过程进行全面设计的前瞻性规划活动。会展策划具有针对性、前瞻性、系统性、创意性、可行性等特点,会展策划的作用体现在战略指导、规划实施、进程约束、运作规范、效果保障等方面。会展策划离不开创意,创意贯穿会展策划的全过程。

2. 会展策划的核心理念主要包括产品理念、品牌理念、服务理念和以人为本的理念。会展策划理念贯穿于会展活动主题、内容、实施、保障全过程,体现在会展活动策划的主题创新、模式选择、组织设计、内容编排、效果评估等各个环节。

3. 会展策划过程中,涉及管理学、经济学、文化学等诸多学科中的理论与方法。信息不对称理论、集聚和扩散理论、体验经济相关理论以及溢出效应理论等都可以作为指导会展创意策划的基础理论。

4. 会展策划的原则主要有系统性、效益性、可操作性和创新性。

5. 会展策划的方法要从创新思维训练开始，主要有头脑风暴法、SWOT 分析法等。会展策划的流程是会展策划工作步骤的次序和安排，是从策划小组的成立到策划方案完成的一系列策划步骤的完成过程。

思考与练习

1. 试述会展策划的概念与内涵。

2. 如何理解会展策划的理念？

3. 试述会展策划的原则。

4. 哪些理论可以作为会展策划的指导理论？试分析这些理论是如何指导会展策划的。

案例分析

会展创意策划的重要性：中国(温岭)泵与电机展览会

——一个展会带起来一座会展小城

中国(温岭)泵与电机展览会，是一个展会带动一座小城市发展的典型案例。温岭因为具有泵与电机的产业优势，在地理位置、城市基础设施、城市知名度与规模度等条件都不十分突出的情况下，通过政府、协会和企业的策划、推动与运作，已经发展成为一个颇具特色的会展城市，成为政府与市场共同推动发展会展产业的典型案例。会展产业不仅给温岭带来了直接的经济效益，反哺了产业发展，而且因为会展，让世界认识了这座县级小城。

温岭市是浙江省台州市所辖县级市，泵与电机是温岭市的第一大支柱产业，其产值占该市 1400 亿元工业总产值的 1/4，现有各类泵与电机生产企业 3000 多家，从业人员超 10 万人，生产实力雄厚，拥有上亿元企业 15 家。名牌企业、驰名品牌、行业龙头企业众多，拥有国家免检企业 6 家，中国驰名商标 5 家，浙江省级名牌 6 家，上市公司 2 家。温岭市泵与电机产业销售市场广泛，在全国的市场占有率达 60%以上，产品远销美国、德国、澳大利亚等 180 多个国家。作为国内小型水泵、气泵、真空泵的主要制造和出口基地，温岭享有“中国小型泵业名城”“中国小水泵出口基地”等荣誉称号。泵与电机是温岭的支柱产业，经过 30 多年的探索发展，产业形成了较为健全的生产配套和营销网络。近年来，该市致力于供给侧结构性改革，不断加强资源整合、平台搭建、布局优化和质量提升，“温岭泵业制造小镇”入选全省第二批特色小镇创建名单。

中国(温岭)泵与电机展览会是国内首个，也是仅有的一个以泵与电机为主题的展会，到2019年，中国泵与电机展览会在温岭已成功举办15届，前14届展会共吸引了5645家参展企业，吸引来自全国各地42.16万人次观众和专业采购商，现场成交额共计30.34亿元，意向合同共计72.03亿元，还有20个国家的1000多名外商到会观摩、洽谈。

2019年的展会更是从规模到成交额都创历史新高，续写辉煌。三天展期共迎来6.51万人次专业客商和消费者，其中包括10多个国家的80多名专业外商。展会现场成交额共计5.1亿元，比上年同期增长10.9%；达成意向金额12.5亿元，比上年同期增长12.6%。展商满意率高达99.7%。本届展会共设展位1200个，吸引了全国各地800多家企业报名参展，但因展馆场地有限，只能甄选60%的企业参展。本届展会报名人数再创新高，组委会额外开辟50多个展位以供540家参展企业。其中，来自全国各地的规模以上企业商标企业占60%，上市企业约6家。其中特装企业203家，比上届增加12.8%。品牌更加国际化，来自美国、日本、德国、韩国的国际领先品牌入驻展会。采购商更是来自国内外的专业买家，开展首日，吸引了采购商及专业观众达4万人次。来自埃及、也门、约旦、伊拉克、叙利亚、巴基斯坦、摩洛哥、尼泊尔、阿富汗、印度、土耳其、津巴布韦、利比亚、阿曼、孟加拉国、巴勒斯坦等20多个国家的采购商共80名直达展会进行外贸活动。

中国(温岭)泵与电机展览会的成功，根本原因在于政府与企业对温岭的会展及相关产业现状进行了深入的研究，准确挖掘出温岭会展产业的优势，把展览会当作一个完整的产品来打造，各个环节的设计注重针对性、前瞻性、系统性、创意性、可行性，体现了会展策划的产品理念、品牌理念、服务理念和以人为本的理念。未来，中国(温岭)泵与电机展览计划在品牌建设、理论研究、市场化运作、创新产品设计、提高服务质量和服务水平等方面继续提升展览会的吸引力和市场竞争力。

资料来源：《温岭首展告捷！2019中国泵与电机展览会再攀新高》，2019年2月12日，https://www.sohu.com/a/294239593_100014171。

☞ 问题

1. 从中国(温岭)泵与电机展览会的成功案例中，理解会展创意与策划的理念与原则。

2. 上述案例说明，会展策划是一个系统工程。对此，你是怎么理解的？

第二章　展览会调研与立项策划

学习导引

调研是展览会立项的首要工作，是展览会成功举办的先决条件，也是展览会品牌构建和塑造的重要过程。只有建立在充分调研的基础上，展览会才能真正满足市场需求，提高展会价值和实现展会盈利，才能实现展会的创新和持续发展。展览会的成功离不开主办方、承办方和协办方等的共同努力，也离不开参展商和观众的积极参与，更离不开对展览会市场、主题、展品、规模以及定位等内容的针对性调研。在科学合理的调研和分析的基础上，结合展览会的自身特点，展览会的立项策划将会水到渠成，也将成为展览会实际运营的宏观指导。

学习重点

通过本章学习，重点掌握以下知识要点：

1. 展览会调查的内容和作用。
2. 展览会调查的步骤。
3. 展览会调查的方法。
4. 展览会项目立项策划的含义和内容。
5. 展览会项目可行性研究的内容和方法。

展览会的起源大致有三种说法，分别是“市集演变说”“物物交换说”和“巫术仪祀说”，而前两种都是源于交易基础上的经济活动。从历史上第一次国际规模的展览会——1851 年英国万国工业博览会开始算起，展览会已经走过了 170 多年的历程。如今的展览会，规模化、国际化、创新化、产业化特征越来越突出，而且作为一种新的经济形式，在政治、经济、文化等各方面都产生了积极的促进作用。对展览会内涵的理解往往是基于不同参与者自身立场的。对展览主办方来说，展览会是基于市场需求和社会需求，通过展品的直观展示来传递和交流信息的活动和平台；对参展商而言，则主要是通过展品的展览展示吸引观众，其主要目的是交易、交流和教育；对观众来讲，主要是通过展览会发布的信息，实现信息接收、商品采购、接受教育等目的。基于展览会的多层次和多方面需求满足的特征，展览会调研也是综合性和多维度的。

一个展览会的成功举办离不开各方力量的综合协调，更得益于对展览会的精准调研和各个环节的创意策划。本章将具体阐述展览会调查与分析的相关要求和步骤，并结合立项策划的含义和内容，明确展览会项目可行性分析的步骤、构成、重点和要求。

第一节　展览会调查与分析

调查与分析是展览会立项的前提和基础，也是决定展览会成功与否的关键，对于展览会的主题策划、内容设计、招展招商、品牌塑造、服务水平及质量评估等具有重要的意义。

一、展览会调查的内容和作用

展览会调查是展览会策划者为明确市场需求、了解市场动态、把握市场趋势进而确定展览会的主题、目标、发展等，编制展览会策划方案等所必需的调研工作。随着会展产业的不断发展，展览会的功能越来越具有综合性，已经逐渐超越了单纯的展示和贸易的功能，成为产业与市场全面对接、参展商把握行业动态、专业观众发现商机的有效平台，也是普通观众增长知识的重要媒介。为了提升展览会的综合效益、整体竞争力和品牌价值，提高展览会对参展商和观众的吸引力，强化企业参展效果，增强观众的参与度和体验感，展览会的调查是必不可少的重要环节。综合来看，展览会调查是一项持续性的工作，贯穿展览会举办的各个阶段，包括展前、展中和展后调查，各个阶段的侧重点和作用也不一而同。

（一）展览会的前期调查

展览会的前期调查主要侧重于对展览会市场前景的分析、同类展览会的竞争力分析、本次（届）展览会 SWOT 分析以及参展商情况、支持协助单位情况、展览会的可行性等方面的调查，主要作用有以下几点。

1. 确定展会竞争优势，明确展会主题创意

展览会的调查，是采用科学的方法，有系统、有目的、有计划地收集、记录、整理和分析相关的信息，并通过客观测定与评价，协助确立展览会立项的相关内容，同时尽可能为招展招商提供决策依据。环境调研是展览会前期调查的最主要的基础

性工作，直接影响展览会的立项，也是展览会策划文案的重要组成部分。一般来说，包括经济环境、政治环境、社会文化环境、法律环境、技术环境和产业环境等。通过前期调查，可以充分了解展览会的举办环境，确定展览会的独特竞争优势，同时也可以根据分析确定展览会的主题创意。

2. 突出展会优势特色，确定主要营销手段

展览会和会议、节事活动不同，一个展览会与其他展览会尤其是其他同类展览会的最大不同主要体现在其特色上，而展览会特色的体现一方面靠创意，另一方面主要还是基于前期的市场调查。展览会的特色要体现在展览会举办的始终，总体来说，既要符合时代特色，还要具备专业特色、主题特色、环节特色，有些还要求具备文化特色、地方特色等。同时，通过前期的市场调查，可以确定主要的营销手段。要通过结合具体不同的展览会的特色、参展商、观众等内容确定多样化、多渠道的营销手段，获得营销效果的最优化，为展览会的成功举办奠定基础。

3. 把握市场供求关系，促成展会最终立项

通过展览会的前期市场调查，可以明确反映展览会特征及其发展状况的数据、信息、知识、情报等，能有效把握展览会供给总量和需求总量之间的关系，在平衡市场供求的同时，开拓市场、引领市场，搭建更优良的平台和桥梁。这也有利于参展商充分发挥企业优势，选择最合适的目标市场，节约时间成本和资金成本等。通过对参展商和观众相关信息的调查，如双方的意愿、要求、规模、实力等，可以大致把握影响买卖双方购销行为的因素和规律，并通过采取相应的措施，促成展览会的最终立项。

另外，展览会前期调查中还有一项重要内容就是对展览会场馆选址的调查，包括场馆所在地（国家或城市），场馆的面积、功能、特色等。随着会展业的跨越式发展，会展场馆已经成为很多城市的地标性建筑，面积越来越大，功能越来越全，特色越来越突出。因此，展览会场馆的调查和选择在一定程度上能够影响展览会的成败。一般来说，对于某些展览会的选址往往在第一届举办之前就已经确定好了，往后的历届根据首届举办的效果，决定是将其作为永久性场馆还是再重新选择。所以展览会场馆的调查因展览会的届次不同而有所差异，但都必须将展览会的成败与场馆的关系考虑在内，如场馆的地理位置、规模、客流量、与展览会主题之间的关联度等。

知识活页

北京·埃森焊接与切割展览会展前调查

在全球焊接与切割行业中,北京·埃森焊接与切割展览会和德国·埃森焊接与切割展览会共享全球盛会的美誉。北京·埃森焊接与切割展览会每年举办一次,轮流在北京和上海两地召开,已成为全球生产厂商、采购商、终端用户、经销商以及工程技术和学术界人士定期交流的大平台和见面会。第十四届北京·埃森焊接与切割展览会将于2009年6月2～5日在上海浦东新国际博览中心举办。

为了给您提供更好的服务,请您参与北京埃森焊接与切割展览会展前专业观众调查。

1. 你参加过几次埃森展呢?

A. 5次以上　　B. 3～5次　　C. 1～2次　　D. 没有参加过

2. 此次参展主要有哪些目的呢?

A. 采购　　B. 调研　　C. 参观

3. 你希望参展商举办哪些活动?

A. 技术讲座　　B. 新品发布　　C. 技术咨询

4. 贵公司今年有哪些方面的采购计划呢?

A. 焊接设备　　B. 切割设备　　C. 焊材

D. 焊接辅机具　　E. 原辅材料等

5. 对此次埃森展你有什么期待呢?

6. 你希望主办方提供哪些服务呢?

资料来源:《北京·埃森焊接与切割展览会展前调查》,《金属加工》(热加工)2009年第6期。

(二)展览会的展中调查

当前,展览会举办期间的现场调查受到越来越广泛的关注。2019年美国食品科技学会(IFT)年会暨展览会期间,知名市场调研公司Innova Market Insights就发布了"2019年全球食品饮料行业十大趋势":探索冒险精神;植物王国;替代之选;呼唤绿色;零食新定义;私人定制饮食;新"纤"发现;身心愉悦;小玩家思维;实时互联。这不仅体现了本次展览会的前瞻性,也体现了展览会的发展趋势,为参展商和参展观众把握行业动态提供了丰富数据。

展览会的展中调查主要是指展览会举办期间进行的现场调查,有的在展会闭幕之前就能公布数据结果,有的则结合评估报告进行分析说明。展中调查主要侧重于对展览会现场服务质量、展览会的潜在客户需求、展览会的新趋势以及参展商和观众的现场体验感等方面。其主要作用如下。

1. 了解参展企业情况,评估参展双方需求

展览会是多元化的宣传平台,在短期内就可以将相关产业的人员聚集在一起,组展方通过借助展览举办的契机,可以在现场充分了解参展商的需求,一方面协助其推广产品品牌,提高效益;另一方面,也可以通过与观众的直接接触,了解观众的需求满足情况,客观掌握参展双方的供需对接程度等。例如,2010 年台北国际自行车展览会就将其顾客作为研究对象,进行了现场的便利抽样,随机抽样了 650 名顾客进行了问卷调查,调查的主要目的就是获得顾客对展览体验营销与体验价值的关系。调查结果一方面是服务于参展商的体验营销运营,另一方面也是为了更好地提升顾客的体验价值,这也是客户满意度调查的重要构成。

2. 发现潜在客户,提高现场服务质量

英联邦展览联合会的一项调查表明,展览会是优于专业杂志、公关、报纸和电视等媒介的最为有效的营销手段。当前,参加国际展览会是最经济也是最有效的营销方式之一,展览会在营销过程中对产品的推广及服务是一项非常重要且较受欢迎的方式之一。展览会信息集中且数量巨大,展品集中且优势突出,观展顾客集中且专业顾客云集,展中调查的过程,也是发现和培养潜在客户的过程,现在的观众极有可能成为未来的参展商。同时,现场调查极易发现展览会现场存在的若干问题,尤其是作为直接参与者的参展商的相关诉求将得到反映,有些问题甚至现场就能得到解决,这也有利于提高展览会的现场服务质量,优化参展双方的参展感受。

3. 提升展商品牌价值,拓展展会增值服务

"参展"是厂商推动国际行销的重要方式之一,根据大陆台商经贸网的报道:大陆每年的会展高达 6000 场以上,是具有高效益的行销模式之一,透过商展模式可以迅速让顾客认识产品以有效宣传公司形象与产品,已经成为目前台湾许多农企业单位拓展大陆销售通路的模式。随着国际展数量的增多和水平的提高,越来越多的企业都将参展作为企业营销的有效手段,这不仅可以在短时期内迅速实现营销目标,还可以通过品牌的力量实现企业的长期稳定增长。此外,现场调查可以直接发现展会增值的空间,如全球第一大展览公司励展博览集团的"特邀目标买家计

划”、英国三大展览公司之一的ITE集团的“商业配对”以及澳龙信息科技公司长期以来为各展览会主办机构提供的“观众预登记信息服务”等，都能直接影响展会主办方的效益。

知识活页

特邀目标买家计划

2011年，励展博览集团大中华区首次推出“特邀目标买家计划(TAP)”，以实现为客户创造显著增值。TAP计划通过充满活力的在线社区、社交拓展活动等，为雄心勃勃的商业人士与有采购影响力的关键人士提供面对面、一对一交流的机会，为展会参与者培育新的业务洽谈机会，从而对客户关系产生变革性的影响。在励展IBTM全球系列展会中，北京国际商务及会奖旅游展览会(CIBTM)以高比例的海外展商及来自全球的特邀买家而闻名业内，在展会设计、各类活动，以及会奖旅游行业的最新技术运用分享方面不断推陈出新、引领未来。2017北京国际商务及会奖旅游展览会期间，现场就设置了特邀买家休息室，特邀买家入场后可免费进入该区域休息或者与参展商进行洽谈。对参展商而言，他们在展前、展中与展后，均能更方便地约见合适的买家，投资回报率自然上升；对专业观众而言，可为购买决策节约时间，也能为找到合适的合作伙伴增加效率。

资料来源：徐枞、李春华：《精益求精　引领未来——记2017北京国际商务及会奖旅游展览会》，《旅游会展》2017年第8期。

第四届亚洲国际优质布料及配件展览会毛纺部分调研

在这次纺织部组成的考察团中，由三人组成了毛纺考察小组，重点调研各毛纺厂商组成的展廊，现将调研情况简述如下。

1. 突出的意大利展廊：这次展览会中，意大利展商团是最大参展团。展出的产品琳琅满目，美不胜收，有纯羊毛、羊毛与其他纤维混纺的面料；有丝与山羊绒混纺的高档面料，还有皮革、针织布、灯芯绒等，以及多款式的时尚配件，例如绣花饰物、金属缀饰、丝绢丝带、软缎丝带扁形花边等。意大利展出的时装系列，档次高、质量好，毛纺机织、针织产品的色泽、质量和档次都十分齐全。由于意大利大都采用高科技的设备和后整理技术，因此其精粗毛纺面料均领先世界潮流。

2. 以优质产品著称的英国展廊：英国传统的精粗纺面料质量上乘，以高档花呢为主，花色、重量档次齐全（由于英国公司较为保守，样品及资料不予提供）。

3. 时装潮流的趋向：女装的时装潮流也迈向运动服装的形式，女士们需要舒服轻松的服装，与现代生活互相呼应，要求面料轻盈、柔软、朴实、质感强，与女性娇柔体态配合，大衣、套装、裙子都是剪裁简洁，形态活泼轻松，带有线条美。

秋冬男装系列充满新鲜概念的款式设计，灵感来自运动及户外活动，体现轻松及闲适感。注重色彩运用，同色搭配的服装仍占主要比例，暖色调或香料颜色的面料也较多地被用作男装面料。

资料来源：庄米：《第四届亚洲国际优质布料及配件展览会毛纺部分调研》，《毛纺科技》1991 年第 3 期。

（三）展览会的会后调查

顾名思义，展览会会后调查的开展是在展览会闭幕之后。一般来说，会后调查又往往与展览会评估结合在一起，或者服务于展览会的评估，因此会后调查的内容更为综合和全面，主要是为以后的展览会提供信息，收集数据和资料，以便会展评估工作的进行。虽然会后调查不如前期调查那样事关立项，也不如中期调查那样能直接影响展会效益，但随着会展管理工作的完善，越来越多的展览会也逐渐认识到会后调查和评估的重要性。事实上，在 1991 年的上海多国纺织工业展览会上就有会后调查的记录。通过调研，对参展单位的设备及技术特性作了介绍，重点对绞丝络丝机、并丝机、倍捻机、倒筒机、挠性剑杆织机、喷水织机、喷气织机、片梭织机等作了分析，并为今后引进设备提供了建议。[①] 这虽然是从设备引进的角度进行的相关调查，但从另一个侧面也为其后历届展览会的展品的多样性、丰富性、先进性等方面提供了参考和借鉴。展览会的会后调查内容一般集中于收集各方评价、客户数据汇总、相关工作资料的整理等。主要作用有以下几点。

1. 落实参展绩效，提高品牌效益

展览会结束之后的会后调查，可以协助参展商实现最大的参展绩效，使参展商的努力不仅仅体现在展览会期间，还可以通过顾客关怀和订单确认，找出提升参展绩效的最佳方法。很多参展商通过展会结束之后的问卷调查分析，还能发现自身存在的不足，并通过努力不断改进，让企业发展得更好更快。因此，参展商参加的展览会越多，就越能从中发现问题，还可以通过参展，和顾客、观众等进行深入沟通，了解他们的需求和诉求。很多参展商的跨越发展都是从参展开始的，很多参展商的品牌塑造也是从参展起步的，久而久之，参展和品牌互相促进，企业的综合竞

---

① 参见祝成炎等：《91 年上海多国纺织工业展览会丝绸设备调研报告》，《丝绸》1991 年第 10 期。

争力得以攀升。而对于展览会本身来讲,品牌参展商、品牌产品的汇聚必然带来展览会品牌的塑造、提升和溢价,进而实现展览会效益的提高。

2. 发现潜在问题,作好展会评估

据调查,很多参展商的发展就是从展览会的调查问卷逐渐开始的。展览会是人流、物流、信息流、资金流的多方汇聚,参展双方也都是来自全世界或全国各地的企业或人群,有专业的也有非专业的。通过“参展”这样一种方式让双方都“接触”到“展品”,了解“展品”,同时通过调查问卷的方式对“展品”的辐射度、影响力进而对潜在客户的需求进行深入了解,可以丰富展览会的活动意义。单纯展览而没有调查分析,潜在问题就很难被发现,也就缺少了深入和开拓的空间。事实上,在展览会之后进行问卷调查是从国外最先引进的,在很多企业都是必需的工作,也是持续发挥展览会最大意义的必然步骤。通过调查问卷,可以收集多方评价,改进会展管理工作;通过做好参展商和观众登记,建立数据库,可以构建良好客户关系;通过对展会相关工作资料的梳理和整理,可以为未来工作提供数据、资料和建议,这些也都是展览会评估报告重要的信息来源。

3. 了解展会和举办地的关系,使二者的互促关系最大化

展览会是一项综合性的活动,涉及种类繁多的产业和行业,具有整合、带动、沟通、传播、贸易等功能,又是多部门的综合联动,对举办地的影响巨大。因此,会后调查必不可少的一部分内容就是跳出展会看展会,尤其要包括展会和举办地之间的互促关系,这也是对展前调查中市场环境、场馆选址调查的呼应。从国际上看,那些世界著名的“展览城”,像德国的汉诺威、慕尼黑、杜塞尔多夫,法国巴黎,英国伦敦,中国香港,等等,一方面展览为其带来了可观的综合效益尤其是经济效益,另一方面城市综合实力的增长也带动了展览的数量和质量的飞速提高。

综上所述,展览会的前期调查的相关信息主要服务于展览会的立项,展中调查是对展览会现场的直观把握,更强调展览会的现场管理和现场服务以及风险管理,而展览会的会后调查,有时候也被称为展会评估调研,是展览会整体运作管理中最后也是最重要的一个环节,是对展览环境、工作效果、整体效益等方面进行的系统深入的考核和评价,能为展览会后续的运营管理、市场把握以及持续举办提出相应的建议。目前,展览会的相关调查一般由会展咨询公司、会展策划公司和现场服务公司进行,有的也会委托给专业性更强、技术水平更高的调研公司来进行。

二、展览会调查的步骤和过程

展览会调查是采用科学的方法对展览市场进行的了解和把握,通过对调查过程中收集的数据和信息进行整理和分析,掌握展览会变化的规律和趋势,为展览会的立项、发展、评估、持续等提供可靠的分析。展览会调查的内容包罗万象,有展览

会市场环境的调查，也有展览会基本状况的调查，还有展览会参展双方的需求调查等等，根据展览会发展的不同时期而有所侧重。一般来说，展览会调查的过程是由一系列收集和分析数据的步骤组成的，任何一个步骤的决定都可能会影响到接下来的其他步骤，而任何一个步骤的修改都有可能对其他步骤造成影响。展览会的调查既要遵循一般市场调查的原则、步骤和过程，又受到展览会某些独特性的影响而有所区别，主要包含以下步骤。

（一）确定展览会调查的目的，明确要调查的问题

展览会调查的目的是收集和分析相关的资料，以助于展览会整体水平的提高，实现较大的综合收益，力争使展览会的生命周期达到最大化，同时为展览会项目管理者以及参展商、观众等作出满意的决策提供参考。因此，展览会调查的首要过程就是明确和细化展览会的调查目的。是针对展览会立项进行的环境调查还是针对展览会评估作出的总结性调查？是关乎展览会的招展招商还是强调展览会的综合效益？是关于展览会的人员培训还是展览会的品牌塑造？这都是展览会调查中的问题，如果问题不明确，展览会调查的意义就很难实现，收集信息的成本也将超过调查结果的价值。例如，很多城市都举办过的车展，有的参展商争相预订展位，为求一位，不惜付出巨额定金，而参展观众也是人满为患，一票难求；而有的却是参展双方都寥寥无几，展位空置。究竟是经济衰退，还是营销不到位，又或者是品牌影响力不够？因此，调查人员应首先分析相关资料，找出问题，并作出假设，提出调查目标，根据相关假设限定调查范围，并从未来得出的资料中检验假设的成立与否，进而写出调查报告。

（二）制定展览会调查计划，清楚所需要的资料

展览会调查的计划是对时间、任务的活动分解，是人物、环节和部门工作的主要依据。计划是未来一定时期内的行动展开，是预先进行的行动安排，包括时间和空间维度的任务和目标的进一步分解。一方面，计划要为实现调查目标服务，还必须具有秩序性；另一方面，计划还必须要追求效率，在保持稳定性的基础上提高灵活度。总之，展览会调查的计划必须在合理预测的基础上可行，必须认真考察可能的制约因素和隐患，考虑到能用数量表示的因素和不能用数量表示的因素，并尽可能地使计划数字化。如果必要或可能，还必须同时制订派生计划或备选计划。在确定问题和相关假设之后，必须要清楚调查过程所需要的资料。例如，针对展览会品牌的调查，所需要的资料至少应该包括：同类展会中最著名的品牌有哪些？是否经过 UFI 的认证或其他权威展览组织的认定？参展商和观众对展览会品牌的态度如何？认可程度如何？参展商的购买欲望以及潜在客户的数量多少？同样，有些资料可以直接通过数据反映出来，而有些资料则需要通过把握趋势和规律分析方能得到。

（三）确定收集资料的方式和途径

展览会调查的这一过程，首先需要确定数据来源、调查方法、抽样计划以及接触途径等。一方面，可以通过已有的二手资料，如展览会历年的数据统计报表、各级统计局的现成统计数据尤其是经济数据、产业数据以及会展公司、会展场馆的现有数据信息进行资料收集；另一方面，原始资料也即一手资料的获得更是必不可少的，能更有针对性地解决问题。当然，采用什么样的方式来收集资料，往往与所需资料的性质有关，一般来说有观察法、实验法、访谈法等。例如，展览会举办过程中参展双方对现场有关问题的意见和建议，采用访谈法就比较合适，便于双方之间的深入交流；再如关于参展观众的消费态度，则可以采用询问法收集资料。

（四）明确抽样设计及抽样过程

抽样是研究设计的重要组成部分之一，确定抽样的步骤以及选择合适的抽样技术是展览会调查结果的主要影响因素。展览会的抽样设计应该包括以下几个基本问题：采用几个样本？采用什么类型的样本？遵循怎样的抽样过程？样本数量多大？采用什么样的方法和手段对样本误差进行控制和调整？因此，抽样设计的过程主要包括：对目标总体进行定义，确定抽样的框架，选择抽样技术，确定样本容量，实行抽样过程。随着虚拟展览会的发展和网络科技的进步，越来越多的网络调研技术因其便捷性、独特性等特征而被展览会调查者所采用，主要有随机在线拦截抽样、邀请在线抽样以及网上固定样本组抽样三种。样本数目的确定，既要考虑调查目标，还必须考虑效率与成本等问题。

（五）数据收集和资料分析

专业的展会调研公司中，数据的收集都由专门的调查员来完成，因此调查结果的可信度及正确性较高。而展览会调查如果没有委托专业的调研公司来进行，在调查员的选择上也应尽可能地倾向于大学的市场学、心理学及营销学的学生，因为他们经过系统的学习可以很大程度上地降低调查的误差。通过调查可以获得各种数据，而这些数据中又包含有大量有用的信息，要提取这些信息，得到数据的分布状况，把握数据的主要特征值，就必须进行有效的资料分析。首先，资料收集完毕以后，应该进行甄别，剔除不完整的调查，或者采用适当方式完善资料缺失。其次，采用合适的统计方法如相关分析、回归分析等对统计结果进行解读，例如，将结果编成统计报表或者绘制统计图，或者用百分比或平均数等方式进行表示，然后分析结果和最初的确定问题假设之间的关系。

（六）撰写调查报告

对很多调查研究来说，撰写调查报告成为开展调查最后也是最为关键的一个环节，调查报告是对前期调查结果的书面呈现，也是一个去粗取精、去伪存真的分析过程。根据展览会不同时期的调查侧重，调查报告成为促成展览会立项、发现展览会问题、总结展览会经验、提升展览会品牌的见证。书面调查报告可以分为很多类型，有专门性的，也有通俗性的。顾名思义，专门性的一般提供给对市场调查技术已经非常了解的人，他们对各种表、图、照片等格外感兴趣。而通俗性的则更侧重于建议和意见的提供。另外，调查报告还可以分为介绍经验的、揭露问题的、反映新生事物的等等类型，上文中提到的 Innova Market Insights 公司发布的“2019 年全球食品饮料行业十大趋势”就是反映新生事物的调查报告。对于展览会这一综合性强、关联性大、牵涉范围广的活动来说，其调查报告的类型不一而足，但基本的真实性、逻辑性、针对性、时效性是必须的。一般说来，调查报告一是对所得材料进行整理、分类、统计、分析，二是发现材料之间的内部联系进而发现事物的本质，所以调查报告有相对固定的格式，但也要注意调查报告的灵活性和内在的逻辑关系。

知识活页

从一份调查报告看展览会网站设计

2004 年，美国 312 家展览主办方参加了 EXPO 杂志的一项网上调查活动，主题是主办单位的网站应该如何建设。EXPO 最终发布了一份分析报告，对美国展览主办单位网站的发展进行了全面的说明。

1. 总体情况

2004 年，美国展览会网站的总收入达到 104450 美元，总成本是 22624 美元。2005 年，展览主办方期望这一收入比上年增长 19%，达到 124768 美元，成本则基本与上年持平，为 22711 美元。

在展览会网站的收入结构中，主要来源是赞助商，通过赞助商获取收入的被调查者(主办方)占 39%。紧接着是通过广告获取收入的被调查者(占 37%)，有 22% 的被调查者是通过参展商目录或有关链接获取收入，而只有 4% 的被调查者是通过网站发布或购买向导获取收入。

72% 的被调研对象(展会主办方)表示他们为观众提供了在线注册，然而却只有 52% 的观众使用了在线注册方式。大部分的被调研对象(57%)期望 2005 年的在线注册观众人数能增加 16%，但通过展览会网站或主办方提供的网站来预订酒店客房的观众甚至越来越少了，2004 年只有 35%。

2. 参展商角度：排名前 10 位的信息

参展商简介——56%

展会注册——55%

酒店预订——50%

可打印的平面图——49%

静态平面图——46%

参展商手册——46%

横幅广告——44%

展台人员注册——41%

电子邮件实时传报——35%

展览指示/购买者指南——33%

3. 观众角度:排名前10位的信息

展会注册——72%

参展商名录——71%

酒店预订——59%

主办城市信息——57%

在线支付——51%

参展商查询——48%

静态平面图——48%

可打印的平面图——48%

产品/分类调查——45%

电子邮件实时传报——38%

4. 网站的最大阻碍

在回答“对于网站,你觉得受阻最大的是什么?”这一问题时,比例最高的选项是“希望使所有的文件都能精确和不断更新”;“我想要更多内容,我的员工想要更少的工作量,但这本来就是矛盾的”;“我们的障碍就是缺少可以用来配对服务的第三方组织/ASP工具,如此高的花费却只有那么少的功能”;“如此多的信息却不能容易地给予导航”;“还是不明白所有的职能”;“到网站上查找信息的人并不是很多,更多的人则更倾向打电话给我们以获取信息”。

5. 收入构成比例

在展会主办单位网站的收入来源中,赞助商所占的比例最大,具体情况如下:

赞助商——39%

广告——37%

参展商名录及相关链接——22%

产品/出版物销售——10%

展会刊物销售——9%

购买者指导——4%

网站传播收入——4%

6. 在线服务

在2004年(或者你最后一次主办的无论哪一个展览会),你的观众(不包括参展商)总数中,通过网上注册的观众所占比例是多少?

48%观众——没有通过网上注册

52%观众——通过网上注册

通过展览会网站或者展览会酒店提供方的网站来预订酒店的观众占多少比例?

65%——不通过网络预订酒店

35%——通过网络预订酒店

资料来源:王春雷:《从一份调查报告看展览会网站设计》,《中国广告》2006年第4期。

(七)跟踪调研结果

对很多调查来说,调查报告撰写完成,调查工作也就结束了,但在展览会这一应用性很强、生命周期很长的活动领域,部分类型的调查报告还需要作深入的完善,也就是需要对调研结果进行跟踪调查,以最大限度地发挥调查报告的对策性作用。对于展览会的危机调查来说,不同类型的展会对于不同危机的反应是不一样的,受到的影响和破坏程度也是截然不同的,在做调查的时候除了要根据数据、信息等做出建议和对策之外,还需要对结果进行追踪研究。一般来说,危机分为可控的和不可控的,有些是可以提前预防的,有些则是防不胜防的。例如,对于家具家居类的展会,火灾是危机管理的重中之重,是居于危机发生因素之首的。2015年,高雄凯旋世贸时尚家具名床居家美学展就因为发生火灾导致3000多平方米展场被烧毁,大批家具付之一炬,虽然是凌晨起火没有人员伤亡,但造成的损失可想而知,也足以给会展人敲响警钟。所以,针对不同的调查主题和调查类型,对调研结果进行追踪分析也是必不可少的。

三、展览会调查的方法

据统计,中国咨询公司最常用的十大调查方法包括:实地观察法、访谈调查法、会议调查法、问卷调查法、专家调查法、抽样调查法、典型调查法、统计调查法、文献调查法、试验调查法。这也是展览会比较常见的调查方法。同样,展览会调查和管理学、经济学、统计学、市场营销学、社会学等很多学科的调查方法可以共享,下面主要介绍最为常用的三种。

(一)问卷调查法

问卷调查法,就是运用统一设计的问卷针对被选取的调查对象对某些问题的选择和意见进行了解和收集的调查方法,这是采用最广泛的一种调查方法。展览会的现场调查多采用这种方法,例如收集参展商、观众对展览会的相关意见和看法等,最大的优点是可以在最短的时间内对众多的被调查对象同时进行调查,迅速收集到相关的样本,但缺点是只能获得书面信息,受到选择项的限制程度较大,很难了解到更生动具体的情况。一般情况下,问卷调查能突破时空的局限,适用于样本数量较多、问题相对简单的调查,但存在消耗时间长、样本有效性不稳定等问题。按照问卷填答者的不同,可分为自填式调查问卷和代填式调查问卷两种。自填式问卷调查,又可分为在线问卷调查、邮寄问卷调查和送发问卷调查,代填式问卷调查,可分为访问问卷调查和电话问卷调查。每种方式都有其优缺点,应根据展览会调查的具体问题选择合适的调查方式。问卷调查的一般程序是:设计调查问卷、选择调查样本、问卷分发和回收、问卷甄别和录入、问卷统计和分析。

(二)访谈法

访谈法是问卷调查法的有益补充,可以弥补问卷调查法的缺陷,往往和调查问卷法结合使用。问卷调查需要调查者根据调查目的设计调查内容和问题,而访谈法一般是由调查者口头提出问题并要求被调查者回答并予以记录。一般情况下,访谈都是面对面的,但也可以进行网络访谈和电话访谈。访谈的主要类型有结构化访谈、非结构化访谈、半结构化访谈、深度访谈等。结构化访谈是一种标准格式的访谈,优点在于访谈者行为统一;非结构化访谈中,应答者可以完全自由地谈论对某个问题的看法、观点;半结构化访谈是访谈者和被访谈者的博弈过程,因此对访谈者要求较高;深度访谈最大的优点是可以对被访谈者的处境和行为有更准确和清晰的了解。[①] 另外,集体访谈也是一种重要的访谈方式。集体访谈是通过集体座谈的方式听取被访谈者的想法,收集资料信息,可分为专家集体访谈和消费者集体访谈。访谈法比问卷调查法往往花费的时间更长,而且对访谈者的技能和知识要求也更高。在展览会的调查中,对于展览会主题和创意的调查可以采用访谈法。例如:“您对于本次展览会的主题有什么看法?”“您认为本次展览会最有创意的环节、活动、现象是什么?”“您对本次展览会还有哪些意见和建议?”

(三)观察法

观察法是社会调查和市场调查最基本的方法。调查者根据调查研究的对象,利用眼睛、耳朵、鼻子等感官以直接观察的方式对其进行考察并搜集资料。由于人

---

① 参见杨杜等:《管理学研究方法》,东北财经大学出版社2013年版,第186～187页。

的感官具有一定程度的局限性，所以调查者又不得不借助一定的仪器和设备，如照相机、录音机和扫描仪等。观察法不仅是以第三方的角度来进行观察，而且也包括"参与观察"。站在旁观者角度的观察法和人、环境等几乎都没有什么交流，往往是不通过提问而直接记录人、物体或事件的发生过程，仅限于从旁观察，并不参与其活动；而参与观察法是与受访者直接相处，并一起活动进而记录其存在模式。观察法最大的优点是可以获得直接、生动的感性认识和真实、可靠的第一手资料，但受到调查者主观因素的影响也较为明显。观察法有自然观察法、设计观察法、掩饰观察法和非人工观察法等，在市场调查中主要应用于对实际行动和迹象的观察、对语言行为的观察、对表现行为的观察、对空间关系和地点的观察、对时间的观察、对文字记录的观察等。① 在展览会调查中，观察法应用的地方很多，例如对展览会现场环境的观察、对展览会观众的观察、对展览会志愿者服务的观察等等。

在进行展览会调查的时候，往往是多种方法综合使用，通过充分发挥不同方法的优势，规避劣势，最终实现展览会调查的目标。

第二节　展览会项目立项策划

展览会项目立项策划是办展工作的前提和基础，也是展览会能否成功举办的先决条件。立项策划的书面文件——立项策划书，是展览会运营的纲领性依据，既是展览会进入合法运作的主要依据，也是展览会总结评估的主要参考。展览会项目立项策划事关展览会的持续发展和品牌塑造，关乎展览会在业内的影响力和竞争力，因此，展览会项目立项必须经过精心的策划和分析。

一、展览会题材的选择

展览会是一种由主办方邀请参展商设摊展示商品或服务，以招徕观众进行交换的商业推广活动。展览会题材就是展览会所要展示的商品或服务内容。展览会题材选择的是否得当，将会直接影响到展览会的市场性和专业性，对展览会的招展招商和未来发展影响重大。

（一）展览会题材选择的原则

1. 可行性

展览会所选题材必须能够真实落地。在选择展览会题材的时候，应该根据系统论的观点，全方位、多角度、多层次考虑与其有关的信息，充分结合当前的宏观和微观环境，尤其是要考虑其限制因素，结合办展机构的能力和实力，采用科学的方

① 参见杨杜等：《管理学研究方法》，东北财经大学出版社 2013 年版，第 182～184 页。

法和程序，选择潜力较大并且具有现实可操作性的展览会题材。如当前发展比较迅速的健康、养老、医疗等方面的展览会。在确定展览会题材的同时，相应的参展商和观众市场也都基本确定了。如2019广州第十届国际健康保健产业博览会暨广州大健康展，就全方位切入大健康各细分领域，实现了全产业链覆盖，吸引了18个国家和地区的1200家企业携同2000个健康品牌参展，有超过6万多观众观展，成为最具区域影响力的盛会。

2. 效益性

展览会所选题材必须能够实现效益均衡。效益是衡量展览会成功与否的重要标准，效益的实现与展览会题材的选择密切相关。当然效益并不仅仅是指经济效益，即使对于贸易性展会和消费性展会来说，经济效益也必须和社会效益、文化效益、环境效益、生态效益等均衡发展。同时，效益均衡还包括宏观效益和微观效益的结合，长期效益与短期效益的结合。所以，效益性的原则并不是经济利益至上，而是必须能够实现效益均衡。如中国著名的品牌展会——中国进出口商品交易会(广交会)，不仅商业功能突出、交易特色明显、消费经济独特，获得了几百亿美元的成交额，更重要的是随着时代的发展也在不同阶段承担着国家使命，促进了城市发展，改善了人民生活。

3. 前瞻性

展览会所选题材必须能够抢占先机。展览会的题材必须选择那些影响性大、发展性强、具有开拓性的产业或行业。即便是对于一些举办过多届的展览会，其内容虽然有很大的相似性，但其展品和服务也应该体现时代特征、科技特征和文化特征等。当然，这必须建立在展览会调查的基础之上，也要求策划人具有敏锐的眼光和灵敏的嗅觉来把握市场先机。以全国很多城市都曾举办过的旅游交易会、旅游展览会为例。随着旅游市场的发展和旅游经济的繁荣，全国各个省会城市甚至很多地级市都有了自己的旅游交易会、展览会等，而且展品从最初的景区宣传册、促销资料变为现在AR体验、现场模拟、明星企业参展等科技特征明显、内容类型丰富、参展商实力雄厚的展会。

4. 独特性

展览会所选题材必须能够不可替代。在市场经济条件下，一般来说，展览会题材选择的独特性、垄断性越强，其效益性也就越大。展览会的可替代性越弱，打造品牌展会的竞争力就越强，就越能吸引参展双方的注意力，也才能长时间享有竞争优势和垄断优势。例如，2010年5月在意大利米兰，就举办了该国历史上的首次离婚展。由于受到传统观念的影响，无论是国际还是国内，离婚都是比较避讳的事情。离婚的题材选择是否可行？展出什么展品？提供什么服务？选择什么样的参展商？主办方给本次展览会取名为“翻开新的一页”，也揭开了意大利首届离婚展的序幕，展会邀请了律师、离婚规划师、约会机构等，展出了离婚纪念礼物，在米兰产生了不小的影响。

（二）展览会题材选择的背景分析

展览会题材的选择还必须放在大的背景下，尤其需要对市场发展、社会需求以及财务状况等环境作出详细分析。

1. 环境分析

环境分析既包括宏观环境的分析，也包括中观环境和微观环境的分析。宏观环境包括展览会举办的经济环境、政治环境、法律环境、技术环境、文化环境以及生态环境等。宏观环境对于大多数展会的影响都是大差不差的。例如，在文化复兴的大背景下，北京民俗文化展览会、上海民族民俗民间文化博览会、厦门国际艺术博览会等文化类展览会的繁荣。同样，在文化产业发展的大背景下，2019 年上海文博会、2019 年上海创意产业博览会、2019 年上海文创展、2019 年中国文化创意展览会、2019 年上海文交会、2019 年上海文化创意设计展等的举办。再如 2020 年初的新冠肺炎疫情对全国的展览会来说同样都是影响巨大的。中观环境则是指影响产业或行业发展的政策环境，如国家新能源产业政策、新能源汽车政策对车展、新能源展的影响，而微观环境分析包括办展机构的内部环境、竞争者、服务商、目标客户、会展服务等内容。

2. 需求分析

展览会的需求包括国家和地区的需求、社会需求、公众消费需求等。随着经济和社会的发展，人们的需求也越来越多样化，展览会通过各种展品和服务的展览、展示和交换，已经成为满足国家和地区的需求、社会需求、公众需求的一种重要形式。国家和地区的需求往往体现在相关的倾向性政策、支持性政策、引导性政策等方面，展览会的国家和地区需求是决定展览会前途和命运的首要因素。例如，目前我国档次最高、规模最大的日用消费品展会——中国国际日用消费品博览会（消博会）之所以会在宁波举办，一方面是因为宁波是重要的对外贸易口岸，另一方面也是因为宁波的区位优势、经济优势产生的发展需求。展览会的社会需求分析一般包括四个部分：社会经济发展需求、人文环境需求、自然生态环境需求和经济社会可持续发展需求分析。公众消费需求分析是指展览会消费群体的消费水平、消费供需关系、消费质量等的分析。

3. 财务分析

一般来说，展览会不同于会议和节事活动，大部分的展览会更注重经济效益，这也是源于展览会起源的“交换”特征，所以财务分析是展览会题材选择的重要考量。展览会题材更倾向选择那些能够产生丰厚经济效益的内容，毕竟当今的展览会宣传和展示的功能越来越弱化，而产品和服务的销售、营销、签约等目的越来越突出，这也是展览会立项策划书中很重要的构成部分。从目前展览会的盈利模式来看，主要有以下五种：展位费盈利模式、门票盈利模式、赞助盈利模式、剩余盈利模式和综合盈利模式。综合盈利模式是其他四种的多元化结合。例如，在2018年，南昌绿地国际博览中心共举办45场会展活动，净展览面积80万平方米产生的带动效益达176亿元。而预计到2023年，江西省将举办规模以上展会超300场，展出总面积突破500万平方米，展览活动直接收入达到300亿元，拉动相关行业收入超3000亿元。这些数字的背后离不开世界绿色发展投资贸易博览会、中国教育装备展以及血液检测展、中博会、中国国际广告节、中国国际美食节、国际小动物医师展、医院建设展、药品原材料展、全国农产品展等展会的财务贡献。

（三）展览会题材选择的依据

展览会题材的选择依据主要有以下几个方面。

1. 新创题材

新创题材，顾名思义，就是以之前的办展机构从未涉及过的产业或行业作为展览会举办的主要题材，这往往又要冒很大的风险，但危险和机遇、效益又是并存的。新创题材的选择并不仅仅是剑走偏锋，而是建立在一系列调查分析基础之上的。办展机构在收集信息并对信息进行整理和分析的基础上，加以甄别，选定新的题材。新的题材往往是新的产业、新的领域、新的创意，所以成功的可能性较大，也容易满足猎奇的需求进而依靠垄断性和独特性形成吸引力，树立品牌。但新创题材往往缺少经验，客户认可需要一定的时间，这也是其最大的劣势。需要说明的一点是，新创题材并不一定必须是世界首创，可以从已有的题材中互相借鉴，尤其是地区性的创新。上文中提到的意大利米兰首次离婚展就是该国历史上的新创题材，2020广州国际防疫物资展览会、2022首届粤港澳大湾区潮玩设计比赛，就是我国粤港澳大湾区的新创题材。

知识活页

2020全国首个国际防疫物资展览会——广州国际防疫物资展览会

2019年底，一场突如其来的疫情催生了很多新的展览会题材。2020年，国内疫情“外防输入、内防反弹”风险和压力持续存在，海内外供需双方对于搭建一个高质量的抗疫物资展示对接平台呼声强烈。与此同时，2020年上半年，随着广东省重大突发公共卫生事件由二级响应调整为三级响应，广州国际防疫物资展览会立即启动筹备。

广州国际防疫物资展览会于2020年6月10～11日在琶洲保利世贸博览馆举

行，展期共2天，展会面积3.6万平方米，设有防疫产品展区、设备展区、综合服务展区、原辅料展区等4个展区，参展企业超过600家，专业观众达6000人次，并配套举办“防疫物资直播节”“防疫物资出口政策宣讲会”等系列活动。

在抗击全球疫情的过程中，广州有一批企业表现得十分抢眼。包括将新型冠状病毒核酸检测试剂盒输送至全球140多个国家的达安基因，打造出世界最高速口罩片生产线的兴世机械，获9.75亿美元KN95口罩出口大单的金发科技，等等。这批抗疫“明星企业”在广州国际防疫物资展一一亮相，展出防疫智能机器人、智慧医院、快速检测试剂盒等抗疫科技产品和解决方案，与来自全国各地以及境外驻穗机构、商协会等国内出口商、贸易商、海外采购商对接和匹配，助推广州优质产能“走出去”，充分展现广州战“疫”力量。

2020年4月1日，顺应海外市场对具有品质保证的抗疫物资的采购需求，广州市贸促会携手27家企业和机构发起成立全省首个抗疫物资出口联盟，打造集制造、检测、认证、电商、物流、通关于一体的全产业链平台。联盟成立以来，收到了56个外国商协会和驻穗机构发来的抗疫物资采购清单。为减少中间环节，联盟连续发布了第一版至第五版中英文防疫物资供货企业名录，并提供西班牙语、日语、韩语等支持，通过线上和线下等多种渠道促成供需双方的有效对接，受到了海外需求方的高度肯定。

资料来源：《2020全国首个国际防疫物资交易展》，2020年8月13日，http://gz.bendibao.com/tour/273740.html。

2022首届粤港澳大湾区潮玩设计比赛

近几年京津冀、粤港澳、长江经济带和长三角经济协作区等战略的提出和实施也催生了很多以“区域协同发展”为特征的新的会展题材。而潮玩是近几年兴起的拥有独立IP并具有潮流属性的玩具，由于迎合了年轻人的个性化审美需求而迅速产业化。相关数据显示，中国潮玩行业占全球比例从2017年的11.18%增长到2020年的19.17%，有望成为全球潮玩消费的核心市场之一。

2022年6月29日，首届粤港澳大湾区潮玩设计比赛在前海深港青年梦工场举行启动仪式，为粤港澳及内地青年广泛交往、全面交流搭建新平台，为新生代艺术家搭建潮玩原创作品展示平台，打造深港创新创意设计人才高地，助力中国文化穿上潮玩“外衣”走向世界。比赛以“国际视野、文创引领、讲好中国故事”为理念，邀请港澳台及内地设计师团队、设计师、艺术家、插画师、独立创作者、潮玩爱好者、各大院校在校学生等参赛，以自己的原创产品为载体宣传中国文化。参赛者可自由创作IP形象，作品风格、材质不限，鼓励创意独特且风格突出的作品投稿。大赛共设金奖2名，银奖4名，最佳时尚潮玩奖2名，最佳文化潮流奖2名，最佳人气奖10名，并设相应奖金。主办方将对获奖作品进行产品化。

资料来源：吴可：《文创引领！前海启动2022首届粤港澳大湾区潮玩设计比赛》，2022年6月30日，https://new.qq.com/omn/20220630/20220630A0B76Z00.html。

2. 分列题材

分列题材，是一种选择展览会题材的形式，就是将办展机构已有的展览题材进一步细分，分列出更小的题材，并将这些小题材办成独立的展览会。分列题材的选择使得依据细分题材所办的新展览会更加专业化。[①] 也就是说，分列题材是已有展览题材的细分化、专业化、精细化和品牌化，因此有一定的客户基础，发展空间较大，但有可能会对原有展会产生冲击。分列题材必须基于以下几方面的考虑：一是原有展览会题材的发展已经达到一定的规模，能够使分列题材成为可能；二是细分之后的题材不会和原有题材相似程度较高，甚至对原有题材造成不良影响；三是分列题材和原有题材相比，具有一定的相对独立性，并具备独立举办的条件。例如，当前很多城市都举办过的车展，作为原有题材，其分列题材有2020第十届重庆国际汽车技术展览会、2020广州房车展览会等。

3. 引申题材

引申题材，又被称为“利益相关题材”或“拓展题材”，就是将现有展览会所没有包含的，但与现有展览会的展览题材有密切关联的题材，或是将现有展览会展览题材中暂时还未包含的某一细分题材列入现有展览会题材的一种方法，这是展览会扩大规模的一种常用的有效方法。[②] 这一题材最大的优势是可以扩大招展展品范围，同时扩大参展企业的数量和观众的来源，使展览更能具有代表性和专业性。但在展区划分上要更加细致，会增加现场布置和管理的难度，在专业方面要尤其注意。而且，计划拓展的题材还必须和现有题材有一定的关联度，不能风马牛不相及，既不会对现有题材形成负面影响，又不会拉低现有展览会的档次，让现有展会题材因为拓展而受到影响。例如，山东省文化产业博览会就有关于茶文化的展览，也有关于旅游产业的展览，还有非物质文化遗产的展览等。

① 参见李玺、叶升编著：《企业活动策划——理论、方法与实务》，清华大学出版社2014年版，第275页。

② 参见李玺、叶升编著：《企业活动策划——理论、方法与实务》，清华大学出版社2014年版，第275页。

4. 合并题材

合并题材，顾名思义，就是将两个或两个以上相同、相似或有一定关联度的展览题材合并为一个展览会，或者将两个或两个以上的展览中彼此有关联的题材分列出来然后形成新的展会，一并展出。这在展览会繁多复杂的城市尤其多见，在会展经济发展初期最为常见。一方面，是城市为了做大做强某一产业的展览会，消除市场竞争或整合该题材的展览市场，使展览会与城市协同发展；另一方面，也是从行业品牌的角度出发，提高参展的积极性，提升展览会的等级和品质。当然，合并题材最大的劣势是业务合作不当和利益分配不均，这将给展览会带来致命的打击。一是导致题材合并的失败，二是如果题材合并不恰当，还会将展览会办成"大杂烩"，同时降低原有展览会的吸引力。合并题材最经典的案例是深圳国际汽车展。一直以来，深圳存在三个汽车展：创办于 1991 年的深圳国际汽车展览会、创办于 2002 年的深圳汽车嘉年华暨国际汽车交易会、创办于 2006 年的中国（深圳）汽车文化博览会。这三个展会各有特点：深圳国际汽车展览会开创中国车展之先河；深圳汽车嘉年华暨国际汽车交易会追求"先锋的汽车文化"和"交易"并重；中国（深圳）汽车文化博览会以本土化为特征，参展的冠军 4S 店居全国之冠。2008 年，这三大车展合而为一，定名为"第十二届深圳国际汽车博览会"，以"为生活加油、为奥运喝彩"为主题，重点突出深圳汽车消费的优势，展览面积达 8 万平方米，参与媒体 650 多家，观众达 50 多万人次。三展合并后的"深圳车展"，实现了优势互补，无论是规模还是品质都在业内形成了巨大影响力，塑造了全新的"深圳车展"品牌。

二、展览会项目立项策划的含义

展览未动，策划先行。只有明确展览会项目立项策划的含义，明确展览活动是一项系统的复杂工程，才能举办出主题鲜明、选题独特、效益明显、品质较高的展览会，才能有助于参展商和观众实现参展目标。

展览会是会展项目的重要组成部分，展览会项目的立项策划既遵循一般策划的规律和原则，又受到会展项目独特性的影响。展览会项目立项策划的含义是：结合展览会前期的市场调查和分析，在确定展览会选定的题材的基础上，依托创造性思维，对即将要举办的展览会的相关事宜进行初步的整合、规划和优化组合，实现展览会目标的系统的创造性过程。展览会项目立项策划的核心是创造性思维，即根据所掌握的各种信息，明确参展双方的供求关系，形成可实施的行动方案，并对近期的活动进行统筹安排，从而打造出具有竞争力、吸引力和影响力的展览会项目。展览会项目立项策划是对计划举办的展览会的初步规划，是展览会基本框架的初步设想，在具体的操作过程中允许根据实际情况进行相应改变，最终目的是能够获得相关行政主管部门的批准。

三、展览会项目立项策划的内容

要成功举办一次展览会，尤其要实现展览会可持续发展和打造品牌展会，只有进行精心策划，才能使后续工作有序展开，实现展览会的顺利运行。展览会项目立项策划是对展览会的统筹安排，主要是对展览会的基本框架进行定性的分析和说明，主要包括以下内容：

(一)展览会的名称和主题

展览会的名称体现了展览会的基本内容、题材和价值取向，一般由基本部分、限定部分和附属部分组成。基本部分标明了展览会的性质和特征，说明是贸易性展览会还是消费性展览会；限定部分说明展览会的举办时间、地点、届次、规模等内容；附属部分是为了更好地突出展览会的细节，是限定部分的有益补充。在很多的展览会名称里，附属部分并不是必须存在的。展览会的名称对展览会的成功具有举足轻重的意义。与展览会名称关系密切的还有展览会的主题，有时候展览会的主题也会直接体现在名称里。展览会主题有的是系列化的，有的是围绕一个特定的内容展开，有的则和时代结合密切。

(二)展览会举办地点的选择

展览会举办地点的选择包括三部分的内容：一是在哪个国家、地区或城市举办？二是在哪个展馆举办？三是在同一个地方举办还是在不同的地方轮办？这些都是在展览会项目策划阶段要确定的问题。展览会举办地点的选择遵循三方面的原则：一是一致性，即展览会的选址要符合举办地的政策、要求，且展览会的性质、定位、产业特征等要和举办地特色相吻合；二是协调性，指展览会的选址要考虑举办地的地理环境、生态环境、文化环境等，并与之相协调，例如少数民族文化的展览会要放在少数民族文化典型的地方举办；三是经济性，即要考虑展览会的经济成本、时间成本、资金成本等。

(三)展览会举办的时间和频率

展览会举办的时间包括展览会的具体开展时间和展览会的筹展、撤展时间，以及对观众的开放时间。一般来说，展览会的开展和撤展时间一旦确定就不能更改，否则会造成后续很多的问题。所以在展览会策划阶段就必须慎重考虑，做好时间安排。展览会的时间必须严格按照日程安排来，这也是展览会成功举办的前提条件。同时，还要结合人员组织赋予展览会筹展时间一定的弹性。展览会的举办频率是指，是一年举办一次或两次还是几年举办一次，是定期举办还是不定期举办。展览会举办频率受展览会题材、生命周期、产品规律等的影响，比如产品展销会就受产品的生命周期影响最为明显。

(四)展览会的举办机构

展览会的举办机构，是指促成展览会成功举办、负责展览会的组织、招展、招商、宣传、营销等事宜的有关单位或组织，一般包括主办单位、承办单位、协办单位、支持赞助单位等。主办单位是指展览会的拥有者并对其承担主要法律责任的办展单位；承办单位是直接负责展览会的策划、组织、管理并对其承担主要财务责任的办展单位；协办单位是协助主办或承办单位负责展览会的组织、运营、操作与管理，部分承担展览会的招展、招商和宣传推广；支持赞助单位是指对展览会的相关活动提供直接或间接支持的单位，如新闻媒体对展览会的广告、宣传、招展等的支持，公共服务部门为展览会提供的服务，等等。

（五）展览会的规模、展区分布以及展品范围

展览会的规模主要是指展览面积、参展商的数量和参展观众的数量。在进行展览会的策划时，就要对展览会的规模进行合理的预测，以指导展览会的招展招商和宣传推广等相关工作。确定了展览会的规模之后就要对展区进行划分，这要结合场馆的特征和展会的题材来进行，一般来说，展区的划分都围绕主题展区来设置，一层展区要优于二、三层的展区。展品范围的主要依据也是展览会的题材，根据展览会的主题和定位，展品范围一般包括一个或多个产业，或者是一个产业中一个或几个产品门类。例如，方便食品展的展品范围就包括：方便面、方便粉丝、挂面、生鲜面，冷冻与冷藏食品，调味面制品及其他休闲食品，香精、调味料，生产设备、包装设备及包材生产企业的产品，食品安全检测企业的相关产品。

知识活页

第八届山东国际文化产业博览交易会

一、展会名称

名称：第八届山东国际文化产业博览交易会（简称“第八届山东文博会”）

英文名称：The 8th Shandong International Cultural Industries Fair（The 8th SDICIF）

二、时间地点

时间：2019 年 9 月 19—23 日

主会场：济南西部国际会展中心

分会场：枣庄、威海

三、展会主题

壮丽七十年　盛世文博汇

注重突出新中国成立 70 周年主题，通过文博会氛围营造、展览设计、展品布陈等方面体现新中国成立 70 周年主题元素。

四、展会目标

紧紧围绕庆祝新中国成立70周年，创新办展办会方式，坚持稳中求进、守正创新，重点展示全省文化体制机制改革成果和文化产业发展新成就；发挥文博会的平台聚合作用，提升市场化、国际化、专业化、信息化水平，强化“双招双引”、项目推介和产品交易功能；充分利用互联网、物联网、人工智能等现代科技手段，坚持线上线下联动，做大做强做优文博会品牌。

五、展会规模及特色

本届文博会首设“沿黄省区文化产业联展”，沿黄9省区全部组团参展，河北、贵州、西藏、辽宁以及香港、澳门、台湾等7省区组团参展，省外参展企业总数达到743家。本届文博会还首设“一带一路”展区，共有51个国家365家国外的客商参加。涵盖文化旅游、影视演艺、出版传媒、创意设计、文化会展商贸、文化制造等多领域。

山东文博会植根于底蕴深厚的齐鲁文化，齐鲁文化区域特色贯穿于展会展示、论坛和文化活动各版块，表现在展区设计和展品展示的各方面，既有泉水文化、泰山文化、黄河文化、运河文化，也有民间艺术展示；既有传统工艺现场展演和制作，也有新兴业态、现代科技以及发展成果的呈现。同时也加大了对新媒体和数字创意产业等新型文化业态内容的展示力度，定向邀约了国内头部新媒体企业、数字创意领域龙头企业参展，突出龙头企业的产业引领作用，像华为、腾讯等34家文化科技企业和新媒体品牌企业都集中参展，故宫博物院、国家博物馆也首次参展。共展示文化创意产品10余万件，传统文化产品及周边产品占70%以上。

科技创新馆为山东文博会举办8年以来首次独立设馆，展馆共分为九个展区，分别是序厅、领导关怀区、重大科技成果展区、智慧城市展区、机器人互动交流区、智慧生活展区、物联网+智慧健康展区、物联网生活展区、数字地球展区。浪潮集团人工智能服务器、中车四方公司时速600公里高速磁浮工程样车、中集来福士“蓝鲸一号”半潜式钻井平台、海天智能脑机接口康复训练系统等重大科技成果，机场雷达清障系统、卫星互联网系统、城市智慧心脏系统、量子通信技术等先进技术以及可实现走动进行人机互动和交流的系列机器人产品、物联网+智慧健康产品等100余个“高精尖”展项以图文展示、视频、互动体验等多种方式集中精彩亮相。

资料来源：张珈玮、李鸿如：《圆满成功！第八届山东文博会总签约额达921.4亿万》，2019年9月23日，https://w.dzwww.com/p/3655955.html。

(六)展位价格和财务预算

展览会的财务预算是展览会策划的重要组成部分，也是展览会盈亏分析的主要依据，能够直接影响展览会是否立项。对于不同类型的展览会来说，盈利的比率大小要求也是不一样的，有些贸易类展览会要强调签约率，有些消费类展会则要强调成交额，而有些公益性的展览会并不强调利润。不论哪种类型，展览会的财务预算都是必不可少的一环。在展览会策划初期，展位价格是财务预算的主要构成部分。展位价格包括室内展场的价格和室外展场的价格，室内展场的价格又分为标准展位的价格和光地价格。在制定展位价格的时候，遵循“优地优价”的原则，按照展位设置的不同价格有所差别，往往人流量最大的展位价格最高。

（七）展览会人员分工、招商招展和宣传推广

在确定了展览会的筹展、布展、开展、撤展的具体时间之后，就要根据需要，对工作人员进行统筹安排，一是将合适的人安排到最合适的岗位上去，二是按照所需人员的波峰波谷进行人员统筹。招商是展览会举办方采用多种方式吸引众多商户共同办展的过程，招展则是通过制定具体的策略、措施和计划办法招揽企业参展的过程，宣传推广则是为树立展览会的品牌和形象进行的营销和促销活动。事实上，这四部分内容是互相影响、相互制约的，人员分工和宣传推广都是为展览会的招商和招展服务的，而招商招展的程度又制约着人员安排，在进行展览会项目策划的时候，要综合考虑这四部分内容。

（八）展览会的进度计划、现场管理和相关活动计划

展览会的进度计划是展览会进行到不同阶段的时间节点的安排，它明确展览会在筹备阶段的哪个时间上应该完成哪些方面的内容，即什么时候完成招展招商，什么时候完成展位划分，什么时候开展撤展，等等，进度计划一直安排到展览会成功举办。展览会的进度计划安排得越详细、越充分、越完善，展览会的各项工作越容易有序展开而不拖沓。展览会的进度计划采用的工具一般有网络计划图、甘特图、里程碑计划等。展览会的现场管理计划是展览会开幕之后对现场进行的一系列计划和安排，包括展览会的开幕式、展场的现场管理、观众的引导等方面，一直到展览会的撤展完成。现场管理计划是展览会计划的关键一环，直接关系展览会是否井然有序，关系展览会的品牌塑造，关系展览会的成败。目前，很多展览会已经不仅仅停留在“展览”的层面上，而是“节、会、展、演、赛”的交叉和融合，而相关活动计划就是对展览会举办期间其他活动进行的计划安排。一般来说，展览会的同期活动有研讨会、各种比赛、特色表演以及交流会等，它们都是展览会的有益补充。

（九）展览会风险管理

展览会作为一个聚集人流、物流、信息流、技术流等于一体的综合性平台，各种潜在的风险不可避免，在进行展览会立项策划时应根据展览会的不同题材理性预估各种可能的风险，并预先做好应对的计划安排，做好危机管理。例如，2003 年 SARS 和 2020 年新冠肺炎疫情来袭，很多展览即时叫停，将损失降到最低，已经开

幕的也采取了各种应对措施,保障参展双方的安全和收益。而对于不同的展览会,风险的来源也是不一样的,如家具家居展要做好防火,珠宝奢侈品展要做好防盗,食品展要做好卫生,等等。

第三节 展览会项目可行性研究

展览会项目可行性研究是指通过对选定的展览会题材进行内容策划、技术论证和效益分析,对其作出可行或不可行的明确结论。展览会项目可行性研究主要是对该展览会题材存在的必要性、投资的可行性以及执行的合理性等方面进行分析,其中投资的可行与否是展览会项目可行性研究中最核心的部分。

一、展览会项目可行性研究的作用

展览会项目可行性研究是对多种方案的比较论证,是解决项目是否发展、如何发展的问题,主要目的是深入分析展览会的题材和主题是否可行,能否带来预期的综合收益,为展览会的审批提供方便,等等。其主要作用如下。

(一)为项目决策提供可靠依据和建议

展览会项目是否可行,取决于其所依赖的政治、经济、文化、技术等多种环境的影响,取决于其投资是否合理。而展览会项目的可行性研究除了提供这些因素的分析之外,还同时提出多种方案的比较,从而能够为展览会项目决策提供依据和建议,尤其是能合理规避投资风险,为项目投资判断指明方向,为展览会的其他安排提供建议。

(二)合理安排内容设计,保证项目投资收益率

展览会项目可行性研究中的内容设计要科学、合理,而且一旦确定就要严格、规范执行,尤其是规模、方案、标准、投资额度等控制性指标。展览会项目的内容在进行可行性分析的时候,就根据投资分析的一般原理,如时间价值原理、成本效益分析原理、方案比较法原理等预估了投资和收益的比率,明确了投资回收期。因此,项目可行性研究能够保证投资收益率。

(三)指导项目具体实施,保证项目顺利开展

经过可行性分析的展览会项目,即被认定为环境容许、因素保障、技术可行、经济合理的项目,也才能从事实上被真正列入投资计划,并被赋予相应的资源和资金保证其顺利实施。也就是说,展览会项目的具体实施是围绕可行性分析的结果而展开的,其中的市场分析、环境分析、项目的生命力分析、投资额、招展招商费用以及展览会的进度安排等都以此为主要依据。

二、展览会项目可行性研究的内容

展览会项目可行性研究的内容包括:项目背景分析、项目生命力分析、执行方案分析、财务分析、风险识别与评估、发展建议、努力方向等。

(一)展览会项目背景分析

展览会项目的背景分析是基于展览会市场调查的基础,因此主要是进行展览会的市场环境分析,分为宏观和微观两方面。市场环境分析是在资料和信息进一步完善的基础上,对展览会项目立项策划中提出的内容方案进行的深入分析和论证,不仅判断其市场条件是否具备,同时判断展览会举办的其他环境基础是否具备。而且,市场环境不仅包括现有市场环境的分析,还包括对未来市场环境的合理预测。

宏观市场环境包括经济环境、政治环境、法律环境、社会文化环境、技术环境、生态环境等。其中,经济环境包括经济水平、经济政策、经济结构等,尤其是展览会举办地的产业结构比例、经济发展速度等;政治环境是指政治政策、重大政治事件、展览会举办地的安全治安环境等;法律环境是指对展览会题材影响密切的法律法规的变化与分析;社会文化环境、技术环境以及生态环境则需要根据展览会的主题和题材的具体问题,具体分析。微观市场环境主要是指展览会举办机构的品牌、影响力、内部环境等,另外还包括对竞争者、服务商、消费者的相关分析。对于一些公益性的展览会来讲,重点是分析其社会反响、公益性项目涉及的社会领域以及未来潜在公益性展会的发展方向等,以公益性带动其市场化。①

(二)展览会生命力分析

展览会生命力分析是从展览会本身出发,分析展览会是否有发展前途,是否能够实现可持续发展。例如,针对消费类和贸易类展会,不仅要分析其首届或前几届是否能够盈利,还要分析其长期生命力。展览会生命力分析主要有以下几点:展览会发展空间,即举办该展览会所依托的市场空间、产业空间、地域空间、政策空间等是否具备;展览会竞争力,包括展览会定位的号召力、办展机构的品牌影响力、参展商和观众的构成、展览会展位价格及服务等;办展机构的优劣势分析。例如,武汉创意家居展览会的生命力分析如下:第一,家居展览会的发展空间广阔,市场潜力巨大。在当今社会中,消费者的居家设计逐渐轻装修而重装饰,对舒适度的要求日益提高,更加注重品味、时尚和个性化,“软装饰”可以更便捷、更随意地体现主人的追求。第二,创意家居的“创意”定位号召力更大,参展商和观众的构成几乎涵盖了所有的行业和人群,项目竞争力较强。第三,目前已经举办的时尚类、创意类的家

---

① 参见江金波编著:《会展项目管理——理论、方法与实践》,清华大学出版社 2014 年版,第 54 页。

居用品多集中在上海、广州等地，如中国国际时尚家居用品展览会（上海）、广州创意家居用品展览会等，武汉只有武汉家居产业博览会，所以该展览会的竞争力较强。第四，武汉当地著名的办展机构越来越多，办展水平越来越高，而且经验越来越丰富。

（三）展览会执行方案分析

展览会执行方案分析是对项目策划书中的各种执行方案进行分析，看其是否完备，是否能够保证展览会计划目标的实现，重点是分析展览会的各个执行方案是否合理、完善、可行。对展览会执行方案的分析主要是对基本框架的评估，涵盖以下内容：展览会名称和展览会的题材、展品范围、展览会定位之间是否冲突；展览会的办展时间、办展频率与展览会题材的相关产业是否冲突，有没有关注产品的生命周期；展览会的举办地点是否符合展品的行业特点，是否符合展览会选址的选择；展览会的展品范围能否支撑起如此规模、如此定位的展览；展览会的办展机构是否有冲突，对相关单位的要求是否达到，在计划的办展时间内能否实现相应的目标；另外，还包括对展览会组织及人员分工的分析、招展招商以及宣传推广计划的评估、各个具体操作计划之间有没有矛盾，等等。任何一个环节的矛盾和冲突都将导致展览会无法如期举办。例如，经过对展览会执行方案的分析，发现展览会举办没有相关经验可以借鉴，项目实施没有足够的场所和人员支撑，或者现有人员与展览会的规模并不相称，那就需要及时做出人员调配预案，保障展览会的顺利进行。

（四）展览会财务预算分析

展览会财务预算分析是展览会项目可行性研究的核心，在很大程度上直接决定着展览会的立项结果，不仅仅是判断展览会经济上是否可行的主要参考，也是最大限度提高项目收益的依据，同时还包括展览会不同阶段的资金使用规划。展览会财务分析的过程和步骤是：预测、估算和分析展览会的基础数据；编制和分析财务报表；进行财务评价；进行不确定分析；得出财务评价结论。展览会财务预算包括预算估计、预期利润及收益、资金筹措计划、投资使用计划等。其中，展览会的预算估计可参照表 2-1。

表 2-1　　展览会成本—收入预算表①

费用项目		金额(元)	占总收入的比例(%)
收入	展位费收入		
	门票收入		
	广告和企业赞助		
	其他相关收入		
	总收入		
成本	展览场地费用		
	展览会宣传推广费用		
	招展和招商费用		
	相关活动的费用		
	办公费用和人员费用		
	税收		
	其他不可预测的费用		
	总成本费用		
利润			

此外,展览会的预期利润及收益也是决定展览会价格的主要因素,可以采用盈亏平衡分析、量本利分析法等进行测算;资金筹措计划以及各个阶段的资金使用计划也应该根据展览会的特征实现多元化和灵活性。

一般来说,盈亏平衡是展览会举办的最低要求,如果展览会的收入不足以弥补产生的费用,那么展览会举办的可行性就要慎重考虑了。当然,盈亏平衡分析对商业性展会尤其需要,公益性展会则很少考虑盈亏问题。同时,对于首届或前几届展览会的举办有可能出现亏损现象,也是可以允许的,因为展览会举办初期尤其是新创题材的展览会初期,往往需要较多的费用来开拓市场、塑造品牌,但如果一直亏损下去,那就需要重新评估展览会举办的意义。

(五)展览会风险识别与评估

展览会可行性分析是将所有与展览会有关的工作都做在前面,具有面向未来和面向行动的特征。因此,需要尽可能多地考虑其可能存在的风险,并通过完善的风险管理保障展览会的安全顺利进行,以获得预期的各种效益。展览会的风险是

① 参见刘大可主编:《展览会组织与经营》,中国人民大学出版社 2012 年版,第 58 页。

多种多样的，而且从筹展一直到撤展，风险都不可避免地一直存在。展览会的风险管理包括风险的识别、风险的评估和风险的应对。

风险的识别是对可能发生的各种风险进行系统的梳理和全面的分析，确定风险的来源，是来源于展览会自身还是来源于外部环境。例如，是来自项目本身的技术风险、质量风险、计划风险，还是源于外在的事故、火灾、战争、天气等风险。2003年的 SARS 和 2020 年的新冠肺炎疫情就属于外在的突发性风险。

风险的评估是对风险的不确定性、发生的概率以及影响程度进行恰当的分析和评价。通过风险的评估，可以使展览项目更加科学，也可以快速及时地做出反应，避免风险或降低风险带来的损失。风险的评估至少应该包括三方面的内容：风险发生的概率；风险的严重程度及损失的大小；风险发生的次数和影响程度。

风险的应对措施多种多样，应具体问题具体分析。常用的有风险的避免、风险损失的预防和抑制。风险的避免是指通过相应的措施使风险发生的概率降低为零，比如放弃或终止某项活动。而风险的预防是指预测到可能发生的风险，并在风险发生前就采取预防措施。例如，如果预测到展览会的观众人数过多会造成人员拥挤踩踏，就提前采用分流设置保证观众的参观效果和人身安全。风险的抑制是风险一旦发生也能通过预先的安排使风险降到最低，如家具家居展览上灭火设施和设备的设置，食品展上紧急医疗人员、设备、药品的准备，等等。

（六）发展建议及努力方向

展览会的发展建议主要是几种方案的比较和选择，例如这些方案的优势和劣势分析，方案存在的问题以及对这些问题的解决和最优方案的选择，同时为展览项目的发展提出合理的对策、措施和建议。另外，通过以上可行性研究也可能会发现立项存在的很多现实问题，也应一并提出并解决。最后，针对相应的问题，提出有针对性的立项策划改进的建议，指出最终的努力方向，也就是根据展览会的办展目标和办展宗旨，提出实际可行的方法和行动安排。

此外，展览会的可行性分析除了环境、经济和风险三大主要的内容之外，还应该根据不同展览会的性质而有所侧重，尤其在展览会的开展和撤展过程中，应该结合多方面因素进行综合考虑。例如，展览会开幕式过程中，场地、人员的安排是否可行，主题讲话是否合理，其他活动是否能够落地，等等。

三、展览会项目可行性研究的方法和步骤

展览会项目可行性研究应综合多种学科、多种方法进行分析和论证，并结合展览会项目的实际，按照既定步骤有序展开。

（一）可行性研究之准备开始阶段

可行性研究的准备开始阶段的主要任务是针对具体的展览会题材确定可行性

研究的范围，包括展览会项目的行业或产业门类、项目的规模、展览会举办的地域等，同时还要明确展览会主办方的要求与目标，进行宏观背景的分析。在这一阶段可以采用战略分析法。对展览会项目进行战略分析，就是根据国民经济发展的战略和目标，选出能够在宏观上满足这些发展需求的、时间和空间都最为满意的方案。可以结合头脑风暴法、名义小组技术、德尔菲法等，依靠集体的智慧，尤其是结合对展览会举办有重大影响的产业政策、海关规定、知识产权保护、产业发展规划、法律法规限制等的分析，做出正确的决策，为展览会项目的可行性研究奠定坚实基础。

（二）可行性研究之调查分析阶段

这一阶段最主要的任务是收集资料，即在明确展览会要求的基础上，对中观和微观环境的调查。根据调查的提纲和计划，组织专业人员对现场进行实地调查和抽样调查，收集整理分析获得的资料，内容包括前面所提到的市场环境、竞争力环境、展览会项目的自身环境等。主要采用问卷调查法、访谈法等。调查分析主要的目的是搜集与项目可行性研究内容有关的各种信息，并对涉及的关键问题进行调查，使展览会项目可行性研究的方案和结论都建立在可靠和完备的信息基础之上。这一阶段应重点调查同类展览会的数量和分布情况，同类展览会之间的差异和竞争优势，重点展览会的基本情况以及行业经销商的数量和分布状况，市场发展趋势和相关产业的状况，等等。

（三）可行性研究之方案优选阶段

这一阶段的主要任务是结合前期的市场调查和环境分析，根据展览会项目立项策划的目标和内容，在搜集整理了一定的基础资料和基本数据的基础上，提出若干可供选择的方案，并按照一定的原则进行比较和评析，从中选出或推荐一个或两个备选方案，然后对备选方案的优缺点予以说明。对方案进行选择的过程，并不仅仅是排他的，而是围绕要素目标，对展览会项目的市场、资源、投入、产出等方面进行组合，进行定向分析和定量分析相结合，最后确定最优化的方案。这一阶段最常用的方法是 SWOT 分析法。SWOT 分析法，即态势分析，是将与展览会相关的优势、劣势、机遇和威胁等，按照矩阵形式排列，然后把各种因素组合起来进行系统分析，从中得出一系列相应的结论，结论往往带有明确的决策性。

（四）可行性研究之详细研究阶段

详细研究阶段是可行性研究最重要、最核心的阶段，在这一阶段需要对最终的优化方案进行细致的分析和研究，对项目的具体范围进一步清晰明确，尤其是要按照经济评价的方法和要求，对项目进行详细的财务分析和评价，计算相应的评价指标。展览会项目的经济评价，主要包括国民经济评价和财务评价，一般来说，只有国民经济评价可行，项目才可行，但有些展览会项目只要求作财务评价即可。财务评价往往是采用因素分析法、比较分析法、历史考察法、专家评价法等对展位价格、成本费用估算、收入利润预测等进行分析评价。在这一阶段，目标市场定位的分析十分重要，定位时需要考虑展会类型、产业标准、地理细分、行为细化等因素，同时进行风险分析，表明不确定因素变化对展览会项目经济效果产生的影响。这一阶段得到的结果必须论证出展览会在技术上的可行性、条件上的可达性、进度的可保障性、资金的可筹措性和风险的可化解性。

（五）可行性研究之报告编制阶段

经过之前几个阶段的研究，尤其是经过技术论证和评价之后，展览会项目负责人可以开始组织相关人员进行可行性研究报告的编制，对展览会项目做出可行与不可行的结论意见或改进建议。这一阶段用到的主要方法是智囊技术，如哥顿法、希望点列举法等。对于某些项目，如工业项目、技术项目、外资项目等的可行性研究报告，国家一般有相应的规定，但展览会项目的可行性研究报告国家并没有提出统一的要求。所以展览会项目的可行性研究报告可以参照其他报告的体例，并结合展览会的自身特点和要求来进行编制，基本的体例和格式如下。

项目总论：展览项目的背景、目标、意义等。

市场分析和项目生命力分析：宏观环境、微观环境、SWOT 分析、目标市场、发展趋势、国内外竞争力分析等。

项目的可实施性分析：展览会框架分析、营销思路和手段、项目选址与建设、项目规模与客源、人员组织和管理、资源进度质量等相关指标。

备选方案分析：对备选方案进行甄别和评价。

经济分析和财务评价：投资估算、资金筹措、利润与收益预测等。

风险评估与对策分析：风险来源、破坏程度、如何规避。

结论和建议。

（六）可行性研究之资金筹措阶段

资金筹措是项目资金运行的起点，决定着项目的资金规模和发展程度，也是展览项目主要的收入来源，直接影响项目能否展开和顺利进行。展览会项目的资金筹措在进行备选方案的分析和选择的时候已经根据初步预算做过研究，但随着项目实施过程中不确定性因素的影响，资金的筹措和使用也会发生改变，因此还必须要编制相应的资金筹措调整计划。在这一步骤中，要对项目资金来源的不同方案进行比较分析，并对优选方案实施计划做出决定，常用的方法有比较分析法和定量预测法。展览会的资金筹措渠道主要有：自有资金筹集（包括现金和实物等）、借入资金筹集（包括长期负债和短期负债）、商业赞助（冠名权、供应权、范畴权等）。例如，2014 年第四届中国－亚欧博览会的志愿者服装、证件、门票广告位三项广告位冠名权就拍出了 618 万元，拍卖所得全部用在了展会发展上，这也代表了首次市场化竞拍的成功。

本章小结

1. 展览会的前期、中期和后期调查，侧重点不同，作用也不同。展览会的前期调查主要侧重于对展览会市场前景的分析、同类展览会的竞争力分析、本次(届)展览会 SWOT 分析以及参展商、支持协助单位情况、展览会的可行性等方面的调查，主要是为了确定展会竞争优势，明确展会主题创意；把握市场供求关系，确定主要营销手段并促成展会最终立项。展览会的中期调查主要是指展览会举办期间进行的现场调查，主要侧重于对展览会现场服务质量、展览会的潜在客户需求、展览会的新趋势以及参展商和观众的现场体验感等方面，作用在于了解参展企业情况，从中发现潜在客户，提高现场服务质量。而会后调查又往往与展览会评估结合在一起，主要是为以后的展览会提供信息，收集数据和资料，以实现展览会的可持续发展。

2. 展览会调查的步骤和过程包括：确定展览会调查的目的，明确要调查的问题；制定展览会调查的计划，清楚所需要的资料；确定收集资料的方式和途径；明确抽样设计及抽样过程；数据收集和资料分析；撰写调查报告；跟踪调研结果。

3. 展览会题材选择的依据包括：新创题材、分列题材、引申题材、合并题材。

4. 展览会项目立项策划的内容有：展览会的名称和主题；展览会举办地点的选择；展览会举办的时间和频率；展览会的举办机构；展览会的规模、展区分布以及展品范围；展位价格和财务预算；展览会人员分工、招商招展和宣传推广；展览会的进度计划、现场管理和相关活动计划；展览会风险管理；等等。

5. 展览会项目可行性研究的内容：展览会项目背景分析、展览会项目生命力分析、展览会执行方案分析、展览会财务预算分析、展览会风险识别与评估、发展建议及努力方向。

思考与练习

1. 名词解释

(1)展览会项目立项策划

(2)分列题材

(3)合并题材

2. 简答题

(1)简要说明展览会调查的方法有哪些？

(2)展览会调查常用的方法有哪些？

(3)举例说明某一个展会的 SWOT 分析。

(4)展览会项目可行性研究的方法和步骤。

案例分析

“文旅融合发展　乐享好客山东”2020 山东省旅游发展大会暨首届中国国际文化旅游博览会背景及发展分析

2020 年 9 月 16 日下午，2020 山东省旅游发展大会暨首届中国国际文化旅游博览会在泉城济南拉开帷幕。大会以“文旅融合发展　乐享好客山东”为主题，来自 38 个国家和地区的友好宾朋，跨越空间阻隔，相约线上交流，共同推动山东文化和旅游业发展谱写新的篇章。本次大会是 2020 年山东省规格最高、规模最大的文旅主题活动，集中进行了文旅产品展销、文旅活动体验和文旅线路推介，全方位展示“孔子家乡，好客山东”崭新形象，将进一步激发文化旅游消费，推动旅游业复苏提振，为稳增长、扩内需注入新动力，大会设济南主会场、各市分会场和网络会场。

一、新机遇，疫情下挖掘文旅消费新需求

今年上半年，新冠肺炎疫情一度阻挡了民众出游的脚步，也让旅游业整体陷入“停摆期”。全省文旅系统同时打响疫情防控“阻击战”和产业发展“主动仗”。3 月初，省政府出台《关于进一步扩大文化旅游消费的若干措施》，在保证“限量、预约、错峰”要求的同时，实施提振市场信心、发展乡村旅游、打造夜间文旅消费集聚区等八大举措，安排 2000 万元资金对文旅重点项目给予贴息扶持。4 月，我省提前启动“第四届山东文化和旅游惠民消费季”，省、市、县三级落实 1.38 亿元资金发放惠民消费券，联合 24 个省直部门和 16 市开展六大系列 2273 项主题活动，让广大群众充分享受惠民福利。上半年已发放消费券 1.29 亿元，成为推动文旅消费的重要力量。

9 月 6 日，500 余名自驾游爱好者从邹平出发，开启“山东千里黄河风景廊道打卡游”。他们一路领略黄河沿岸风景，采摘蜜梨、无花果、桃子等各种特色林果，把沿途的收获一一装进后备箱。恢复跨省游后，山东省重点聚焦乡村游、夜间游、康养游、自驾游等大众消费新需求，各地整合推出 130 条经典旅游线路和数以万计的特色产品，出台一系列优惠政策，开展了旅行社和导游、旅游景区、星级饭店服务质量提升行动，营造浓厚的市场氛围。加快形成以国内大循环为主体、国内国际双循环相互促进的新发展格局，文旅融合也将迎来新的发展机遇，山东的各项举措，有助于文旅企业加快复苏提振。

二、新理念，文旅融合出规划谋升级

文化和旅游不仅是展示山东活力的窗口，更是提振经济的“加速器”。山东把文化创意、精品旅游列为“十强”产业重点培育，以项目、活动、消费为引领，正不断壮大产业集群，文化产业和旅游业走上高端化、跨越式发展之路。预计到 2022 年，两大产业增加值将达到 1.4 万亿元。

9月1日，依托线上平台，2020好客山东文旅项目“云招商”活动举行了省会经济圈的第一场活动。济南、淄博、泰安、聊城的8个重点项目通过“线上推介”“线上洽谈”，定向邀约文旅投资商“屏对屏”交流，集中推介优势特色、优惠政策。本次大会，山东省精心谋划了200多个成长性好、带动力强的文旅重点项目，将进行线上线下全面推介。

面向“十四五”规划，在新的产业理念、新的消费环境下，山东文旅正在追求更深层次、更大范围、更高品质的融合。7月发布的《山东省文化旅游融合发展规划(2020～2025年)》，直面文旅融合短板，聚焦开发夜游经济、淡季旅游和实现“一部手机游山东”的智慧旅游，培育拉动文旅消费的“潜力股”。

在文旅融合中，山东涌现出很多具有创新性的典型项目。比如，台儿庄古城深挖运河文化、抗战文化内涵，积极探索产业化发展路子，塑造起“二战名城、运河古城、中华水城、国际慢城”综合品牌形象；青州古城通过政府购买服务的方式，组织民间艺人和非遗传承人在古城老街开展常态化表演，以丰富的业态营造出可以供游客沉浸其中的体验环境；曲阜市依托“三孔”世界文化遗产和众多文化文物资源，大力发展研学旅游，推动文化遗产资源真正“用起来、活起来”，曲阜机场年吞吐量突破百万人次，研学游包机占比超过24%……

三、新形象，向世界讲好“孔子家乡”故事

为提升大会的国际影响力，本次大会广泛邀请国内外嘉宾通过线上入会、设立虚拟座席、智能同声翻译等形式参会。

联合国世界旅游组织秘书长特别顾问胡安·加斯帕特·索尔维斯(山东省特聘“孔子旅游大使”)，在给山东发来的贺信中这样写道：“在旅游行业非常严峻的时期，山东省举办旅游发展大会正是在履行服务社会、服务行业、服务企业与消费者的责任，最大程度促进旅游业的正常运转与发展。”2020年山东省将陆续在全球招募2万名“孔子文化和旅游使者”，共同讲好“孔子家乡”故事，促进中西文化与旅游的交流发展。

资料来源：《首届中国国际文化旅游博览会明日在山东济南开幕》，2020年9月16日，http://news.e23.cn/shandong/2020-09-16/2020091600065.html。

☞ **问题**

1. 简要分析新冠肺炎疫情对2020年山东省旅游发展大会举办方式的影响。

2. 结合案例，分析2020年山东省旅游发展大会召开的背景，并指出其中涉及的调查方法。

第三章　展览会主题创意与设计

学习导引

展览会种类繁多、涉及面广、影响力大，从国家到地方的发展，展览会都起到重要的推动作用。展览会主题的选择是展览举办的首要环节，展示主题是如何发展起来的？如何创新展示主题？现代多元化展览的发展趋势是什么？通过本章的学习，可以从展示主题的起源、现代发展、未来趋势掌握其创意方法，为实践打好基础。

学习重点

通过本章学习，重点掌握以下知识要点：

1. 展览会主题的起源。
2. 展览会主题创意思路。
3. 展览会主题创意类型。
4. 展览会多元化发展趋势。

展览会的主题是展览会的灵魂，主题的确立需要从经济、政治、城市发展等实际出发，紧密结合当前行业发展和相关政策，做到与时俱进。本章以世博会为起源，梳理展览会主题的发展脉络，并结合当下展览会主题创意思路，找出适合创意或创办展览会的行业，并对展览会主题创意类型进行划分。

第一节　展览会主题的起源和发展

一、一切始于世博会

随着工业革命的到来，社会生产力的提高，科学技术的进步，国际交通的发展，各种交易与展览的规模逐步扩大，覆盖的地域范围越来越广，甚至超出了单一国家的范围。到18世纪末，新工业层出不穷，资产阶级的权力和影响日益增大。当时，英国首先完成工业革命成为世界一流强国。为了展示工业成果，1851年第一届世界博览会在英国伦敦召开。在160天的展览期间，前来参观的有来自世界各地的商人、社会名流及观光者共630万人次。这次展览展示了现代工业发展的状况和人类所焕发出的无限想象力。它的召开标志着世界工业化社会的到来，也由此翻开了人类社会发展的新的一页。

这次世博会是第一次产业革命的产物，在更大范围内发挥了巨大的推动作用。之后，法国、英国、美国等国家也相继举办了世界博览会，一个国际间交流合作、自由贸易的国际化市场逐渐形成。世博会伴随着多次世界性产业革命，对人类发展的影响是深远的。成功的世博会与生产力发展、科技进步、世界交流是同步的。正是博览会这种形式的出现，使人们在此后几年里对这种大众交流的媒介需求非常强烈，于是这种展览活动的形式被固定下来，逐渐发展成为当今的国际大型展览会。

二、展览会主题体系的确立

展览会主题演绎是主办方和参展方根据已确定的主题体系，展开体现各自丰富而生动的理念和实践的演绎活动。主题演绎是伴随着世界博览会形成和发展的，1851年，英国伦敦的世界博览会只有展品摆放的展示方式，直到1994年国际展览局通过了1号决议，世博会主题体系才正式形成。世博会在不同主题的前提下，有各自的内容、形式和风格，对主题的把握和演绎主题的方式决定着博览会设计的方向和形态。

（一）从单一性展览到多元化展示

早期的世博会由当时的技术水平所决定，世博会展示的内容形式都比较单一，集中在一个大的建筑物内展示，并且按照参展方提供的分类体系来展示。这些分类体系的设定指导了展馆的展示布局，体现了主办者的展示意图。后来，随着世博会展示重心向理念文化方向的转移，传统的白科全书式的展览方式开始转变为能够深刻反映人类共同关心的话题的多元化展示。

“水晶宫”作为展示英国工业革命成果的主要建筑物，在1851年英国伦敦世博会中发挥了重要的作用。在这次世博会上，总计有来自25个国家及15个英国殖民地的14000个参展者，展品达100万件之多。水晶宫的室内空间为展品展示提供了前所未有的大空间，室内被划分为1500个方格的展览场地，中间放置综合类展品，外围放置参展国的展品，国与国之间没有特别的间隔。但也正因为这种单栋的建筑结构，对博览展示造成了很大的约束，空间上限制了布展的条件，形式上约束了内容的展示，仍然只是简单的没有经过设计的货品陈列。水晶宫作为早期世博会的象征性建筑，体现了世博会展示社会发展成果先进性的特点，此后一段时期内的布展方式都非常相似。

1853年，美国纽约世博会的布展方式也是按照伦敦世博会来进行排列的。1862年，英国伦敦世博会则另外建造了一座比水晶宫更大的圆形建筑，但展示方式仍没有改变。这一系列世博会的单个建筑仍然只是简单的货品陈列的方式，对博览会展示方式造成了很大的束缚，既不能提供合适的展示空间，也没有新颖的展示方式。值得赞扬的是以水晶宫为代表的这一时期的博览会所体现的追求和进取的精神激发了人们的创造力，刺激了现代工业设计思想的出现。

直到1867年法国巴黎博览会，这种古老集市模式的布展方式才有所突破。巴黎世博会采用椭圆形建筑作为展示的主要场馆，在主馆外围建设一系列小型场馆，开始注重统筹空间的元素型展馆作为补充展示，与前几届不同的是主办方逐渐丰富了展示的形式，希望以此形成“世界的和国际的”真正融合。随着参展国的增加，单个建筑已经无法满足博览会展示的需要，1873年奥地利的维也纳世博会首次打破了之前惯用的圆形剧场的建筑形式，采用麦卡托投影法有效地解决了既要合理安排综合展品，又要妥善分配参展国的布展位置的问题。麦卡托投影法是将地球仪投影在圆柱筒上，再摊开成为平面地图的方法，地球仪与圆柱接触的地方是一个大圆，通常是赤道。这种地图投影法所投影出来的地图，呈现长方形的图廓，地图可以显示全部的经线，经线和纬线也都和地球仪上的一样，保持互相垂直。通过这种方式，展馆以奥地利为中心，由近向远，东西分布。整个博览会除工业宫建筑群外，还有机械厅、美术馆、园艺馆等190多幢新建建筑，这些早期的专题馆其实就是后期主题馆的雏形。

1876年的美国费城世博会除了中心展馆以外，另外组织了5个单独的展馆按照主题排列展品，这5个展馆分别是综合馆、艺术馆、机械馆、农业馆和园艺馆。这次世博会是首次综合性规划并广泛采用主题和国家展馆的世博会。1889年，法国巴黎世博会的外国展馆已经达到了35个，并开始出现主题馆。

这一段时期世博会场馆的展示经历了从单幢建筑到主馆和各国展馆，再发展为主题馆区、国家馆区的发展过程。

(二)从分类体系到主题体系

18 世纪英、法等国先后开始举办较大规模的博览会,这时候已经开始出现了分类体系,其目的也不单单是展览的需要,而是反映主办者的思想。阿尔弗雷德·海勒(Alfred Heller)说:"19 世纪人们关注的是参展展品的分类体系,因为当时的世博会俨然是一座旨在集中展示人类成就的生机勃勃的图书馆。"

1851 年英国伦敦世博会采用的是由阿尔伯特亲王亲自制定的以展示进步思想为目标的分类框架,这个框架分为 4 组共 30 类,4 组分别是"原材料、机器、制造和艺术"。当时所处的工业革命时代,机器把原材料制作成产品,原材料的地位相当重要;此外博览会主办者不仅希望向世界展示工业品,也希望展示一种精神。文艺复兴唤起了人们对艺术的追求,所以艺术这一门类开始出现在世博会的分类上。这个分类框架的特点是按照经济的实际结构去设置的,摒弃了以往抽象的分类方法。尽管当时不是所有的参展国都按照这个分类框架去实施的,但这一分类框架却体现了世博会的"进步"的核心价值观,对以后世博会的思想都有深远的影响。世博专家加洛潘(Marcel Galopin)对 1851 年世博会的分类体系是这么评价的:"一开始,两种分类体系发生冲突:一边是精神或哲学的分类体系,它将行业分成不同类别,每个类别详细陈述自己使用何种原料,使用何种工具、工艺,解释本行业的运作原理及其产品,从而达到普及知识的目的……另一种分类方法比较务实,把产品归入相同的大类,这种分类方法有助于展品比较,较好地满足了评委会的需求。"

在 1867 年法国巴黎世博会上,工程师弗雷德里克·勒·普雷(Frédéric Le Play)为博览会制定了一套复杂的分类体系。展品由 10 个大类组成,分别是艺术品组(下分 5 类);学术用具及应用组(下分 8 类);家具和其他住宅用品组(下分 13 类);日常用品组(下分 13 类);工业品、矿业、林业等原料及加工品组(下分 7 类);常用机械及工艺组(下分 20 类);生鲜及保存食品组(下分 7 类);家畜、农业用建筑模型组(下分 9 类);园林及标本组(下分 6 类);为满足人类物质和精神需要的产品组(下分 7 类)。这个分类法说明巴黎世博会注重对人类创意所产生的所有产品和技术。班克斯(N. P. Banks)对此分类体系给予了高度的评价:"在世界历史上,对于人类工业的各个分支从没有如此错综复杂的、系统的和科学的分类体系……它将人类的一切行业和产品划分为 10 个大类再细分成 95 个小类。这 10 个大类涵盖了人类的全部行业和产品,反映了人类的生活习惯,以及人与人之间、人与社会之间乃至人与进步文明之间的一切关系。"

一直到 1933 年美国芝加哥世博会,每届的世博会都有其各自的分类体系,当世博会从注重技术向注重理念转变时,开始更加关注人类发展所共同面临的问题,主题体系便应运而生了。

1933 年,美国芝加哥世博会放弃了以往复杂的分类体系,不再按照科学技术的范畴分类，而是按照从原材料到艺术的分类，首次以主题形式出现，并以一个主题指导和贯穿整个展示体系的世博会。这届世博会的主题是“一个世纪的进步”，建有 8 个主题馆、7 个国家馆、3 个州馆、11 个企业馆。芝加哥世博会开始注重综合、协调的交流和展示。根据这届世博会的主题，展览的思路确立为以科学进步为主，配合科学运用在工业领域的种种发展为形式的办展思想，并且从很多方面围绕主题来展示。建设主题展馆，定名为“科学大厅”，设置了两个部门分别对科学部分和应用部分进行管理，展现科学通过工业技术对人类的贡献，更重要的是让公众感受到科学的理念。

1939 年，美国纽约世博会也延续了芝加哥世博会的主题体系，故意打乱了展品分类的规则，把展馆按照科学、教育、食品、通信系统、企业管理、公共卫生等主题集中起来，用“创造明天的世界”的主题串联起来。1962 年美国西雅图世博会的主题是“宇航时代的人”，通过科学的世界、21 世纪的世界、商业的世界、艺术的世界、娱乐的世界 5 个主题馆来展示对于 2000 年人类生活的展望。

虽然主题体系的世博会展示方法开始被应用得越来越广泛，但有些世博会采用的是分类体系与主题体系并存的方法。1967 年加拿大蒙特利尔世博会在主题“人类与世界”下又分了副主题，每个副主题又被划分成若干领域。此届世博会分为 52 组、291 类，9 个主题馆、17 个分主题馆。1970 年日本大阪世博会主题演绎强调要“将所有的材料多角度地结合起来，并提出问题，使观众处于新的体验之中”，“使世博会成为人类共同创作的场所”。为了能够更好地演绎主题，主办方对前几届世博会进行了系统地考察，最后确定以“人类的进步与和谐”为主题，并力图在世博会场馆体现“尊重人的尊严，追求和谐目标”的指导思想。在主题下又设立了 4 个副主题，分别是更充实的健康生活、更丰裕的自然利用、更丰富的生活环境、更深刻的相互理解。每个主题下又有 5～7 个类目。世博会主题体系更加深入和完善。

1933～1994 年是世博会主题体系逐步形成的时期。从 1933 年芝加哥世博会开始，主题体系逐渐取代了传统的分类体系。其中经历了一些反复，但实际上，即使有的世博会仍采用分类体系，主要还是作为展示方案细化的一种补充，而主题体系已经成为指导展示的主流。可以说，博览会主题体系是世博会特有的一种创新。

主题体系的出现，使世博会的展示更加丰富。过去的分类系统已经无法适应社会的要求，主题体系有效地解决了以往单一的展示方式，展览方式可以按照参展者的意图和目标发展。

知识活页

历届世博会主题一览表(部分)

时间(年)	国家	举办城市	主题
1933	美国	芝加哥	一个世纪的进步
1935	比利时	布鲁塞尔	通过竞争获取和平
1937	法国	巴黎	现代世界的艺术和技术
1939	美国	纽约	建设明天的世界
1958	比利时	布鲁塞尔	科学、文明和人性
1962	美国	西雅图	太空时代的人类
1964	美国	纽约	通过理解走向和平
1967	加拿大	蒙特利尔	人类与世界
1970	日本	大阪	人类的进步与和谐
1974	美国	斯波坎	无污染的进步
1975	日本	冲绳	海洋——充满希望的未来
1982	美国	诺克斯维尔	能源推动世界
1985	日本	筑波	居住与环境——人类家居科技
1986	加拿大	温哥华	交通与通讯——人类发展和未来
1988	澳大利亚	布里斯班	科技时代的休闲生活
1990	日本	大阪	人类与自然
1992	西班牙	塞维利亚	发现的时代
1998	葡萄牙	里斯本	海洋——未来的财富
1999	中国	昆明	人与自然——迈向21世纪
2000	德国	汉诺威	人类·自然·科技:展示一个全新的世界
2005	日本	爱知	自然的睿智
2010	中国	上海	城市,让生活更美好
2012	韩国	丽水	天然的海洋
2015	意大利	米兰	滋养地球,生命能源
2019	中国	北京	绿色生活,美丽家园
2021	阿联酋	迪拜	心系彼此,共创未来

三、世博会主题演绎的发展与成熟

1994 年 6 月 8 日，国际展览局第 115 次大会正式通过了 1 号决议，宣告了世博会主题体系的正式形成。为了使该主题体系更有操作性，国际展览局又通过了一系列的决议和规程，如国际展览局 118 次会议提出了 6 项决议，其中第一项决议就是有关主题的：一是任何世博会应该有一个合乎社会现实需要的主题，主题应该准确明了；二是主题应该具有相当的广泛性，使任何一个参加者都能明白，主题应积极展示人类在重要领域中所取得的科学、技术、经济方面的进步，表现人类和社会发展中产生的问题；三是主题的选择和主题的开发研究应该在主办者和国际展览局之间密切磋商，以及加强与国际最高层机构的联系，如联合国，以寻求得到他们的支持；四是国际展览局根据申请，能够明确告知实施主题的方法，具有指导和协助参展者和主办者的职责；五是东道国应该安排一些与主题范围有关的内容与知名专家讨论，以及与主题有关的国际或地区方面的经济性、专业性和代表性的组织进行会谈；六是主办者应该重视对上述的讨论和会谈，进行大规模的媒体报道，尤其事先同具有众多读者的国内外新闻机构做好协调工作。

国际展览总局主席加洛潘先生指出："为了成功地举办一次世博会，组织者应该注重主题的文化、历史及科学意义。他们应实施营销计划，强调主题方法——世博会必须以一种独特的方式对待人类的根本问题……组织者应建立一个由国际专家组成的国家主题委员会，监控主题执行情况。国际展览局最终采纳的方向——那是在共识的基础上取得的成功——就是给博览会注入主题的全部力量，更加关注博览会的内容。从此，每届世博会的组织者都必须为主题制定一份专门条例，由此可见赋予主题的分量有多重。"[①]国际展览局对主题演绎的推荐非常重视，特别强调："我们需要不同主题以及对于不同主题的演绎方式之间的比较分析。这一深入分析以我们的观点来看是非常必要的，不仅能让我们更好地理解过去，而且能提供我们对于世博会在全球社会中的使命的理解和定义。"[②]为了更好地推进并实施主题演绎战略，国际展览局针对主题原则颁布了一系列的规范。

主题体系正式实施的时间不长，还有一个逐步适应的过程。为了推行主题演绎体系，国际展览局在多种场合反复强调这一工作的必要性，并通过要求主办方建立主题演绎队伍、举办论坛等方式，确保主题战略的贯彻和落实。2005 年，日本爱知世博会在国际展览局的第 1 号特殊规章基础上设计了《2005 日本爱知世博会主

---

① 转引自[加]克劳德·赛尔旺、[日]竹田一平：《国际级博览会影响研究》，魏家雨等译，上海科学技术文献出版社 2003 年版，第 44 页。

② 转引自吴建中主编：《世博会主题演绎》，上海科学技术文献出版社 2008 年版，第 77 页。

题开发指南》。通过这个指南设立了一套主题矩阵体系,更加全面的为主题演绎工作服务。

主题体系体现了世博会的核心价值和未来追求。一方面它强调了主题的灵魂地位,把重心放在主题构思和内容的策划上;另一方面丰富了展示内容,使各种展示手段都围绕主题展开演绎。主题演绎成了贯穿世博会全过程的指导思想。

第二节 展览会主题创意思路

一、展览会主题的创意来源

展览会的举办,一方面促进了经济的发展,创造了巨大的经济效益;另一方面也展示了前瞻性的文化理念,提升了人们的精神素养。不管是什么性质的展览会,其基本条件就是要具备一个主题。主题根据时代的不同和举办地点的不同而各有所异,展会的主题创意是策划者根据项目内容的实际需要而表现出来的思维活动,同时要求该思维活动具备一定的创新性,能够吸引广大参展商和观众的参与。

从动机的角度来分析,展会以是否能立项作为确定主题的依据,也为创意构思指引了方向。主题创意构思需要了解市场的变化、展览的形式和范围、展会的时间地点等等。展览会举办的目的是利用展会产品来吸引更多的观众,而主题的确定则需要以观众的实际需求为核心,并能够随着社会需求的变化而不断调整,要想确保展会主题的创新性,引起观众的兴趣,首先要了解如何在展览会中找到创意点,进而确定主题。无论哪种思维方式,创意思维都是建立在调研分析的基础上,注重实践性,同时通过展会举办效果来检验展会主题。

知识活页

北京汽车展览会的发展历程

北京车展之前的展览:没有轿车的展览

1983年7月的"全国第一届乘用车改装车展览会",是中国历史上的第一次车展,是只有卡车和客车,没有轿车的汽车展览。

陈祖涛在他的回忆录《我的汽车生涯》中写道:"1983年7月,北京晴空万里,艳阳高照,北京农展馆彩旗飞舞,人头攒动。宽大的露天展馆里停满了我们中国各家汽车厂的车辆。这是我们中国汽车工业第一次向全国人民集体亮相,基本展示了我们的真实实力和水平,引起了全国人民和世界汽车业的关注。这次展览会可以说大获成功，开创了中国举办汽车展的先河。

“1988年10月9～15日，我们又筹备了第二届中国汽车展。这一次和上一次比，规模更大了，展会上的汽车品种和质量都比上一届要多要高。上一次只有卡车和客车，没有轿车，而这一次品种就齐全了。国产‘红旗’自然是不能少的。另外，中央已经同意发展轿车工业，很多汽车厂把自己和国外厂商合资的轿车推出展览，如桑塔纳、北京切诺基、广州标致等；有些地方搞了一些自己开发的小轿车；还有机械电子工业部最新推出的和国外合资开发的高档大客车，如北方公司的尼奥普兰。车展为时一个星期，参加的人比上一届更多了，每天都是人山人海。”

前十届车展：从静悄悄晋升国际A级车展

1990年6月3日，北京国际汽车工业展览会的前身——“北京国际汽车工业与工艺装备展览会”开幕。当时的展出面积不到两万平方米，其中国外厂商带来23辆展车，其中一辆是摩托车。有媒体评价：“第一届北京国际车展参展的国内展车中，只有合资的桑塔纳轿车和北京切诺基还看得过去。”当时北京车展叫“北京国际汽车工业及设备展览会”，非常专业，大都是业内人士参观交流，当时也没有模特、没有新闻发布会，所以车展是静悄悄的。

1994年在国内汽车发展史上具有划时代的意义，那一年召开了中国家用轿车研讨会，第一次大规模讨论轿车进入中国家庭的问题，国内媒体上几乎每天都充斥着“何时能圆轿车梦”一类的报道。关于要不要发展家庭轿车的激烈辩论也是当年的重大新闻，国家出台了汽车工业产业政策，而且中国“复关”谈判也在紧张进行，因此1994年的北京国际车展盛况空前，全球著名汽车厂商都聚集到北京国际展览中心，高峰时一天的观众数量达到10万人。

1998年的第五届北京国际汽车工业展览会主办单位推出了几项新举措：首次设立新闻及专业人士参观日、首次推出展览会吉祥物等，为展览会的举办增加了文化色彩。中央电视台在黄金时间现场直播展会盛况，更让全国观众了解了国内外汽车工业的发展水平。

2008年第十届车展虽然大雨滂沱，但依然没有阻挡住各家记者以及闻讯而来的普通观展者，在开展第一天仍有4万多人到现场参加了北京车展在新国展的首演，展厅内外由于人数的增加而变得拥堵不堪。

1990年至今，北京车展已经举办了10届，展车数量由216辆增加到890辆，参展企业由400家增加到2100家，展出面积由2万平方米增加到16万平方米，参观人数从10万人次增加到70万人次。从2004年起，北京汽车展跻身全球六大车展之列，2006年晋升为国际A级车展。

北京车展需要做战略转变

北京车展对于促进汽车市场发展，促进汽车文化建设，扶持自主品牌成长，振兴汽车工业确实起到了巨大的推进作用。但是，同汽车工业面临的问题一样，北京车展也迫切需要由做大向做强的战略转变。

第一，汽车车展做强，需要中国汽车工业做强。随着自主品牌研发能力的增强，北京车展上的新面孔会越来越多。只有越来越多的新车型亮相，才能提高车展的市场影响力。

第二，提高车展的技术含量，希望看到越来越多的概念车。概念车实际上代表汽车工业对汽车产品技术或设计潮流发展的探索，用具体的形象来诠释新的技术或新的风格样式，同时概念车也是一个企业研发实力的体现。

第三，希望北京车展从市场风向标向技术风向标提升。现在的高档轿车，其电子系统占整车的成本比重已经超过60%，必将迅速演变成装着四个轮子的计算机。同时，全球汽车工业为了节能、环保、安全，也在大力探索新的技术，这些探索实际上代表着汽车产品技术发展的方向或趋势，而车展是新技术展示的最佳舞台。

第四，提高北京车展的服务水平。北京车展的软件和服务水平亟待提高。北京车展是中央几个部门忙活的事，北京市政府不参与主办，因此协调起来比较困难。在为参观者服务方面，餐饮设施不足、休息区过小、车展噪声过大，都是国内车展普遍存在的问题。

第五，增加北京车展的文化含量。现在车展模特用得越来越多，形象也越来越靓丽，但这并不是汽车文化，汽车文化应该是设计文化、品牌文化、消费文化。

资料来源：贾新光：《北京国际车展应成为技术风向标》，《经济参考报》2010年4月23日。

二、展览会主题的创意思路和路径

展览会主题创意的关键是掌握其创意思路。展览会的主题创意源自于展览策划者对展览相关庞杂信息的认知。策划者凭借经验，如何将所接收的信息进行转化，使其成为能实施的展览会主题创意，其路径是有法可依的。在如今展览会主题繁复的情况下，我们需要研究如何通过一定的规律和方法，使展览策划者的创意思维在其经验的前提下，遵循创意路径，将信息转化为展览会主题创意，从而为后续的展览会举办奠定基础。

（一）展览会主题的创意思路

展览会的主题创意不是凭空捏造的，是在前期对行业发展、区域经济、市场环境的调研基础上形成的，展览主题创意可以是以前从未有过的主题，也可以在原有主题上进行创新。但不论是哪种方法都需要把握市场机遇，准确掌握创意思路。

1.展览会新主题的开拓

(1)全新的主题创新

人们普遍认为,当国际展览市场发展得相当成熟时,展览会主题所面对的市场已经非常有限。但是,由于社会进步和经济发展,有一些适合发展展览业的新领域出现。展览业走进这些新领域,很可能会创造出一个史无前例的展览会主题。例如,2018 年 11 月在上海举办的世界上第一个以“进口”为主题的国家级展会——首届中国国际进口博览会。博览会吸引了 130 多个国家和地区的 3000 多家企业,有超过 5000 件展品在中国市场“首秀”。此次展览在展品、交易形式、科技、保障、功能上依托“进口”为全新主题,创造了层次高、规模大、形式新的国际性展会。

(2)举办地范围的主题创新

举办地范围的主题创新,是指在展览会的举办地周边范围内展览主题的创新。这类主题的创新基于国内外区域展览市场发展不均衡,此类展览会主题地域性创新仍有很大的发展潜力。

欧美展览市场发展时间长,展览会主题资源挖掘已较深入,新主题创建难度比较大。而发展中国家展览市场起步晚,发展水平较低,新增展览会主题有极大发展空间。例如,“航空航天展览会”在俄罗斯、新加坡等国家已举办了多年,是相对成熟的展会主题。1996 年 11 月,首届中国国际航空航天博览会(简称“珠海航展”)在珠海举办,这是中国第一次举办带飞行表演并展出飞机实物的国际性大型航展,这是国际知名展览在我国区域内的举办地范围创新。

我国展览会的举办地发展情况存在差异。东部地区,特别是北京、上海、广州(下称“北上广”)三个城市展览市场发展较为充分,展览会主题资源逐渐呈现匮乏趋势。但除“北上广”外,东部地区其他大中城市和中西部地区主要城市展览市场发展较落后,新增展览会主题还有很大市场。例如,2015 年智慧类展会在“北上广”逐渐开始举办,而其他城市则是两年后才陆续出现并逐渐增多。

知识活页

中国—东盟博览会旅游展首次增设分会场

日前,桂林市文化广电和旅游局相关领导到象山区瓦窑小镇调研并召开中国—东盟博览会旅游展分会场筹备工作对接会,拟在象山区瓦窑小镇增设分会场。这是中国—东盟博览会举办旅游展以来首次增设分会场,对于旅游展朝着多元化方向发展和展示桂林的风采与文化具有重要意义。

象山区瓦窑小镇是融合文化、旅游和互联网功能,展现桂林本土艺术品、手工匠艺、桂州窑历史文化的文旅特色小镇。瓦窑小镇集产业功能、旅游功能、文化功能和社区功能于一体,共规划建设有麒麟匠园景区、游客接待中心、匠心博物馆、多功能展览馆、艺术品街区、青年文创公社、特色美食街、民宿酒店、收藏品淘宝市集、四季花海园区等十大业态。其中,多功能展览馆建筑面积约1.3万平方米,作为小镇的公共文化艺术交流平台,可举办各种工艺品、艺术专题展览、拍卖和论坛沙龙等活动。分会场以文创特色产品展为主,主要展示桂林本土艺术品、手工匠艺等。

中国—东盟博览会旅游展分会场的设立揭开了展会发展的新篇章,不仅满足了展会的多元化需求,还提高了桂林旅游的国内外知名度,推动了"一带一路"旅游合作。

资料来源:《中国—东盟博览会旅游展首次增设分会场》,中国—东盟博览会旅游展网站,2019年9月6日,http://www.caexpote.com/。

2.展览会原有主题的创新

展览主题依托行业、市场和产品的多样性才能呈现出主题创新的可能。当无法进行新主题的创新时,需要对原有主题进行改进,可以采取对原有主题进行拓展或延伸的方法,以适应行业的发展。

(1)原有主题的细分

有的展览会随着所处产业结构的发展和调整,其规模不断增大。这时,就需要在原有主题的基础上,将其内容进行细分,从而谋求更广阔的发展。细分后的主题通过独立办展可以更加专业化,并且向品牌化的方向发展。

原有主题细分后,原展会及细分后的主题展会将有更大空间。但要明确最佳主题细分时机,如果分得太早,新展会还没有完全成型,就会加大主办方办展压力;如果分得太晚,就会错失抢占新市场时机,也会影响到原项目生机。另外,要区分原有主题和细分后主题的目标市场和发展方向,强调其差异化,从而使两者能向各自方向发展。细分原有主题的过程中还需要注意是否会对原有主题造成冲击,这就要求细分主题的客户市场相对独立,和原展会其他利益相关方联系不是很紧密,原有主题拆分后仍能保持原展会的规模性与专业性。

但并不是所有大规模的展览都有可细分的可能性。原有主题的拆分首先要具有一定的展览规模,这是细分主题的基础。同时需要关注其细分行业的市场、参展商、观众是否达到可以独立办展的程度。原有主题的细分,常常表现为某个细分主题受目前展览面积、时间或发展限制而没有被完全开发。所以,细分主题还要有一定的可发展性,在产业深化发展的背景下,这一主题可延伸出不同分区和多样化细分市场以支持新项目持续发展。否则,细分主题后的展览会面临规模的萎缩,丧失发展潜力。

(2)原有主题的拓展

原有主题的拓展，是指将与原有展览会有关或者联系密切的主题，以及某些在同一行业现有展会上还没有涵盖的主题整合在一起的一种形式。

原有主题的拓展，首先要保证扩展后的题材必须和目前的题材有一定关联度，甚至有密切联系，并通过题材的扩展来充实原展会内涵，继而形成产业集聚效应。其次，因为扩展的题材并不一定就是组展方熟悉的产业，所以组展方开展、招展和招商工作常常会遇到一些难题。在拓展主题的选择上，要评价这一领域项目的可操作性，同时要充分考虑拓展主题对于展区划分的作用，以增强展区布局的合理性。最后，拓展主题和原有主题要有兼容性，二者可以互为补充，形成双赢的效果。主办方可以通过扩大主题内容来提高展会规模和目标市场。原有主题拓展还可以让展品范围更全面，提高展会专业化程度。所以，在主题拓展过程中，组展方一定要慎重，一味的主题拓展可能会影响到展会的专业性，也不利于展览的总体布局，并且会给现场管理带来负面影响。

知识活页

食交会：展会规模逐年扩大，业界影响力不断提升

2021年7月20日，第五届海峡两岸食品交易会暨第八届闽台(泉州)食品交易会在晋江隆重开幕。历经七年培育，海峡两岸食品交易会规模日益扩大，影响力逐届提高，是推动闽台两地食品产业协作发展的重要展会，也是深化闽台合作的前沿窗口。

在晋江国际会展中心，商家们都在自己的展柜上摆出特色产品，现场熙熙攘攘。对连续三年来晋江参展的杨成武来说，今年的食交会，又让他们公司有了意想不到的收获。

广东乃一食品有限公司总经理杨成武告诉记者：“与往届相比，这届食交会规模更大，参展企业数量更多，当然客人也会越来越多。”和杨成武一样感同身受的还有顾客林金炳，他告诉记者：“我们在重庆是做批发的，一般来说，过来都有订一点儿货，多多少少都有订一点儿货回去卖。除了成都，我感觉晋江是做得最好的，种类多、客户多。”

据了解，本届食交会在国际会展中心主会场的基础上，增设豪新食品市场为分会场，设有A、B、C、D、E、F六大主题馆，包括台湾馆、晋江及石狮伴手礼馆等特色展区，展出面积达6万平方米。参展企业总数超过1000家，其中85%为外地企业，

包括来自德国、英国、马来西亚等国家和地区的企业齐聚参展。本届食交会展出规模及参展企业数量均创历史新高。

资料来源:《食交会:展会规模逐年扩大业界影响力不断提升》,晋江市政府网,2021 年 7 月 20 日,http://www.jinjiang.gov.cn/xxgk/gzdt/jjyw/202107/t20210720_2590381.htm。

(3)原有主题的整合

原有展会主题的整合就是把具有一定联系、主题接近的多个展会合并为一个展览会,或者将同类型的主题合并提炼、整合为一个独立的展览会。原有主题整合的优势是能够把更多种类的参展商和观众汇聚在同一个平台,从而达到展会规模快速扩张的目的。对主办方来说,展会主题的合并也可以在某种程度上避免市场竞争、拓展市场份额、壮大实力。通过对展会进行合理分区和活动的安排,促进产业链上各环节企业间的交流和沟通,推动展会整体水平的提高。主题的整合需要策划者具有丰富的经验,能对原有展会进行分析,判断其是否有整合的潜力。

展览主题的整合可以让展会更加专业,同时要融合的题材需要有一定相关性,才能确保展会定位与品牌形象不因题材融合而被忽略。展会主题的整合还要兼顾原有主办方的利益。整合主题要求两个及两个以上的组展方对于项目定位及发展方向有一致的意见,对于双方的合作任务划分及利益分配方式有一致的看法。各组展方办展理念与组织文化之间也需要有一个契合点,融合主题的展览才能被组织成员广泛接受,并为此通力合作。

主题合并过程中,主办方需要考虑如下可能存在的风险:一是主题合并效果和目标客户接受情况存在一定的不确定性;二是不同主题的整合涉及各组展方业务合并和利益分配等问题,组织架构上的重组常常会给团队成员工作理念和工作方式造成一定冲击,很可能会影响办展效果;三是整合主题选择不恰当也会让展会定位含混、弱化展会专业性,导致展会成为一个“大杂烩”。

知识活页

科隆成功并购国内两个展会

日前,科隆宣布,其成功合并了中国市场中的两个主要竞争者:第三届“中国糖果制造博览会(CME)”以及“中国甜品及休闲食品制造博览会(SME)”。在此之前,这两个展览均属于英国塞普集团(Simply group Ltd)。成功合并之后的“中国国际甜食及休闲食品生产技术展览会”将有一个更高的起点，成为该行业中规模最大、意义最重要的展览会。

届时，科隆的“中国国际甜食及休闲食品生产技术展览会”将汇聚糖果生产中从生产、加工到包装，以及整个行业的各类供应商。展出展品包括：原材料和添加剂、糖果包装设备和技术、成套和配套生产设备以及二道生产技术，如食品质量和安全管理。

“中国国际甜食及休闲食品生产技术展览会”将携同“中国国际甜食及休闲食品展览会”和“世界食品中国展览会”展示整个糖果产业链中的方方面面。

新合并的“中国国际甜食及休闲食品生产技术展览会”与英国塞普集团在展览会筹备阶段保持紧密合作，以确保 CME 和 SME 的展商能顺利过渡到“中国国际甜食及休闲食品生产技术展览会”。到 2007 年 9 月开展时，德国科隆国际展览有限公司作为主办单位，将对展商及“中国国际甜食及休闲食品生产技术展览会”的未来发展全权负责。

资料来源：缪惟民：《科隆成功并购国内二个展会》，《中国包装工业》2007 年第 7 期。

（二）展览会主题创意的路径

展览会的主题创意需要策划者在充分调研市场的基础上分析其创意路径，从而能合理利用并立项，保证展览会质量。

1.注重行业发展，挖掘未来潜力

策划者对行业的发展变化通常十分敏锐，当接触到新兴行业或者有潜力的行业时，就会思考这些变化是否可以作为一个契机来开创展览会的新主题。策划者可以从行业发展所带来的产业、商品或者服务方式的角度，判断在将来是否会有市场前景。还可以考虑这些产业、商品或者服务方式本身是否能提炼出新的主题作为独立展会主题来立项。这个过程需要策划者有丰富的经验和严谨的判断能力。

2.开展区域调研，专注主题论证

展会主题的创意在策划者对行业发展了解的基础上，还需要掌握举办地实际情况。行业发展所带来的新机遇是否符合本地区产业特征，需要重视区域调研。同时，关注国家发展政策，对比两者在有关条件上的差异，也就是对比新主题展览会发源地和举办方制定办展地时的情况，不断论证其合理性。

2020 年 11 月 15 日，中国、日本、韩国、澳大利亚、新西兰和东盟十国共 15 个亚太国家正式签署了《区域全面经济伙伴关系协定》（RCEP 协定），这有利于亚洲区域经济一体化，形成统一的规则，并保证其良性循环。中国—东盟博览会以此为契机，通过增设“一带一路”国际展区、东盟和 RCEP 精品展区，增加新兴产业和绿色经济展览内容，以此为中国—东盟乃至东亚地区经贸合作全面发展发挥更大作用，推动中国—东盟友好合作向更高水平发展。

3.分析主办方情况，合理应用主题

主办方是展览主题的重要策划者之一，包含展览企业、会展场馆、会展业关联企业等。在策划新主题的过程中，策划者本身的经营理念对主题创意是有影响的。

展览企业及会展业关联企业作为策划者在对展会主题进行策划时，一方面，可以在自办展的基础上将其更换地址进行举办。例如，国家会展中心（上海）展馆建成后，上海光大会展中心、上海国际会展中心、上海新国际博览中心的展会纷纷向新展馆迁移，新场地能提高原有展会的知名度和品牌质量。另一方面，关注区域发展特色，将展会主题与本地行业和市场政策相联系，发挥主办方的优势，避免开辟新市场的风险。

第三节　展览会主题创意类型

大部分新主题展览会均由经验丰富的组织者创意和创立，而如何进行展览会主题创意就需要归纳展览会主题的类型，以此保证展览会的顺利立项。

一、政府为主导的展会

政府为主导的展览会主题，是突出政府对资源配置的调控，立足于社会公共利益，服务于整个社会的基本需求。党的十八届三中全会《中共中央关于全面深化改革若干重大问题的决定》将政府职能概括为：宏观调控、市场监管、公共服务、社会管理、保护环境。政府为主导的展会，其优势在于政府在国民经济和社会发展中具有权威性，可以发挥政府角色优势进行长期规划，并且制定产业政策和配套的法律法规，保证会展业顺利发展。

二、消费为主导的展会

展览会的发展与地区经济发展密不可分，党的第十八次全国代表大会提出，经济发展要更多地依靠内需特别是消费需求拉动。而消费为主导的展会在近几十年间发展迅速，从国际顶级汽车、游艇、各类奢侈品到人们日常所需的生活用品，不同需求档次的消费品展览会相互补充，消费为主导的展会不仅在大型城市发展迅速，在中小城市也显著增加，能吸引不同年龄、职业背景的观众。

知识活页

2022 消博会全球招展工作基本完成

第二届中国国际消费品博览会(以下简称“2022 年消博会”)即将在海南海口举办,本届消博会将坚持精品路线定位,突出全球新品首发首秀首展,打造成为推动高水平对外开放、促进内外市场相通、畅通国内国际双循环、促进消费升级和消费回流、引领全球消费时尚的重要平台。

截至目前,2022 消博会全球招展工作基本完成。本届消博会展览总面积将从首届消博会的 8 万平方米扩至 10 万平方米。其中,国际展区从首届的 6 万平方米增加到 8 万平方米,境外品牌参展面积占比从首届的 75%增至 80%。法国将担任 2022 消博会主宾国。国内展区 2 万平方米,包括省区市馆和新增设的、突出展示国内消费精品和老字号的国货精品馆,届时将为更多国内消费精品提供展示交易平台和“走出去”新机遇。

2022 消博会将实现 100%特装展示,并突出绿色搭建。国内外知名品牌将在展会期间发布全球最新产品和最新款式,展会国际化程度将进一步提升。

据了解,消博会是我国首个以消费精品为主题的国家级展会。首届消博会于 2021 年 5 月 7～10 日举行,共有来自 70 个国家和地区(含中国)的 1505 家企业、2628 个消费精品品牌参展,进场观众超过 24 万人次,各类活动丰富多彩,首发首展首秀亮点纷呈。

资料来源:《2022 消博会全球招展工作基本完成》,2022 年 1 月 5 日,https://www.hainanexpo.org.cn/。

三、文化为主导的展会

会展产业和文化创意产业的联系非常紧密,通过展览会可以促进文化创意产业的发展,提升文化软实力,是文化产业发展的重要平台。文化为主导的展会主题有两种类型:一是以文化产业本身为主题的展会,通常由政府或文化企事业单位主办,有利于本地文化产业发展,拓宽文化产业经济渠道;二是以举办地文化特色为主题的展会,依托本地特色文化,结合丰富多彩的配套活动,打造文化品牌,同时借助特色文化促进国际间文化交流,为经贸发展搭桥,实现文化推介和招商引资。

四、新兴行业为主导的展会

《中国展览经济发展报告 2019》指出，中国会展业将以创新发展为主旋律，呈现以下五大趋势：一是绿色展览、融合发展的理念渐成共识；二是新战略、新产业、新形势将成为展览新题材；三是消费类、文化类展览将继续发展壮大；四是融合发展、跨界发展成为展览新模式；五是信息技术能加快会展服务方式不断创新。新兴产业为主导的展览会内容更偏向于概念性和前沿性，并且能够发挥先导作用，对产业未来发展起到规划和指导的作用。

知识活页

2021 世界人工智能大会 7 月 8 日开幕

2021 年是“十四五”开局之年，也是中国共产党成立 100 周年，在上海全面推进城市数字化转型大背景下，上海市政府与国家发展改革委、工信部、科技部、国家网信办、中科院、工程院、中国科协共同主办 2021 世界人工智能大会。大会主题是“智联世界 · 众智成城”，旨在联通汇聚世界人工智能发展的最新成果和观点，为全球人工智能协同共治描绘新蓝图，为我国人工智能健康发展注入新活力，为上海城市数字化转型增添新动能。

本届大会的主要特点可以用三个“最”来概括，就是最新前沿方向、最全行业生态、最优应用体验。最新前沿方向，体现在三方面。

一是重磅嘉宾数量更多。目前，约瑟夫 · 斯发基斯(Joseph Sifakis)、惠特菲尔德 · 迪菲(Whitfield Diffie)等诺奖得主，腾讯、阿里、百度、京东等企业的创始人将参会。据初步统计，大会演讲及参与圆桌嘉宾超过千位，较去年将近翻番。其中，国内院士 49 位，国外院士 13 位，顶尖高校校长 16 位，国家级专业学会和协会理事长 25 位，科技龙头企业、央企国企负责人，独角兽企业和行业新锐企业创始人、CEO 近 150 位。

二是话题热点更聚焦。一方面，围绕国家战略，回应全球关切，深入探讨“可信AI”等热点议题；另一方面，今年大会将聚焦开源框架、AI 与脑科学、认知智能、隐私计算、AI 与量子计算等，打造近 20 个专业学术论坛。

此外，今年的“AI 夜话”活动将以“浦江 AI 论，数字家园”为主题，从人们关切的视角切入，共同畅想数字家园。

三是前沿成果更丰富。大会 SAIL 奖已发布的 Top30 榜单中，包含了华为“盘古”、百度飞桨、一流科技等自主开发框架，寒武纪、天数智芯、登临等最新智能芯片，以及全球首个机器人化学家、免开颅柔性脑机接口等“黑科技”，最终的SAIL大奖将在大会开幕式揭晓。大会期间，还将发布全国首个《可信AI白皮书》《白玉兰开放数据许可协议》等前沿成果。

资料来源：《2021世界人工智能大会7月8日开幕！重磅专家集聚、应用体验丰富》，2021年6月21日，https://www.ncsti.gov.cn/kcfw/hy/202106/t20210621_34739.html。

五、大型国际综合性博览会

博览会主题演绎框架的制定，首先要了解博览会主办方或投资方对于此次博览会的办展目的是什么，要准确地提炼出博览会展示主题的精髓，并对主题如何演绎进行构思。换句话说，主题演绎框架就是一个剧本大纲，在这个基础上下一步的演绎工作才能顺利进行。

主题演绎框架的提炼首先要分析博览会的展示目标和内容，探讨需要通过什么样的手段来呈现什么样的展示效果。比如一个艺术品的博览会，要首先了解展出的是什么类型的艺术品，需要传达给受众什么样的信息。在明确这些以后，就考虑通过什么样的方式来展示，过程怎么安排。这是其中最难的一个部分，好的创意可能会给博览会带来意想不到的效果。

在确定主题演绎的方式以后，如何把理念上的设计转化为实践是接下来非常重要的步骤。这期间需要涉及的设计环节非常繁复，其中要掌握一个原则，就是要把握好所要展示的角度，营造一个与主题理念相符合的展示效果，给人以深刻的印象。以2010年世博会英国馆为例，英国馆的展示主题是“充满祝福并生机勃勃的地球”。据英国馆馆长介绍，在展览策划之初，对主题的理解侧重在如何将“人与自然的关系”这个抽象的理念转化为生动的展示形态。最后，英国馆选择了花园、艺术、创新、风景四个元素作为展示的切入点，通过游乐园形式的展示给参观者提供轻松、愉悦的体验。这四个方面反映了英国对主题的理解，又有效地吸引了参观者。

知识活页

上海世博会主题演绎的深化

主题不是一个孤立的口号，而是应当在世博会的全过程、全方位中得到体现。在申博期间，已经确立了5个副主题，分别是：城市多元文化的融合、城市新经济的繁荣、城市科技的创新、和谐城市社区的重塑、城市与乡村的互动。

上海世博会的主题研究组根据爱知世博会设计了一个主题矩阵图，X轴被设定为“尺度”(个人/家庭、人群/社会、城市/国家、地球/环境)，Y轴为“时间”(过去、现在、未来、普遍)，Z轴为5个副主题。架子搭起来之后，编写人员发现，要在X/Y/Z轴的每一个交点给出一个恰当的“元素”。有的元素手到擒来，例如在X3(城市/国家)、Y1(过去)、Z1(城市多元文化的融合)的交点上，编写人员很容易就想到了“城市气质的铸造”这个元素；与此相似的是“经济全球化下的城市功能”的内容，在X4(地球/环境)、Y2(现在)、Z2(城市经济的繁荣)的交点上自然而然地浮现。而其他一些元素的寻找则需要编写人员发挥更大想象力或者预见力。尽管元素的提取过程非常艰难，但上海世博会主题矩阵图系的出炉还是让编写者感到对主题的解读又深入了一步。

2007年初，为了让主题演绎的工作贯彻到世博会的方方面面，上海世博局制定了《上海世博会主题演绎总体规划》。总体规划分为4个部分：总述、主题内容结构、主题呈现计划和组织实施。第一部分总述明确了主题演绎任务的性质，即“主题演绎的基本任务，是积极吸纳、集中各方面的智慧和力量，研究上海世博会主题‘城市，让生活更美好’，从抽象理念到具象表现的途径，策划和指导主题在上海世博会全程的呈现，即活动、论坛、展馆、展示、城市设计等具体方案”。第二部分主题内容结构是对展区各区域主题、展示方式的详细规划。第三部分主题呈现计划包括展览、文化活动、论坛、城市设计、网上世博等。第四部分组织实施为不同主题呈现项目的主题内容、协调方式设定了不同的原则。《上海世博会主题演绎总体规划》被称为是上海世博会的“主题宪法”，它的存在，使上海世博会可以有条不紊地进行，并取得预期的效果。

资料来源：吴建中主编：《世博会主题演绎》，上海科学技术文献出版社2008年版，第56～57页。

政府“经济贸易投资洽谈会”的蜕变

20世纪90年代，外商外资是招商引资的重点。政府官员除频繁到外国或到香港招商之外，也在国内举办各种活动吸引外商登陆。到90年代中后期，“经济贸易投资洽谈会”作为政府招商引资的专项活动已遍及全国。

最初，这项活动只是集中邀请外商参加经贸投资的洽谈，活动内容为会议和签署投资协议、考察建设项目，展会是后来配套的。展会内容一般是介绍国内引资项目或开发区。外商也有参展的。

“经济贸易投资洽谈会”由政府操作，包括邀请外商、组织洽谈和考察、安排展览。活动经费统一由政府承担。政府成立组委会领导操办工作，一般由分管副省长或副市长担任组委会主任委员，政府相关部门负责人作为成员参加。组委会办公室一般设在商务厅/局(以前称外经厅/局)，承担具体组织事务。

然而，这样操作洽谈会，需要政府投入大量的资源，耗费政府领导及商务主管部门大量的精力。此外，与洽谈会配套的展会虽是免费参展，但展会往往只是应付洽谈会开幕半日的领导和外商参观，招商引资效果并不明显。而被政府下文件通知来的参展单位年复一年已成负担。为撑住展会规模，政府尝试商业化办展。一些民营展览公司得以参与其中销售展位。但因展览范围庞杂，再加上公司利益(赚钱)与政府诉求(好看)相冲突，故无法提升展会效果和服务品质，不但客商诟病颇多，也令展览公司积极性减退，政府陷于两难境地。

在此背景下，2000 年前后，各地的“经济贸易投资洽谈会”纷纷转轨变型。

一是转为专业展览会。如“武汉经济贸易投资洽谈会”转型为“中国(武汉)国际机电产品博览会”，于 2004 年改由香港讯通公司承办经营。

二是转为边贸性质的经贸投资洽谈会。如“乌鲁木齐经济贸易洽谈会”2011 年转型为“中国—欧亚博览会”；“吉林经贸洽谈会”2011 年转型为“中国—东北亚投资贸易博览会”；“内蒙古经济贸易洽谈会”2005 年转型为“中俄蒙经贸洽谈暨产品展销会”。

三是转为国际性的经贸投资洽谈会。如“福建投资贸易洽会”1997 年升格为“中国国际投资贸易洽谈会”。

四是创办新的经贸投资洽谈会。为适应对外开放的新形势，“中国—东盟博览会”“泛珠三角区域经贸合作洽谈会”“中国中部投资贸易博览会”“中国西部博览会”等先后举办。

资料来源：“张凡的会展微博”博客，2011 年 11 月 29 日，http://www.blog.sina.com.cn/zhzbk。

第四节　多元化的展览会创意设计

在人们生活水平和艺术鉴赏能力不断提升的背景下，主题展览会也呈现出多样化趋势，展览会设计更加体现出创意性、艺术性以及科技感，并且不断结合创意理念与当前技术，给人以耳目一新的展览效果，更加利于传递展示信息。我们通过对展览会创意设计的多元化进行分析，以此把握展览会创意趋势，激发创意思维能力。

一、艺术性展会的创意探索

目前,艺术展览热闹,纷繁,越来越多的艺博会、双年展、回顾展、联展、个展相继举办。例如“北上广”这样的一线城市,每到周末就会有几十个和当代艺术有关的展览举办。根据不完全统计,我国每年都要举办大大小小的艺术展几千场,艺术性展会发展迅速。

(一)艺术类主题的创意

艺术类主题的展会是伴随着艺术品市场的发展而逐渐兴起的,而展览作为展示和交流的重要手段,使艺术和展览有天然的联系。艺术展可以使艺术家和公众进行交流,并且可以成为当下文化建构和改革的关键所在。一个成功的艺术展览不仅是展示展品和给人以美的享受,更重要的还要起到教育和启发大众的作用,能够打动参观者并引起共鸣。所以,艺术类主题的创意就需要有较强的延展性。艺术类主题展会在当代文化艺术呈现国际化发展的趋势下,应明确文化立场和定位,弘扬传统文化和地域文化,促使观众通过展会更好地理解并接受展示主题。

在艺术类主题创意环节中,担当策划者角色的策展人是整个主题创意的灵魂人物。策展人通常是指在博物馆、美术馆等非营利性艺术机构专职负责藏品研究、保管和陈列并策划组织艺术展览的专业人员。策展人需要具有丰富的专业背景,既要了解中外、当代艺术史以及文史哲领域的相关知识,又要掌握展览、设计、公关、宣传等相关的能力。策展人应具备敏锐的艺术洞察力与欣赏能力,同时还必须具有一定的艺术表达能力、批评创新能力和组织沟通能力。策展人通过对当前艺术市场、艺术家、艺术作品的综合分析,拟定符合以上三者的主题并进行系统化、科学化的组织和安排。随后,围绕主题进行信息收集、文案撰写、展陈设计、宣传工作、媒体对接等工作。在展览举办过程中,还要做好现场服务、展品维护、危机管理等。展览结束后,做好撤展、答谢、宣传等工作。策展人在做好本职工作的同时,更应不断增强自身责任感和使命感,才能保证艺术类主题向专业化、大众化、特色化方向发展。

知识活页

上海双年展聚焦“水体”,与独特历史与地理息息相关

第 13 届上海双年展于 4 月 17 日至 7 月 25 日在上海当代艺术博物馆(PSA)举行,本次展览主题为“水体”,聚集了来自 6 个大洲 18 个国家 64 位/组艺术家参展,

参展作品总共76件/组。

这届双年展并不仅仅是一个展览，从去年11月，它便以为期5天的第一阶段“湿运行”拉开帷幕，并在后续5个月中逐渐生成第二阶段“生态联盟”。借此契机，策展人、艺术家与思想者得以逐步发展自己的思考与实践，并与这座城市、市民、网络、组织与机构互联合作。

本届上海双年展的主题“水体”与上海独特的历史与地理息息相关。上海是各种流动性场域的汇集之处，其发源史与青藏高原的冰川融水紧密相连。冰融形成的水源从五千米高地疾驰而下，直抵东海海平面，6300公里的长江干流所裹挟的种种沉积物颗粒经过新陈代谢，最终孕育了长江三角洲这一中国最肥沃的农耕区之一，悬浮在水中的矿物和有机物也由此化作新的“身体”。水流亦重塑了地理环境，为生命带来新的活力。

本次展览中，不乏与上海的地质环境相关的作品。值得一提的是，双年展特别与上海多家展览机构合作，借得多件展现上海城市历史与文化的藏品。例如，其中有一件展品是上海科技馆收藏的一块采集于上海马桥冈身遗址的沉积岩。六万年前开始，在现今上海地区的西部，由近海泥沙与介壳动物的残骸在海流和波浪的共同作用下，不断堆积而成古海岸线。“冈身地带”形象地展现了上海逐渐成陆的地质变迁过程。

上海的地质状况同样引发了海外艺术家的创作灵感。工作于纽约和阿姆斯特丹的艺术家伊利哈尔瓦的《两栖动物》是本次双年展委任创作的作品。艺术家在上海从地面向下钻取105米深，用地质勘察钻头取得岩心。长短不一的圆柱体平躺在地面上，从干到湿逐渐变化，展现了地质运动与人类活动的记忆，诉说着数千年的自然历史痕迹。在艺术家眼中，上海是“水陆两栖”的，“上海位于长江三角洲这片持续变化的地域，它是流动的，又是粘滞的；既非全然的液态，也非固态，如同水陆两栖动物，既要同时依附水和陆地生存，又要将生物与非生物紧密相连”。

资料来源：朱洁树：《上海双年展聚焦“水体”，与独特历史与地理息息相关》，2021年4月18日，https://www.yicai.com/news/101024904.html。

(二)探索类主题的创意

探索类展会的主题创意通常聚焦前沿的展示题材、丰富的展示手段、新颖的传播方式，综合运用以上要素来吸引观众，有效传递展示信息。探索类主题的创意是以营造艺术氛围为目的，集中体现展厅空间、陈列设计等要素，其创意形式非常灵活，可以通过以下方法进行设计。

一是场景法，通过构建模拟场景的方式呈现内容。以展示精神为主导型陈列可以制造现场感和历史感，以展品物质为主导型陈列呈现展品的特色。2008年萨拉戈萨世博会的标志性建筑——水塔中的雕塑，采用“生命之水”主题，雕塑名为“飞溅”，采用发光有机玻璃水柱表现了滴水溅落的瞬间，超大体量的塑造，悬空坠落的险状，给人以视觉的震惊、心灵的震撼。

二是演示法，借助各种设备和现代技术来展示展品的内涵。演示法有着接近于场景法的手法和结果，区别在于演示法更加专注于局部展示体内，通过演示能展示展品特性。德国慕尼黑的BMW博物馆中的环境展示，主题为“动力雕刻”，作品以714个金属球为元素吊挂于半空中，这具有前卫自由且如梦境的视觉体验，但不要以为它只是静止的状态，这些金属球悬浮在半空中将表现出多样而奇特的变化，以此体现BMW无法言喻及想象的动力。

三是烘托法，运用灯光、颜色、造型、材料和空间尺度所形成的视觉效果来创造出一个衬托表现主题的特定范围。灯光能创造出明亮、清晰、开阔和活跃的气氛，也可以创造出阴暗、神秘、闭塞和抑制的气氛。灯光是创造环境氛围的基础，也是使用频率最高的工具。2010年上海世博会英国馆的主题是“种子殿堂”，展馆外立面采用蒲公英造型，亚克力光纤从内部向外延伸寓意种子。光纤传导光线来提供内部照明，并随风摆荡营造出现代感和震撼力。

知识活页

风吹麦浪——米兰世博会中国馆

2015年5月1日，米兰世博会中国馆以“希望的田野，生命的源泉”为主题亮相意大利米兰世博会。中国馆外观如同希望田野上的“麦浪”，设计靓丽清新，大气稳重，受到国内外的好评。

“中国元素”亮相海外

此次是中国首次以自建馆形式赴海外建馆参展，外形如同金色麦浪的中国馆，用艺术化的设计语言、先进的科技手段，诠释了对农业、粮食、饮食、自然的看法。采用了“麦浪”的造型设计，它一方面以起伏的形态表达了“麦浪”，也诠释了中国传统的坡顶建筑形象特色；另一方面，竹签材质遮阳片的运用，展示了设计师力求环境友好的努力和建设宗旨。除了中国馆浮顶的“麦浪”造型，中国馆的吉祥物也蕴含了浓浓的中国元素，中国馆吉祥物“和和”“梦梦”，借鉴中国传统民间艺术“大阿福”的典型形象，身躯源自“和”字中的“口”字，手拿体现“禾”字的稻谷，形象具有积极、友善、乐观的精神，吉祥物寓意不仅紧扣世博会主题，也与中国馆主题相吻合。

现代建筑中融入中国哲学

此次中国馆展陈设计由“序、天、人、地、和”五个主题展示了中国文化和中国精神。哲学、文化意念和建筑设计的结合方式，可以说是无止境的，而每个建筑上应用的选择和多少，取决于设计者的见识、受众的价值观标准和民俗习惯。如“地”主题展区，通过农民劳作丰收的壮观场景展示华夏大地山川河流地貌的多样性；“人”主题展区，围绕农业文明、民以食为天、面向未来的智慧三大板块进行展示。

资料来源：《米兰世博会：中国馆麦浪造型获好评》，2015 年 5 月 11 日，http://collection.sina.com.cn/cqyw/20150511/1045186799.shtml。

二、数字化展示的多维应用

技术的进步不仅使人们的生产、生活发生改变，而且使人们的审美观念发生改变。数字媒体技术作为新兴和前沿技术，在不同的领域都有广泛的应用，并发挥了巨大的作用。传统的展会在展示艺术方面通过展品、空间、道具、灯光等要素已经不能满足观众的需求。作为综合类跨学科的展示设计，势必需要用全新的科技手段来提高展示效果，这就使以高科技为依托的展示空间设计越来越多样。数字媒体在当代的运用使展示空间在设计思想、思维方式等方面都有了巨大改变。为更好地服务于人，让所营造出的展示空间更具有科学性与艺术性，设计内容与形式的呈现更自然，有必要将数字媒体艺术运用到空间设计之中。

（一）数字化展示的特征

1.注重人性化需求

展览的最终目的是向观众传递展示信息，所有展示环节都需要为观众服务，观众能否有效地接受展示信息是衡量展示效果的标准。数字化设计展示应遵循以人为本的设计理念，在设计过程中将人性化设计元素作为设计基础，使整个设计效果更符合观众品味，更能满足观众生理及心理需求。在设计过程中，需要与观众进行良好的交流与互动，这样才能使得观众的视听体验更加丰富，并且关注观众的心理需求满足程度，使观众在观看展览时引起共鸣。

2.增强互动体验

展示设计最核心的问题，就是要将展品自身更好地呈现出来，但因为大部分的展品价值较高，因此在进行展示时，常常会出现展品不可触碰的情况，这就造成互动效果严重不足，使得许多人对于展示设计的效果不满意。数字化技术能通过创造丰富的、具有趣味性的情境，让观众真正参与其中，获得独特的体验，使观众的观展体验更加真实和生动，更具体地了解展示作品。

3.实现内容自由编辑

以往传统的展示方式,展品和展示内容设计好后是不能随意更换的,如果擅自调整便会打乱整个展示环境,从而影响展示主题。然而,当数字化技术采用后,这类问题已能得到较好的解决,展示柜不再需要纸质标签,而是可以通过数字媒体形式呈现出来,当检测到存在不精准或不正确之处时,便能通过更换内容得到解决,并且无需搬动展示道具、灯光等设备,确保展品不受影响。展示内容也可以进行调整和变化,随时更换为适应展示环境的内容,灵活性增强,能更好地满足展示主题表达的需求。

知识活页

“时光宝藏——对话达·芬奇”沉浸式光影艺术展

“时光宝藏——对话达·芬奇”沉浸式光影艺术展携最新制作内容,即将在担负着创建北京科技与创新中心重任的北京经济技术开发区登场!

本次光影展将从达·芬奇的绘画作品开始,让观众先进入画廊空间,使观众迅速直观地了解大师的精湛技艺和体会他的精神世界。接着,观众还将看到通过全息影像技术呈现的达·芬奇,大师将亲自为观众们介绍他自己的人生之旅。之后观众会进入真正意义上的光影体验式空间,它将为观众献上一场充满惊奇体验的光影旅程,与音乐、画面一起,亲身体验那个波澜壮阔的文艺复兴时期。

意大利专家研究团队和美术馆,利用数字光影技术专门制作了巨幅沉浸式光影作品,并独家授权予本次光影展使用。除了介绍达·芬奇的画作,还加入了一些达·芬奇研究过的领域的历史资料,如达·芬奇发明的机械和齿轮以及一些战争机器等。本次光影展力求从多个方面介绍达·芬奇在透视、光学、人体、军事等多个领域的成就和贡献,特地邀请了与达·芬奇家族有近500年世交的佛罗伦萨百年木工坊马特里家族,根据达·芬奇设计手稿手工制作了1∶1原版机械模型的部分精品模型。

本次光影艺术展总策划人表示:“此次光影展特别邀请意大利和中国的专家及艺术家团队,通过先进的数字技术,再现达·芬奇充满想象力的世界,让观众深入体验历史上科学与艺术之间的经典杰作。同时以当代的视角,通过对于和文艺复兴处于同时间轴的中国宋、元、明三个朝代璀璨的国宝级绘画代表作品的对望,展现了东方文化图景的浩瀚和渊博,人与自然的相生、相合、相处,中国建筑中蕴含的独特艺术之美。它们和达·芬奇那些伟大的发明和作品一样,如同蕴藏在时光中的宝藏,不断释放出东方神秘而崭新的活力。”

资料来源:《"时光宝藏——对话达·芬奇"沉浸式光影艺术展》,2021 年 12 月 6 日, https://baijiahao.baidu.com/s?id=1718390949137849578&wfr=spider&for=pc。

(二)数字化展示技术类型

1.多媒体互动技术

多媒体互动技术是将图像、文字、声音、动画、视频等多种媒体整合的技术,以呈现创意视觉效果。展示设计中的重要内容可以通过此类互动技术来展示,这种方式打破了传统展示信息单向传播的形式,通过吸引观众参与到展示环节中,使其自主探索信息,高效的互动方式带来新颖的体验。

多媒体互动技术的类型繁多,策划者可以有效地选择合适的方式传递展示信息。一是高清裸眼 3D 技术。高清裸眼 3D 依托光屏障式技术与柱状透镜技术,使人们看 3D 影片摆脱特制眼镜的约束,无需配戴专用立体眼镜即可直接给人以立体感觉。二是幻影成像。以"实景造型"与"幻影"光学成像相结合为基础,通过在布景箱内对被摄体模型景观进行投影来展示内容。三是互动电子翻书。通过影像识别翻书动作来呈现电子书的内容。四是互动投影地幕。基于动作跟踪技术,适合任何投影机液晶屏、LED 大屏幕、等离子、数字视频墙等。互动投影地幕自带设计好的互动效果和可定制的高分辨率内容,并且可以实现同行业中无与伦比的投影面积,以此来满足不同用户的互动需求。五是多点触摸系统。利用人机交互技术和硬件设备共同完成,能够在不需要传统输入设备的情况下对计算机进行人机交互操作。使用者可在显示界面中进行多点或者多用户操作,还可通过单击、双击、平移、按压、滚动及旋转等各种手势来触摸画面,达到随心所欲操纵的目的,能够较好地、全面地感受展品特征。

2.全息投影技术

全息投影技术通过计算机和投影技术相结合建立三维立体形态,以此来展示实物展品难以呈现的效果。全息投影技术赋予展示方式较高的艺术价值和现实意义,营造亦幻亦真、奇特新颖的效果。全息投影技术有如下几种技术形式:一是全息柜。全息柜是由柜体、分光镜、射灯以及视频播放设备组成,通过立体成像仪的处理,能产生悬浮在空中的三维光影图像,观众可以近距离 360 度环绕观看悬浮在透射镜中的图像。二是全息膜投影。该技术利用投影机将影像背投影在画面中,画面透明度高,受众既能看清画面又能看透画面。全息投影屏可以与文物的陈列、产品的陈列造景相配合,按展项的要求进行隐现或者显示。

3.天幕技术

天幕投影属于异形投影,其投影原理类似于墙面和地面投影,只需在空间上方设置投影幕，观者仰望即可看到气势恢宏、行云流水般震撼人心的图景。辅以音响、灯光系统，为听众提供超现实奇幻体验。天幕投影以运用在与自然生态、科技有关场景中最为普遍，能直观地展示主题效果。

知识活页

《清明上河图 3.0》互动艺术展

5月18日，故宫博物院与凤凰卫视联合推出的《清明上河图 3.0》高科技互动艺术展演开幕。它为文化的传播插上翅膀，翱翔于无限广阔的空间；也将文化与旅游的结合，让诗和远方携手，拓展对美好生活的想象和追求。

尚未进入展厅之前，最吸引人的当属迎面而来的8K超清八联屏，由8块104寸8K高清屏拼接而成，长度8.27米，高度2.47米，是目前世界上最大的超高清液晶屏幕，最大分辨率可达到16K，由它带你进入一个全新的《清明上河图 3.0》。

展厅一：千年前的宋代记忆，触手可及

初入展厅，必被它的气势所震惊。高清放大的原作里，所有对《清明上河图》里的想象全部还原。动起来的街道、河流、树木、人物，一切好似一部"流动"的影片，吸引所有到访者为之驻足。展厅右侧是高4.8米、长36米的巨型多媒体画卷，《清明上河图》中500多个人物，数十条大小船只，上百车马树木，全部以原画风格动态呈现。

展厅二：复原的时空，独家呈现

当你走入第二展厅时，你将真正地走入画中。这里是《清明上河图》中最豪华的酒店"孙羊店"，宋时社会各个阶层的人员皆在此汇合。以宋时气息、光影、乐曲通过360°沉浸式体验和全息技术还原了那时的"驻马绿杨荫，酒楼三月春"。

展厅三：沿河而上，不知身在何处

在高科技的4D球幕里乘船而上，这里是《清明上河图》中最受关注的虹桥章节，将平面静态的画面转化为视觉上可移动的立体空间，在第一视角中看到人间百态，正是最让人向往的清明之世。

资料来源：《走进〈清明上河图 3.0〉是一种怎样的体验》，2018年5月28日，https://baijiahao.baidu.com/s? id=1601698747603561012&wfr=spider&for=pc。

(三)“互联网+会展”技术

2015 年国务院印发的《关于进一步促进展览业改革发展的若干意见》中，要求展览业坚持专业化、国际化、信息化方向，通过互联网及信息技术加快转型升级，推动我国从展览业大国向展览业强国发展。随着科学技术发展，会展行业利用信息和网络平台，将互联网与传统会展业融合发展，利用互联网具备的传递性、自由性、实时性、共享性、开放性等特点和优势，对传统的会展业进行优化调整、转型升级，使会展行业能够适应新时代的发展，不断地优化自身，增强行业的综合实力。同时，渗透融合发展其他行业，相互借鉴学习，进而推动社会经济各方面的发展。2020 年，由于新冠疫情的冲击，在大型活动都基本停摆的情况下，会展业转向线上发展，这也为线上展会的发展提供了机遇。“互联网+会展”技术有以下特点。

1.成本低

对于参展方来讲，传统展会从前期的展位租赁、展会搭建、展品运输、参展宣传资料制作，到展会现场的参展人员及后期的撤展都需要耗费巨大的参展成本。互联网所带来的线上展览不受空间限制，能极大地节省搭建和参观的成本，有效避免外在不可抗力因素对展览造成的威胁。

从沟通的成本来看，线下展览能够满足人与人之间交流，在相互贸易往来中完成了信息沟通。而线上展览可以打破空间的束缚，使人可以在任何地点观看展览。所以线上与线下展览的协同发展不仅能满足人与人之间的信息交流，又能够满足不同地域客户的参展需求，达到了节约沟通成本的目的。

2.人性化服务

“互联网+会展”能够对参展商进行详尽的实时统计，如参观者人数、注册用户人数、点击量、流量和停留时间。参展商可对其展位的情况进行实时监测，并依据统计数据分析参展效果，适时调整营销方案。另外，展会可提供系统集成数据库，通过云展示、云引流、云互动、云洽谈等方式，为展商提供展示产品的平台。

3.参展观众覆盖面广

传统展会通常采用两天布展加三天展期的形式，参展企业要提前做好参展准备，在固定的时间参加展览，如果不能按时参加，便会丧失商机，造成很大的损失。而“互联网+会展”打破了时间和空间的限制，并且使来自世界各地、各种背景的观众可以同时参会，极大地拓展了展会的信息传播效应，使观众可以同时参与多场展会，实现随时办、随处展，成为真正的“永不谢幕会展”。

4.促进信息实时性

互联网可以实时给用户推送信息。无论是业务员的电话或者微信的邀约和通知，还是互联网中业务平台、企业账号的文章推送或者视频推送，以及其他平台的广告投放，都会给会展活动留下充足的时间以通知到个人，在活动期间，观众也能够得到及时的信息,避免了客户因为信息缺失等原因错过参加展会活动的机会。互联网在展会的广泛应用,极大地弥补了客户和观众在忽视信息情况下的损失,同时扩大了会展活动的宣传面,成为会展企业高效率、低成本的全新营销方式。

(四)智慧会展设计

智慧会展宏观上的定义是以客户体验为主轴、以会展数据为核心、以互联网技术为手段的智能化创新型展会。从会展经济微观视角来看,智慧会展是依托互联网大数据、云计算、人工智能、物联网等技术工具实现线上线下互动融合,将商品物流、信息技术资源进行整合,推动会展经济智慧发展、高效运营的综合服务体系。智慧会展为整个展会活动的各个环节提供智慧化协助,并且有助于展馆的智慧化提升。

1.建设智慧化场馆

智慧会展设计的实施对会展场馆智慧化建设提出了新的要求,智慧化场馆需要有信息化、科技化的配套设施,并且在展会服务过程中能够将智慧化覆盖各个环节,提高用户高质量体验。

国家会展中心(天津)项目以智能化建设为重点,以智慧化应用为引领,合理应用大数据、物联网、人工智能、5G等新技术,打破子系统间的数据壁垒,实现数据共享,并通过智慧化平台从设施管理、场馆运营、会展服务等维度进行调控,使场馆更智慧、运行更智能、管理更高效、服务更贴心。

2.完善会展信息数据

当前,信息化、科学化、规范化正成为行业转型升级的必然要求,而大数据开启了一次重大的时代转型。智慧会展的不断发展和推广应用需要会展信息数据的支持,这就要加大移动互联网技术和大数据分析技术平台的建设。建设大数据中心或者在已有的大数据中心分出一部分专门为会展服务已经成为趋势。

成都市博览局网站中就采用了数据平台业务,登录博览局网站,扫描二维码下载该App,就能便捷获取成都会展的各类信息。"成都智慧会展"大数据中心的上线运行,进一步增强了信息化技术在会展行业的应用,标志着成都会展业迈入互联互通、信息共享的大数据时代。

3.升级会展服务

智慧会展改变了传统的会展服务模式。在线预订展位、展会数据收集以及观众参加展会所需要交通、住宿、餐饮、订票、物流等一系列需求,都可以通过Wi-Fi的连接、GPS定位等查询信息。

智慧会展的普及使参展商更注重用户体验。在展会上,主办方利用大数据技术使参展商通过在微信上开展各种活动以提高其知名度,并且还与支付宝进行了合作,开发出了集电子支付、展位预订、商品销售等功能为一体的专门软件。而在一些家居类型的展会中，主办方自主开发设计了智能展会 App，只要扫描二维码进入展会官方的微信公众号，即可准确查询展位位置、展示产品和展示公司信息，甚至还能 360 度参观展示公司自行设计制作的虚拟家居场景，带给观展者更好的观展体验，也节省了大量时间。

知识活页

南通国际会展中心智慧会展设计(节选)

1.项目概况

本工程位于江苏省南通市紫琅湖畔，包括一个展览中心和一个会议中心。其中展览中心为中型乙等展览建筑，主要由展厅、登录厅、洽谈室及其相关附属用房组成。会议中心为大型会议中心，主要由西侧会议厅、宴会厅和东侧精品展厅两部分主要功能空间组成。两功能空间通过公共大厅连接。

本项目定位为具备承接国家级活动能力的智慧化会展中心，兼顾先进性、灵活性、可靠性、合理性，确保多专业、智能化、智慧化等有效衔接，可实现会展运营及场馆日常管理的便利化、可视化、高效化。

2.会展智能化系统设计

2.1　设计目标

有效运用物联网、大数据、云计算、互联网等信息技术，在满足限额及施工周期要求的前提下，建成智能化、智慧化的国际会展中心。

2.2　智能化系统配置

2.2.1　通信系统

通信系统由通信接入网系统、电话交换系统、无线通信系统组成，此部分系统设计由建设方委托的电信部门完成，本设计负责按照建设方要求，配合电信部门预留各种系统机房、电源、接地、进出管线路由等条件。

2.2.2　信息网络系统

南通国际会展中心均配置有线、无线网络。根据网络承载业务不同，分为会展信息网、智能化专网两套网络，两套网络物理隔离互不影响。会议中心还设有会议专网，满足会议使用。

(1)会展信息网

用于满足办公内网、公共外网、Wi-Fi 无线上网的要求，其中内、外网可独立组网。

(2)智能化专网

智能化专网承载业务包括建筑设备管理、安全防范、信息导引及发布、公共广播、智能化信息集成等系统。

(3)无线网络系统

无线漫游网络采用 AP+无线局域网控制器模式,会议厅、宴会厅、展厅等人员密集场所,设置高密 AP,采用内置智能高密天线技术,精准覆盖以降低干扰。

2.2.3 智能安防系统

智能安防系统包括安全防范综合管理、视频安防监控、入侵报警、出入口控制、电子巡查、安全检查、停车场管理、周界防范等子系统。

资料来源:董艺:《南通国际会展中心智慧会展设计的探讨》,《智能建筑电气技术》2020 年第 5 期。

三、博物馆展览创意设计

在展览会的创意设计中,除了大型场馆外,博物馆也是重要的展览场所,近年来对博物馆展览的相关研究也越来越深入。新媒体、新技术的出现对博物馆陈列设计进行了理念和功能的革新。结合博物馆空间的自身情况,展览创意设计有如下特点。

(一)沉浸式体验

"沉浸式体验"一词是由心理学家米哈里·契克森米哈赖(Mihaly Csikszentmihalyi)提出,他认为"沉浸"是一种感觉,是人们全身心投入完成某一个目标的过程。博物馆作为历史文化的见证者,人类文明的主要承载者,在先进技术、理念、模式不断创新的背景下,高技术和高情感的紧密结合所产生的沉浸式体验推动着博物馆向个性化、情感化、多元化、互动化方向迈进。沉浸式体验方式不再是单纯地感知艺术,而是参与到展示环境的氛围中,最终达到观众与展品之间的情感融合。

(二)趣味性互动

博物馆展览仅靠传统展示方式不能使观众产生兴趣并保持长久的关注力,这就需要丰富博物馆的陈列语言、强化陈列的震撼力与视觉效果、增强陈列展览感染力。如何增强趣味性是博物馆陈列设计追求的一个目标,不同的受众由于年龄、职业、教育背景和文化素质的差异,其爱好也千差万别。现代化博物馆通常需要调动受众的视觉、听觉、触觉和嗅觉等多种感官,使陈列展览在形式上更新颖、更鲜活。受众便能自主查阅、激发受众参与性、活跃受众兴趣。观众面对博物馆藏品会进行更加深入和直接的面对面交流,反映出与时俱进的时代要求和服务理念的转变。

（三）新技术应用

为了实现博物馆展览设计模式的沉浸性、互动性、趣味性，势必要结合多种数字技术。基于数字技术的数字博物馆智能展示设计模式，能够充分调动观众的感官，对博物馆内的文物进行立体化展示，具有很强的感染力和表现力，形成多元化、个性化的传播轨迹。展厅设计时，可以将虚拟现实、增强现实、全息投影、电子沙盘、体感交互、数字影像等新媒体交互技术叠加于传统实物展示之上，观众参观博物馆时，既与博物馆展品及展示场景交互，又可以进行线上线下多重感官的体验。

知识活页

数字科技让文物“活”起来，“云游”博物馆更方便

“突破线下游览的限制，走进原状陈列的‘全景展厅’，仿佛一脚踏入了明清宫廷的生活场景。”36 岁的北京市民丁玲在居家隔离期间，在故宫博物院微信公号上遍览太和殿、寿康宫等原状陈列展厅，还跟随地图导览，细细品味了“何以中国”等展览的“线上全景展厅”。让丁玲更加欣喜的是，故宫馆藏的 186 万余件文物，被收录入“故宫博物院藏品总目”，实时检索这些文物的名称，就可以反复查看它们的图片。而在“数字多宝阁”，展示了大量“三维文物”，每一件都可以在手中翻转，甚至拆解开来。数百幅名画的画卷，在指尖滑动下可以放大、缩小。

故宫游是新冠肺炎疫情背景下不少中国博物馆的一个缩影。从熙熙攘攘的团队游，到自由随心的个人游，再到打破时空界限的线上游，数字化技术让更多文物藏品、文化遗产得到活化利用。

国际博物馆协会 2020 年发布的报告显示，受疫情影响，全球博物馆大面积关门停业，线上的数字体验成为人们与文物互动的重要方式。博物馆不断拓展数字体验、丰富数字内容，同时也开始重新思考数字科技对于博物馆的意义。

中国“十四五”规划纲要提出，推进博物馆等公共文化场馆免费开放和数字化发展，发展线上数字化体验产品，发展沉浸式体验、虚拟展厅、高清直播等新型文旅服务。

北京汽车博物馆展览展示部部长高艳介绍，自今年 5 月 2 日闭馆以后，博物馆策划了一系列线上活动。5 月 18 日国际博物馆日当天，该博物馆开展线上直播活动，采用 VR 技术，观众可看到藏品车的内部构造；增加体验环节，让观众跟随主播体验汽车风洞试验，学习科普知识；邀请藏品修复人员为观众讲述车辆类藏品修复过程及背后的故事，传承工匠精神；开展情景式的科学展示实验，普及汽车中所应用的物理、化学知识。

中国园林博物馆副馆长刘明星介绍，自2020年疫情以来，园林博物馆的讲解员就纷纷转型为科普老师，录制短视频进行线上分享。园林博物馆还开发了数字博物馆，在手机上点开“云园林”链接，选择“云游”模式，就能够听取园内景点的语音导览，足不出户在美景中徜徉。

资料来源：《数字科技让文物“活”起来，“云游”博物馆更方便》，2022年5月26日，https://baijiahao.com/s? id=1733875909490249141&wfr=spider&for=pc。

本章小结

(1)世博会作为展览会发展的重要事件，梳理其展示主题发展的脉络有重要意义。世博会由早期注重面面俱到的展品展示方式，演变为以主题理念为核心的展示方式，对现代展览会发展有深远影响。

(2)展览会主题创意来源于行业、地域和主办方三方面的创新：行业创新是策划者是从海量纷繁的信息中，敏锐地感知到了某种与创办展览会新主题有关的信息后，随即引发对于这种信息的思考。地域的创新是策划者对新诞生的展览会在本地(主办方所在地)或某地(主办方可以去的地方，或认为应该去的地方)进行的研判。主办方的创新要高度关注新主题展览会能不能促进自身的业务发展。

(3)多元化的展会主题创意需要结合当代人精神追求以及科技发展现状，不拘泥于传统表现形式，才能使主题表现更具吸引力。

思考与练习

1.试述展览会主题体系的发展脉络。

2.试述展览会主题创意思路。

3.试述展览会主题创意类型。

4.结合实例，谈谈多元化展会主题发展趋势。

案例分析

关于中国2010年上海世博会主题演绎的报告

一、关于城市的讨论

城市是地理空间的核心,城市是由空间、时间、意识和价值观构成的国家和人民的象征。城市的发展是一个连续的过程,它的产生和演变明显地带上了政治、经济、文化和宗教的烙印。城市曾经经历过丰富多彩的变化,今后还要经历更大的变化。人类用了相当漫长的时间,才开始对城市的本质和演变过程获得了一个仍然不全面的认识,也许还要用更长的时间才能完全弄清它那些尚未被认识的潜在特性,设法看清城市正在展现的未来。城市代表了生产方式和社会进步,城市的发展历程是人类文明的重要组成部分。千百年来,人们在城市中倾注了理想,使城市具有思想和文化内涵。

城市是人类文明的结晶,城市是人类进步的表现。城市是以人和社会为核心,以空间与环境资源利用为手段,以聚集经济效益为特点的社会、经济以及物质性设施的空间地域集聚体。城市经济和文化发展紧密相连,并构成国民生产总值的主体,因此,人们在城市中有许多发展的机会。每一个民族,每一种文化,都在城市集中表现出创造力,世界的丰富多样性在城市中得到最集中的展示。

21世纪是城市的世纪。2010年中国上海世界博览会的主题是“城市,让生活更美好”,这个主题的使命就是通过对未来城市发展和美好生活的展示,通过对主题的陈述、展示、研讨和交流来推动全球的城市化,寻找城市文明的曙光,建设并创造更美好的城市,构建和谐城市。以期通过2010年世界博览会的实验,使城市的经济更发达、环境更宜人、生活更完美、交流更广泛、文化更兼容、社会更平等。

东西方哲学都提倡和谐共生,“城市,让生活更美好”强调的是城市与人,城市与自然,人与人,人与自然的和谐共生。城市在发展的过程中,必须注重环境保护,关注历史、现实与未来的延续。英国建筑师理查德·罗杰斯在《小行星上的城市》(1997)一书中指出:“一个城市的成功取决于它的居民、政府和两者对维持一个人性化的城市环境所给予的优先考虑。”人类在创造高度的物质文明,应用适宜的技术解决各种城市问题的同时,要避免新的城市问题的出现。

城市是人类社会永恒的主题。几千年来,城市永远是政治家、思想家、哲学家、社会学家、经济学家、历史学家、建筑师、规划师、作家、艺术家和广大的学术界所研究、处理或为之终生奋斗的事业。在不同的人们看来,城市有着不同的意义。政治家把城市看成是政治活动的中心舞台;历史学家认为,城市是一部用建筑写成的史书；社会学家城市是人口密集的社区，是一种生活方式；经济学家将城市看作是生产力的聚集地和经济活动的中心；地理学家认为城市是人口和物质高度集中的特定地域；建筑师和规划师则认为城市是一个建筑的生态系统，是能够与时代共同成长的大规模的复杂工程或建筑。

城市是国家的核心。城市是一个国家甚至国际的政治、经济、文化和宗教中心，是由空间、时间、政治、意识形态和价值观构成的国家的象征。

城市是历史。自从人类社会最早的城市在美索不达米亚平原出现以来，城市已经有大约6000年的历史，城市的产生和演变明显地带上了政治、经济、文化和宗教的烙印。城市经历了根本性的变化，同时也预示了今后更大的变化。

城市是人类的化身。城市是人类的集体创造。“城市实质上就是人类的化身。”城市凝聚了人的创造力和智慧，城市也同人一样，会思想、会进化、会与自然对话。

城市是人类进步。城市是以人和社会为核心，以空间与环境资源利用为手段，以经济效益为特点的社会、经济以及物质性设施的空间地域集聚体。城市经济和文化发展紧密相连，代代相传，构成社会进步。每一个民族、每一种文化都在城市中表现出创新能力和创造能力，世界的丰富多样性在城市中得到最集中的展示。

城市是经济。城市是经济、金融、贸易的中心，城市是多学科、多层次的综合，是开发与研究的中心。城市是经济增长和社会发展的动力，富有活力的城市经济是国家综合竞争力的象征。城市利用其优越的区位和良好的基础设施集聚了大量的人力资源和自然资源，促进了工业和商业的繁荣与发展，城市化创造了众多新型的经济活动和经济部门。

城市是理想。城市凝聚了人类关于哲学、政治、伦理、艺术和人类自身的理想，城市是人类发展的精神世界。“城市里的人们在摆脱了各种禁限和狭隘意识之后，能变得像神灵一样崇高。”

城市是文明。城市是人类文明的结晶。刘易斯·芒福德指出：“城市是一种特殊的构造，这种构造致密而紧凑，专门用来流传人类文明的成果。”西方诸多文字中的“文”一词，都源自拉丁文的“civitas”（城市）。人类缔造了城市，而城市则还诸人类丰富、精致而美好的生活。城市文明广泛地展示了地区性、民族性和世界性的发展。

城市是文化。不同时代、不同地区和不同种族的人们构想并创造了十分丰富的城市文化，形成了色彩斑斓的理想城市和城市形态，多元文化的聚集与交融是城市的特质。世界的多样性在城市的多样性中得以集中展示，城市在多元文化的融合中寻求发展，寻求历史文化与空间的连续性。每一个民族、每一种文化都在城市中表现出他们最丰富的想象力和最独特的创造力。

城市是教育。城市是改造人类、提高人类的场所。美国文化人类学者罗伯特·雷尔德指出:“城市的作用在于改造人。”城市中聚集了最大量和最广泛的教育结构、教育设施、教育者和受教育者。千百年来,人们在城市中倾注了理想,使城市具有思想和文化内涵。人塑造了城市,城市也塑造了人。

城市是艺术。城市是人类诗意的栖居地,正如加拿大城市理论家简·雅各布斯所说:“在城市布局以及其他城市生活领域,我们需要艺术,需要用艺术使我们理解生活,看到生活的意义,阐释每个城市居民的生活本身和其周围生活的关系。”城市汇聚了人类艺术的精华,充满了各种艺术品以及展示艺术的博物馆、美术馆、剧院、音乐厅、电影院、艺术中心、艺术学院,城市聚集了从事艺术的团体、艺术家和欣赏、崇拜、热爱艺术的人等。城市和城市建筑就是艺术的综合体和综合的艺术体,城市为人类的艺术创造提供了最优越的条件,同时,城市、城市空间和城市建筑就是人类最高的艺术创造。

城市是未来。政治家、作家、社会学家、建筑师和规划师设想过无数种理想的城市方式,今后也仍然会有各种理论和理想。人类、社会与城市就是与人们关于城市的理想共同成长的。1999 年北京世界建筑师大会发表的《北京宪章》指出:“人类为了生存的更美好,聚居于城市,集中并弘扬了科学文化、生产资料和生产力。在未来的世纪里,城市居民的数量将有史以来首次超过农村居民成为名副其实的‘城市时代’,城市化是我们共同的趋向。”

城市是和谐。联合国人居署 1996 年发布的《伊斯坦布尔宣言》强调:“我们的城市必须成为人类能够过上有尊严、身体健康、安全、幸福和充满希望的美满生活的地方。”上海 2010 年世博会将以“和谐城市”的理念来阐述“城市,让生活更美好”的主题。建立“和谐城市”,是从根本上立足于人和自然、人与人、精神与物质和谐,在形式上体现为多文化的和谐共存、城市经济的和谐发展、科技时代的和谐生活、社区细胞的和谐运作,以及城市和乡村的和谐互动。

城市是挑战。1997 年“世界人居”会议指出:“城市可能是主要问题之源,但也可能寻求解决世界上某些最复杂、最紧迫的问题的关键。”一方面,城市是人类聚居和创造巩固财富的场所;另一方面,城市又是贫穷、社会分化、环境污染、交通堵塞的渊薮。城市描述为“创造力的熔炉”“人们能够表达各种思想和意见的论坛”等的同时,也被形容为“地狱”“迷宫”“梦魇”“罪恶的渊源”等。城市生活面临一系列挑战:高密度的社会生活不免引发空间冲突、文化摩擦、资源短缺和环境污染。在发展中国家,人们在憧憬城市、融入城市的时候,往往不得不忍受污染、拥挤和由于能源引起的污染。城市的人口、老龄化、环境、能源、交通和治安等、社会的、经济的问题成为全球所关注的问题。无论是大城市或是中小城市都逐渐暴露出日趋严重而又程度不等的问题,城市生活要达到人们想象的那样美好,还需要全人类的极大努力。

中国，作为世界四大文明古国之一，早在古代文明时期就曾拥有壮观的城市文化，不仅完整地呈递了华夏文明的精华，而且贡献了世界文化遗产中的重要章节。当今中国拥有世界五分之一的人口，拥有数个千万人口以上的城市和102个人口百万以上的城市。近20多年来中国的城市人口经历了快速增长，面临快速城市化的挑战，中国政府正致力于建设可持续发展城市。站在历史和未来的交汇点上，中国有义务在有关世界城市发展的进程和挑战的对话与合作中进行最积极的参与。

二、2010年上海世博会的副主题演绎

2010年上海世博会期待通过文化、经济、科技、社区和城乡关系五个方面来解析和探讨“和谐城市”的概念。对副主题的阐述将充分涵盖历史和时代背景，同时体现各副主题之间的关联性。文化、经济、科技、社区和城乡关系的核心都是人，人总是起主导作用的因素。

1. 城市多元文化的融合

展示未来的和谐城市，和谐的城市充满理想，表现城市多元文化的融合。联合国教科文组织《世界文化多元性宣言》的第一条是：“文化多样性对人类来讲就像生物多样性对大自然那样必不可少。”

文化是生活方式的一部分，文化是价值观、社会的准绳和规范，“文化就是发展”已经成为世界各国的共识。文化一直对城市有着深刻的影响，同时，城市也影响着文化。在城市发展过程中，军事、贸易和迁徙进一步推动了多元文化的碰撞和融合，也形成了每一座城市的独特气质。这种气质一方面基于一个城市的文化底蕴和创意产业，另一方面则集合了城市中各个社会群体和阶层的生活方式和价值取向。多元文化同时意味着多元的民族、宗教、语言和价值多元化，多元文化是人类发展的重要部分。

今天，世界各国的人们比以往任何时代都更为关注文化自由以及文化的识别性，就是让人们按照他们选择的方式去生活，促进宽容和文化理解，就是在尊重文化多样性的同时保护文化的差异性。多样性和差异性是多元文化的主要特征，每个人都可以拥有多种不同的文化身份，其中包括国籍、性别、种族、原籍地区、语言、政治倾向、宗教信仰、教育、职业、居住地、爱好、饮食习惯等。多元文化表明，世界上几乎没有哪个国家和城市是由完全单一的民族构成的，城市应当是一个更为包容的社会。多元文化同时意味着历史和未来的和谐。兼顾历史和未来，促进多元文化和谐共存的文化战略，以及融合之中的个性，即鲜明的文化识别是城市可持续发展中的重要因素。

2. 城市经济的繁荣

经济塑造了城市的生活，城市是社会全面发展的关键，城市经济发展的原动力是城市的集聚效应。历史上,疆域、地理、资源或政治特点强烈地甚至是决定性地影响着城市发展的成功与否。在全球化经济中,在知识经济时代,创新和创业越来越成为城市经济的可持续发展的核心动力。现代城市内部以及大都市带内部,城市生活的模式由于经济结构的重组,展现出分散化和集中化并存的趋向。

一个城市的创新能力基于其生产和研究能力,但更多来源于人与人之间富有创造性的互动。创业能力固然和城市的财富有关,但更多地植根于是否具备鼓励创业的传统。而创新最终要由人来承担,是否具备优质的工作和生活环境,具备吸引一流人才的能力,直接关乎一个城市的经济前途。此外,良好的基础设施和完善高效的公共服务体系也是城市经济繁荣的必要支撑。未来城市的经济将更加充满活力,这种活力建立在市民的创新和创造力以及与自然和谐共处的基础之上。现代城市是经济组织变革的产物,良好的城市管理是充分利用新经济发展的关键前提。

3. 城市中的科学和技术创新

科学和技术与城市密切相关,科学技术极大地依赖城市的研究人员和城市的大学及科研机构。人才已经成为城市发展的主要竞争力之一,城市是凝聚和激励人才创新的重要源泉,城市的学术环境、人文环境和科学技术的合作交流环境有助于推动新思想的发展。城市时代是一个产生了大量科学技术进步的时代,城市是人类科技创新的巨大舞台。城市中的各种创新要素汇聚交融,创新思想由于人们的密集沟通和互动而得以迸发。与此同时,城市的物质设施又使得创新的火花快速转为技术,进而变成造福人类的产品和服务。

4. 城市社区的重塑

城市是由许许多多社区所组成的集合体,社区是城市的“细胞”,是城市人最普遍的生活空间形式。社区是集体之家,异质空间构成的社区形成了丰富多彩的城市空间。城市社区的建设和重塑一直是城市管理者面临的最直接的任务。在可持续发展的目标下,21 世纪城市社区的重塑意味着通过创造“和谐社区”,从根本上减少和消除城市的灰暗角落,未来的社区将具备深厚的社会凝聚力,以及与城市母体和其他“细胞”和谐互动、以人为本的社区环境。

城市社区的重塑意味着避免涉及空间、时间、经济和个体的社会排斥;城市社区的重塑意味着避免以人种和收入水平来划分聚居区;城市社区的重塑意味着城市的主体劳动者与城市生活的核心关系;城市社区的重塑意味着使城市中的所有社会群体成为一个整体,克服由于过分依靠小汽车的交通系统把青少年、老人、妇女和其他不会驾驶或没有汽车的群体孤立的现象,克服居住在大城市边缘的群体边缘化的现象。

5. 城市和乡村的互动

城市与乡村的互动和谐将是全球化过程的新路径。21世纪的城市化将使城市与乡村的格局产生根本的变化,生态经济的可持续发展将改变城市与乡村的关系,城市乡村是人类生存、发展与生活的栖居地。城市的扩张对乡村土地资源和其他不可再生资源带来了巨大的压力,在城市化过程中大量农村人口的流入给城市管理提出了复杂的课题。一方面,城市社区的建设和改造将赋予城市化地区良好的生活环境;而另一方面,小城市和集镇的建设也能有效减轻大城市所承受的人口和就业压力。目前全世界的一半人口生活在农村地区,在亚洲和非洲的许多地方,大部分人仍然居住在乡村。

城市与建筑需要对环境问题作出回应,规划师和建筑师不仅必须把城市规划和建设看作一种技术能力或艺术创造,而且也应当看作一种社会责任,应当将生态情怀和社会需求放在与形式秩序、专业至上这些传统准则同等重要的位置。

可持续发展的城市的内涵应当包括下列方面:理性的城市发展战略;提高城市自效率,结合城市自然和人文社会环境发展的城市;美好的城市生态环境;安全、清洁、健康的城市环境;有效的废物回收和生态循环系统;采用适合环境保护和节约能源的交通系统,减少污染;有效的城市管理;对相邻地区的环境、区域、全国和全球环境作出贡献。

2010年中国上海世界博览会将通过对城市发展和美好生活的展示,通过对主题的研讨与交流,有利于推动全球城市化的进程,有利于“以创新为动力,建设绿色城市,构筑和谐家园”理念的实践,有利于吸引不同国别、不同层次的人们关注、参与解决城市的不和谐问题,激发人们对人类和城市的未来作全面的思考。本届世界博览会并不是一般意义上的一次超大型展示,而是不同文化背景、不同国家的人提高对城市问题理解的一次机会,是对未来城市和人类生活模式的全面探索,本着对人类和自然负责的精神,对人类知识水平的提高和人类社会的发展作出贡献。

资料来源:郑时龄、陈易主编:《世博园及世博场馆建筑与规划设计研究》,上海教育出版社2007年版,第164～172页。

☞ 问题

1. 2010世博会主题对城市内涵的挖掘体现在哪些方面?
2. 查阅资料,试分析展览会主题和副主题对展会举办的作用。

第四章　展览会招展招商策划

学习导引

2019 年第二届中国国际进口博览会吸引了 181 个国家、地区和国际组织的 3800 多家参展企业和境内外超过 50 万的专业观众注册。一个成功的展览会必须有足够数量的参展商和观众。那么展览会是如何招揽参展商和观众的？招展招商有哪些主要的环节？应该如何策划？本章的学习将会解答这些疑问。

学习重点

通过本章学习，重点掌握以下知识要点：

1. 展览会招展招商创意与创新主要体现在哪些环节？
2. 招展招商前的准备工作有哪些？
3. 招展策划方案包括哪些内容？
4. 如何制定招商策划方案？
5. 如何进行招展招商宣传推广策划？

第一节　展览会招展招商创意

招展招商策划是展览会策划的核心环节之一，其效果与展会的成功与否有着直接的关系。展览会招展是指办展机构招揽企业参加展览会的行为，具体包括对参展商信息的收集、展区与展位分配、时间进度安排、招展代理、招展分工、宣传推广、招展方案的撰写等；展览会招商，是指办展机构通过各种方式将那些对展览会中所展示的产品或服务感兴趣的采购商和观众吸引来展览会的行为，具体包括招商信息收集、招商分工、招商预算、宣传推广、各种文案撰写等。

创意和创新是策划的核心与灵魂，展览会的招商招展策划同样需要创意和创新，它们既是招展招商策划的特点之一，也是招展招商的原则之一。在招商招展策划过程中，以下几个环节是体现创意与创新的重点：

一、展区划分的创意

展区如何划分是为体现展览会主题服务的，展区如何划分我们也可以理解为展览会大主题下分为什么样的小主题，用不同板块的主题一起完成对展览会核心主题的展示和传播。我们知道主题的创新是展览会策划的重要体现，等同于小主题策划的展区划分亦是体现创意创新的重点，在保证划分科学、合理和经济的同时，在划分以及小主题的归纳上应该体现新意，让参观者对该展区产生好奇与兴趣。

二、招展招商相关文案撰写与设计的创意

在招展招商过程中，有大量的文案比如招展函、观众邀请函、各种媒体上的宣传广告以及展会现场的各种背景板、立牌等是需要展现给参展商和观众的，它们是呈现展览会面貌的重要组成部分。文案的撰写方面，在信息传达准确的基础上，尽量避免千篇一律，应该体现出展览会的特色，以求在同期和同类展会中能够脱颖而出；文案的设计方面，可以通过配色、图案、布局的创意化运用让人耳目一新、印象深刻，同时在预算允许的范围内制作应该精美和精巧，并注重绿色会展理念、可循环利用理念与创意设计的结合。

三、招展招商宣传推广的创意

宣传推广是招展招商的重要环节，直接影响着招展招商的效果甚至展览会的效果。在信息爆炸时代和展览会竞争激烈的形势下，宣传推广的创意与创新对招展招商效果的意义是不言而喻的。在宣传推广的过程中，宣传推广的内容创新、手段创新、渠道创新是体现创意的重点板块。首先，宣传推广的内容即展览会对外传播的信息，主要包括展会基础信息、特色与优势、服务与活动等，要确保这些信息能够有效地传递到目标客户，不仅要求信息要准确，同时为了能够吸引目标客户的注意力，还必须对宣传内容进行创意性的设计，可以采用新角度、新手法、新措辞，使宣传内容别出心裁、别具一格，从而使本展会的相关信息能够在同类信息中脱颖而出；其次，招展招商的宣传推广会根据展会定位、宣传目标、潜在客户特征进行宣传手段的选择与组合，传统的宣传手段有人员宣传、新闻宣传和广告宣传，近年来各种活动宣传成为很多展会青睐的选择，并成为展现展览会创新创意的重要平台。活动宣传可以贯穿展前、展中、展后，起到预热、吸睛、传播、增彩、互补等作用，宣传活动主题应该既与展会主题相契合又能够体现新颖与新意，活动内容与形式应该

既有服务展览服务客户的专业性同时又具有参与感、体验感、新奇感的创意性。值得一提的是,活动宣传如果能够通过巧妙地设计与新闻事件、时尚事件等结合起来,将会增加活动的创新性和影响力。最后,招展招商的宣传渠道在全媒体时代有着丰富的选择,组展方一般根据展会定位和目标客户信息接收渠道偏好进行选择与组合,而对于新媒体的合理使用也能够提升展览会的创意与创新水准。精心设计、信息齐全、服务完备的展览会官方网站是标准配置,而微博账号、微信公众号的巧妙使用能够达到事半功倍的效果,特别是微信 H5 和微信小程序,前者能够为宣传内容提供无尽创意空间的同时又具有良好的反馈性和互动性,可以实现参展参观申请、回执等功能,后者则能够简便快捷地传递更复杂信息和完成更多的功能;抖音、快手等各大短视频平台和 Vlog 的兴起更为宣传推广提供了经济而灵活的渠道。招展招商宣传应该注重对新媒体渠道的运用,结合宣传目标定位和宣传受众特点创造性地对各种新媒体渠道进行选择与组合。

第二节　展览会招展策划

展览会招展是指办展机构招揽企业参加展览会的行为。一个成功的展会,必须有数量足够、结构合理的参展企业。招展环节对招商环节有直接的影响,也关系到展览会的整体效果。招展策划是会展策划的核心内容之一,科学、合理、完善的招展策划是招展工作执行的基础。

一、招展的前期准备

(一)收集参展商信息

目标参展商是办展机构认为可能会来参加展览的企业或单位,是招展工作的对象。收集目标参展商的信息是招展策划的首要工作,也是招展工作的基础性环节。

1. 目标参展商信息的收集渠道

(1)各行业的企业名录。大多数行业都有自己企业名录,有些网站还建立了免费或收费的企业名录数据库,办展机构可以从名录中得到大量有效的目标参展商信息。

(2)商会、行业协会等行业组织。这些行业组织与本行业的企业联系密切,且往往有企业的详细资料,办展机构可以通过商会、行业协会等获得目标参展企业的资料。

(3)政府主管部门。政府主管部门对自己所归口管理的行业内企业有较详细的了解,掌握相关企业较多信息,是办展机构获得目标参展商资料的重要渠道。

(4)专业媒体。专业媒体如报纸、期刊、专业网站等，往往收集有一些行业内企业的信息。同时，专业媒体也是行业内企业发布广告的渠道。向专业媒体了解企业信息、收集专业媒体刊发的广告都能够获得一定的目标参展商信息。

(5)同类展会。同类展会的参展企业往往与本展览目标参展商有很大的重合范围，所以办展机构应该及时关注同类展会，可以到展位直接获取企业信息，也可以通过获取展会的会刊或参展商名录收集。

(6)外国驻华机构。外国驻华机构每年都会向本国企业推荐一批品牌会展，由此积累了大量本国企业信息。办展机构可以通过外国驻华机构获取外国目标参展商信息。

(7)各类黄页。黄页往往有大量本地企业的信息，从原来传统的电话黄页，演变到现在的各种网络黄页、移动黄页，黄页是收集特定区域内目标参展商信息的有效途径。

2. 建立目标参展商数据库

通过多种有效渠道，办展机构广泛收集了目标参展商的信息，主要包括基本信息(名称、地址、联系电话、联系人、传真、网址、电子邮箱等)和市场信息(产品种类、目标市场、企业规模等)。为了更好地储存、分析、调用、修改、更新，需要建立目标参展商数据库。选择合适的软件(如客户数据库管理软件、专业会展管理软件等)，对信息进行分类和管理，方便查询、统计、分析与调用。根据招展工作的需要，及时修改、调整并更新参展商相关数据。

(二)展区与展位的分配

1. 展区与展位的分配

展览会一般按照一定的标准划分为不同展区，展区再划分展位，展位又分为标准展位和特装展位两大类。将展位推销和出租给参展商是展览会最主要的经济来源。展区和展位由于位置、规格、样式、配置等的不同，对参展商的吸引力也不一样。一般来讲，主展区比附属展区要好；展馆主展区一层入口和出口的主干道右侧展位、位于多条通道汇聚点的展位、每行两端转角处的展位、面对展馆入口的展位，都是比较好的位置；附属展区的展位、远离入口的位置、主活动区的背区、展馆最靠边的通道以及容易被遮挡的位置是比较差的展位。[①] 如何合理地分配展区与展位，既关系到展览效果的呈现，也关系到参展商的满意度，并直接影响招展工作的执行。展区展位的分配方法主要有延续法、先到先分法、会员法、面积法、打分法、抽签法、预定法、竞标法、支付方式法等。[②]

(1)延续法。即连续参展的企业可以提出在下一届展览会继续展出同类商品、

① 参见陈鲁梅：《会展策划与管理》，化学工业出版社 2019 年版，第 67 页。

② 参见陈鲁梅：《会展策划与管理》，化学工业出版社 2019 年版，第 69～70 页。

租用同一展位的申请，组展方将优先考虑和满足连续参展商的利益和要求，甚至有时候还允许连续参展商拥有长期或永久性展位。这也是留住老客户常采用的方法。

(2)先到先分法。组展方常用的分配方法，按报名参展的时间顺序先到先挑。

(3)会员法。行业组织或会展组织往往采用会员制，根据企业对组织的贡献大小以及合作方式的不同，会员分为不同的等级。当行业组织或会展组织举办展览时，会根据会员的等级、是否是会员等确定分配顺序。

(4)面积法。根据参展商承租展位面积的大小确定分配次序，即承租展位多的，优先分配展位。

(5)打分法。组展方制定一定的评分体系和标准，比如参展商的参展记录、在行业协会中的广告数量、品牌影响力、特殊认证等，对参展商进行打分，按照分数高低分配展位。例如中国进出口商品交易会(广交会)的展位分配就采用打分法。

(6)抽签法。标准展位常用的分配方法。组展方将展位编号，通过随机抽签的方式决定参展商的展位。

(7)预定法。在正式招展工作开展之前预订展位的方法。参展商获得展览信息后，在尚未开始招展时提前预订展位。或者在当前展会举行期间，正在参展的企业提前预订下一届展览的场地。

(8)竞标法。对好展位开展竞标，由出价高的参展商租用。

(9)支付方式法。根据费用支付的方式确定分配次序，比如申请时支付和一次性支付者优先。

以上几种分配方法可以单独使用，也可以综合使用。

2. 展位定价

展位定价即确定展位的租用价格，是招展策划的重要任务。标准展位按个定价，特装展位按平方米定价，同时室内与室外的展位往往分开定价。展位价格是参展商做出参展决策的主要考量因素之一。如果价格过高，超过参展商的接受范围，其会放弃参展，招展工作就会出现困难。如果价格过低，展会的收入会严重缩水，威胁展会的生存。确定一个合理的价格，对会展的展位销售至关重要。

(1)展位定价的考量因素

①展览会的发展目标。展览会的策划与组织都是为了实现展览会的发展目标，展位定价同样为发展目标服务，不同的发展目标下的展位定价策略不同。比如展览会初创时期的发展目标为打开市场，往往采用跟随定价策略，展位定价略低于市场价；在展览会的发展和上升期，规模和影响力逐渐扩大，其发展目标往往偏重利润最大化，展位定价有所提高。

②同类展会竞争情况。如果展览会在同类展会竞争中处于优势，可以采取适

当的高位定价；反之，则应该定价略低，从而获得一定的价格优势。

③价格弹性。展会的价格弹性越大，展位定价的高低变化对展位销售情况的影响越大。一般来讲，品牌展会的价格弹性小，非品牌展会的价格弹性更大一些。为实现利润目标而提高展位价格或为促销展位而降低展位价格，都需要判断对展位销售的影响，必须考虑价格弹性。

④位置差异。如前所述，展位有优劣之分，也需要在价格上有所体现，位置好的展位定价高，反之定价低，从而实现不同位置展位销售的平衡。

⑤国内外参展商。我国目前普遍实行国内外参展商“双轨制”，为两者制定不同的展位价格。一般来说，国外参展商往往能够得到较好的展位，相应的，展位定价也高一些。

(2)展位价格的折扣策略

招展过程中，为更好吸引参展商，往往会在展位原价基础上给予一定的折扣作为促销措施。折扣策略有统一折扣、差别折扣、位置折扣、特别折扣和淡季折扣等。[①]

①统一折扣。即对所有的参展商都采用统一的折扣策略，有现金折扣和面积折扣两类。现金折扣指参展商在一定期限内尽早确定参展并支付定金所获得的价格折扣；面积折扣根据参展商租用的展位面积的大小给予的折扣，租用面积越大，所获折扣力度越大。

②差别折扣。相对于统一折扣而言，差别折扣根据不同的标准执行不同的折扣价格。比如，位置折扣就属于差别折扣。

③位置折扣。根据展区和展位所处位置的不同，制定不同的价格折扣。展区越边缘、展位位置越不佳，折扣越大。

④特别折扣。品牌企业、著名企业和龙头企业是否参展是展览会影响力的重要因素，为了吸引这些企业参展，会为他们制定特别折扣。参展规模和租用面积特别大的企业，也会得到特别折扣。

⑤淡季折扣。展览会淡旺季比较明显，为吸引和鼓励企业在淡季参展，会给予参展商一定的淡季折扣。

展览会无论采用哪种折扣策略，折扣标准应清晰明了，招展价格一旦确定应该严格执行，避免出现价格混乱影响招展工作的顺利进行；同时要避免招展后期倾销展位，价格折扣前后不一，否则容易招致前期确定参展企业的不满，并严重影响未来的招展工作。

---

① 参见陈鲁梅：《会展策划与管理》，化学工业出版社 2019 年版，第 71～72 页。

（三）招展进度的安排

招展进度安排即为了对招展工作进程进行管理和控制，对招展工作的时间和进度进行的规划与安排。具体说来，就是在招展工作开始之前，提前策划好招展进度计划，包括什么时间应该开展何种招展工作、采用何种招展措施、达到什么样的招展效果等。科学合理的招展进度安排，是招展工作执行与控制的依据，办展机构应该据此开展招展工作。

招展进度的安排往往采用表格形式，如表 4-1 所示。

表 4-1 **招展进度安排表**

起止时间	工作任务	招展措施	招展效果	负责人

二、招展代理与招展分工

（一）招展代理

利用代理商开展招展工作是办展机构拓展招展业务、提高招展效率的重要手段。招展策划过程需要考虑并决定招展代理商的选择、代理方式、代理佣金等问题。

1. 招展代理的选择

招展代理主要从当地行业协会、商会、主办单位的分支机构、行业权威机构、办展机构或企业、相关媒体、对口合作单位等组织和企业中进行选择。而对于国际性展览会，为吸引境外参展商，一般会选择海外代理。为保障代理商能够高效完成招展工作，办展机构选择招展代理商时，要确保其资质的可靠，需要代理商提供相关的资质证明材料并进行验证。

2. 招展代理的方式

根据展览会招展的需求，会展招展代理的方式主要有独家代理、排他代理、一般代理、承包代理四种形式。①

（1）独家代理。独家代理是指代理商在协议规定的地区和期限内，对指定商品享有专营权，即委托人不得在规定范围内自行或通过其他代理人进行销售。招展

① 参见陈鲁梅：《会展策划与管理》，化学工业出版社 2019 年版，第 85 页。

独家代理即办展机构在某一时期内将某地区的招展业务委托给一家机构代理，该地区不再有其他本项目的招展代理，办展机构也不在该地区招展。

(2)排他代理。办展机构在某一时期内将某地区的招展业务委托给某家机构代理，该地区不再有其他本项目的招展代理，但办展机构可以在该地区招展。

(3)一般代理。办展机构在同一地区同时将招展业务委托给数个招展商，办展机构也可以在该地区招展。这种代理方式必须明确各代理商的招展权限，以免出现招展混乱。

(4)承包代理。办展机构将一定数量的展位承包给代理商，再由代理承包商负责招展。这种代理方式，不管招展代理是否完成承包展位的招展工作，都需要按约定承包展位数量向招展机构付费。

3. 代理佣金

为了激励代理商的积极性，办展机构支付给招展代理商的佣金，一般按照该代理商招徕的参展费用总额按比例支付。一般而言，独家代理、排他代理、一般代理的佣金，按照办展机构收到的该代理商招徕参展费用总额15%～20%的比例支付。承包代理往往在完成其承包展位中一定数量展位的招展工作后才能提取佣金，其佣金比例比其他代理方式要高，比如25%甚至更高。[①] 办展机构向代理商支付佣金，可以采取定期支付、逐笔支付或汇总支付等方式。

值得注意的是，办展机构给予代理商的佣金和准许代理商给予参展商的折扣要分开，给参展商的折扣应该由办展机构决定，免得引起招展价格混乱。

此外，办展机构应该对各个招展代理及其招展工作做好统筹与管理，定期掌握其招展进度，严格控制招展价格和招展折扣。值得注意的是，代理商招展过程中虽然可以对参展商的展位选择提出建议，但一般没有划定展位的权利，展位的划定掌握在办展机构手中；除了承包代理商之外，除非特殊约定，其他代理商不得代替办展机构收取参展费用。而且，招展代理的形式也存在一些潜在问题和风险，比如多头招展、代理商欺诈客户、代理商损害展会形象、招展价格混乱、展位划定冲突、招展效果不佳等，办展机构应该针对相关潜在问题和风险，加强管理和提前防范，并做好应对预案。

(二)招展分工

招展分工是指办展机构对招展工作如何科学、合理进行分工的计划与安排，主要分为招展单位的分工和本单位的招展分工两个板块。

1. 招展单位的分工

展览会的招展单位往往不止一个，一般包括办展机构本身负责招展的单位和

---

① 参见吴杰：《会展策划》，中国旅游出版社2016年版，第70页。

招展代理单位，办展机构必须统筹安排好各个招展单位的分工，防止出现不同单位之间的招展混乱。

(1)分工要合理。各个招展单位负责的招展地区、分配的招展面积、展位与展厅的分配、重点客户等分配要科学合理，不能厚此薄彼，影响招展单位的工作积极性。

(2)分工要协调。各个招展单位的分工要明确，同时保持在招展进程中的相互协调与沟通，如果缺少沟通，将导致信息不畅，可能会出现数家招展单位同时招揽一家企业的重复招展现象。

(3)分工要可行。确保所分配的招展任务在招展单位的能力范围内，招展单位能够按时完成。同时，整个招展分工应该具有很强的可操作性，否则招展分工安排和计划将失去对招展单位的约束性。

(4)分工要兼顾各单位利益。如果分工没有兼顾各单位利益，可能会出现招展单位之间的恶性价格竞争，竞相压价来吸引展览企业参展，从而损害展览会的整体利益。

2. 本单位的招展分工

办展机构负责招展工作的单位需要做好招展人员及分工安排，并需注意合理性、协调性与可行性。为避免招展工作混乱，要明确负责招展工作的人员，并分配每人的具体招展任务，比如具体招展环节、招展地域和客户群组等，同时加强招展人员之间的协同和沟通，使招展人员既能相互配合还能良性竞争。

三、招展方案的内容

招展方案是对招展工作的总体规划，内容涉及展览会招展工作的所有环节，非常复杂。尽管不同展览会的招展方案结构不尽相同，但一般来说，一份完整的招展方案主要包括以下内容。

(一)行业分析

对专题展览会所在行业进行宏观分析，说明区域内行业分布特点和产业发展状况，并介绍行业内企业的规模、经营、结构状况和分布情况。行业分析是招展方案策划的重要依据。

(二)展区和展位划分

介绍展区与展位划分方案，并附展区与展位示意图。

(三)招展价格

说明标准展位、特装展位、室内展位、室外展位等不同展位的定价方案，并对招展价格的折扣策略作明确说明。

(四)招展代理

对展览会招展代理的选择、代理方式作出安排，并对代理佣金、代理期限以及代理商负责的区域等作出说明。

（五）招展分工

说明招展工作分工的计划与安排，招展单位的分工和本单位的招展分工需要分别介绍。

（六）招展函的编制与发送

招展函又叫招展书或招展手册，是办展机构介绍展会和招徕目标参展商的材料，一般会设计成小册子的形式。招展方案中应该介绍如何编制与发送招展函。

招展方案中还应该说明招展函的印制数量、发送范围和发送方式。其中发送范围一般为目标参展商范围；发送方式一般用邮递方式，重点目标参展商可以采用上门送达的方式。互联网和数字时代，电子招展函制作成本低，发送与收集反馈信息都非常方便，开始得到越来越广泛的运用。

知识活页

招展函的内容

招展函主要包括以下内容。

1.致参展商的邀请信。

2.展览会的基本信息。主要是背景介绍、名称与标识、时间与地点、办展机构、展览范围、目标与特点等。

3.往届展览会概况。非首次举办的展会，简单介绍往届举办概况和展览效果。

4.市场状况介绍。包括行业分析与地区市场分析等内容。

5.展览会招商与宣传推广计划。

6.服务项目。参展商可以得到的服务内容。

7.具体参展办法。主要包括参展办理方式、付款方式、优惠方式、联系方式等。

8.相关图片。主要包括展区和展位示意图、展馆示意图、展馆周边交通示意图、往届展览现场照片等。

（七）招展宣传推广

说明配合招展工作开展宣传推广的规划与安排。

（八）招展预算

招展预算是在招展工作计划基本确定的基础上，对招展可能需要的费用作出的安排与计划。拓展预算主要包括人员费用、宣传费用、代理费用、公关费用和资料费用等。招展预算应该从招展实际需要出发，费用支出安排应该科学合理，能够支撑招展工作顺利进行,同时招展预算还应该尽可能细致,并遵循节省原则,从而严格控制招展成本。

(九)招展进度安排

说明招展工作的时间规划和进度安排,并附招展进度安排表。

第三节 展览会招商策划

一、展览会招商概述

展览会招商,是指办展机构通过各种方式将那些对展览会中所展示的产品或服务感兴趣的采购商和观众吸引来展览会的行为,也被称为展会观众组织。展览会招商的对象或观众组织的对象,分为专业观众和普通观众。专业观众是指从事展会上所展示的某类展品或服务的设计、开发、生产、销售或者服务的专业人士以及该产品的用户,又称贸易观众;普通观众是指除专业观众以外的其他观众,他们参加展览会没有特定的目的。一般来说,展览会既有专业观众又有普通观众,但往往分开参观展览,比如展会前期向专业观众开放,后期向普通观众开放;也有些展会只面向专业观众,比如德国汉诺威工业展览会、我国的"广交会"等,都谢绝非业内人士参观。

(一)展览会招商的意义

招展是展览会是否能够举办的基础,而招商是展览会成败的基础,一个成功的展会,不仅要有足够数量和质量的参展商,也要有相应的观众尤其是专业观众,两者都是展览效果的保障,办展机构应该尽可能满足参展商和观众双方的需求。所以,展览会招商意义与招展同样重大。

1. 满足参展商的需求

一般而言,企业到展览会参展,都希望能与目标客户进行交流,这是企业参展的重要需求和目的。企业的目标客户们正是展览会的招商目标,通过招商工作环节将企业的目标客户变成专业观众,将他们带到展览会现场。

2. 提高展会的服务水平

展会服务水平是展会满意度的重要指标,办展机构针对参展商提供的服务中,最关键的内容就是邀请尽可能多的高质量的有效观众到场。这项服务是其他任何服务所无法代替的,其他服务做得再完美,如果没有高质量的有效观众,参展商对展览会的服务是不会满意的。所以,优秀的招商工作是提高展会服务水平的关键。

3. 提升展会的影响力

招商过程中会开展招商宣传,通过宣传能够提升展览会的社会知名度;招商宣传也能够提升展会形象，有利于展会的品牌化发展。同时，展会的品牌塑造也离不开高质量的观众，这都与招商工作密切相关。

（二）展览会招商与招展的关系

与招展相比，招商对于展会的经济效益是间接的，与招揽展商能够带来直接的经济收益不同，招商工作的效果具有一定的滞后性，要等到展览会开幕后以观众是否到场来检验招商效果，而招展工作效果以提前交纳的展位费等作为体现，比较直接。所以在展览会的策划与筹备中，有时会有“重招展、轻招商”的偏颇。实际上，会展招展与招商是相互影响、互相作用的，同等重要，都是展览会的生命力基石。

1. 招展促进招商

如果展会的招展效果较好，参展企业尤其是行业知名企业、龙头企业、品牌企业较多，展品质量高，信息量大，观众到会参观就会更加踊跃，招商工作开展会比较容易；反之，招展效果堪忧，那么观众参观展会的积极性不大，招商工作就很难开展。

2. 招商带动招展

如果展览会的招商工作做得好，到会观众尤其是专业观众数量多、质量高，精准覆盖了参展商的目标客户，企业的参展积极性更高；如果会展招商不理想，观众的数量少、质量差，企业的参展目的很难达成，企业参展的积极性就会降低，为招展工作带来很大困难，会严重影响展览会生命力。

知识活页

2020 年第三届国际进口博览会招商路演

第三届进博会于 2020 年 11 月 5～10 日在国家会展中心（上海）举办，共设服务贸易、汽车、技术装备、消费品、医疗器械及医药保健、食品及农产品六大展区，同时设立公共卫生防疫专区、智慧出行专区、节能环保专区和体育用品及赛事专区四大专区。进入第三季度以来第三届进博会招展工作已基本完成，筹办工作转向招商办展为主，继续举办好展前、展中，线下、线上供需对接活动，为参展商和采购商提供更多增值服务。特殊之年，在中国新冠肺炎疫情得到有效控制的前提下，第三届进博会主要采用区域性路演形式在国内开展招商工作。截至 2020 年 9 月 17 日，已在四川成都、湖南长沙、江西上饶、上海、浙江宁波、江苏南京、吉林长春、宁夏银川、青海西宁、山东济南、浙江杭州、甘肃白银、云南昆明、重庆、江苏南通、天津、海南海口、山西太原、浙江义乌等地举办了近 20 场区域性招商路演。另有中国电子商会、全国城贸联、中国汽车工业协会等行业性招商合作单位举办了 3 场行业性招商路演。下面介绍其中几场招商路演的情况。

成都招商路演:第三届中国国际进口博览会首场招商路演。本次招商路演重点推介食品及农产品展区、汽车展区。路演期间,主办方重点介绍了历届进博会食品及农产品展区、汽车展区的参展情况,并介绍了进博会基本情况、第三届进博会筹办工作进展、采购商报名路径等,以及食品及农产品展区、汽车展区设置和重点展商展品信息。

杭州招商路演:本次路演主要面向进博会消费品展区和服务贸易展区的采购商,目的是落实进博会组委会的统一部署,做好采购商和参展商的会前对接,推动浙江企业赴进博会洽谈采购。路演现场播放了第三届进博会招商宣传片。中国国际进口博览局招商处负责人做招商主体宣介,介绍了第三届进博会基本情况、筹备工作进展和采购商报名路径。国家会展中心展览部展区负责人介绍了消费品展区和服务贸易展区行业设置和重点展商展品信息。服务贸易展区参展商万豪国际和消费品展区参展商亚洲电子体育联合会介绍了第三届进博会参展情况、亮点展品及服务。路演的合作单位——中国银行浙江省分行介绍了金融服务保障进博会的相关工作。

路演活动积极落实疫情防控相关要求,精简现场人数,线上、线下同步开展,浙江省交易团邀请省内采购商在线观看,扩大了路演覆盖面,进一步满足了采购商等专业观众提前了解第三届进博会及相关展商展品信息的需求。阿里巴巴集团、省国贸集团、物产中大集团、杭州钢铁集团、浙江长龙航空公司、浙江中国小商品城集团等60余家采购商100余人现场参加,参展商与采购商开展了互动交流,线上有7000余人观看直播。

福州招商路演:路演主要面向医疗器械及医药保健展区、消费品展区的采购商等专业观众,现场共吸引了福建省70余家采购企业参加,取得良好的招商效果。福建省交易团广泛发动企业参与采购,并通过多渠道宣传推送进博会相关信息,截至发稿,福建省已有近千名专业观众注册参会。

资料来源:根据人民网、新华网、中国国际进口博览会官网等相关新闻报道整理。

二、招商信息的收集

(一)招商信息收集渠道

招商工作的第一步是收集招商信息,根据展会的主题和所覆盖的行业领域,以目标参展商分析为基础,可以从以下渠道收集专业观众信息。

1. 专业媒体

专业媒体不仅有行业内企业的相关信息，往往也存有众多企业目标客户的信息，办展机构可以向专业媒体购买相关的专业观众信息。

2. 行业协会或商会

办展机构可以向参展企业目标客户所在的行业协会或商会请求相关的信息，这是获得专业观众信息的重要渠道，所得到的信息质量较高。

3. 同类展会

同类展会在专业观众的覆盖面上有很大的重合度，办展机构可以寻求同类展会组展方的帮助，以购买或者相互共享的方式获得同类展会的专业观众信息，再经过一定的筛选和匹配得到本展会需要的招商信息。

4. 参展企业

现代企业一般都很重视客户关系维护与管理，往往都有自己的客户数据库，这些客户基本都是展览会的潜在专业观众。办展机构可以与参展企业合作，获得非常有效的招商信息。

5. 政府有关部门

参展企业目标客户所在行业的归口政府管理部门掌握有大量企业信息，办展机构可以寻求与政府有关部门合作，获得有效招商信息。

6. 往届展会

往届展会的专业观众要及时维护，加强客户关系管理，尽可能将他们培育成展览会的忠实观众。

（二）专业观众分析

获得专业观众信息后，为了更好地为招商工作奠定基础，使招商工作能够有的放矢，办展机构需要对专业观众进行分析。

1. 观展目的分析

不同专业观众参观展会的目的各不相同。据分析，专业观众的观展目的主要包括发现新产品信息、收集新技术信息、开展市场调研、判断产业发展趋势、意向产品或服务的质量测试与体验、寻找合作伙伴和了解竞争对手等。[①] 在向目标专业观众发送观展邀请时，一般会附观展回执，为了获得其准确的观展目的，可以在回执中设计观展目的方面的调研问题。

2. 展览信息获取渠道分析

了解目标观众获取展览会的渠道，可以帮助后续招商宣传推广选择合适的媒体和渠道，提高招商宣传的效率。专业观众获取展览信息的渠道主要包括参展企

---

① 参见肖葱、罗明志：《会展策划与管理》，华中科技大学出版社 2019 年版，第 64 页。

业的邀请、办展机构的邀请、行业协会的邀请、专业媒体、同类展会宣传、展会户外宣传、新闻报道、熟人(一般同为专业观众)推荐等。[①]

3. 观展决策影响因素分析

专业观众决定是否参展或者在同类展会中选择哪一个参展,其所考虑的因素主要包括该展览会的历史、影响力和口碑,近几届展览的质量和效果(特别是参展商的数量规模、是否有知名企业参展等),办展机构的影响力,展览举办地所在的城市或区域,展览举办时间,参展成本,等等。了解观展决策影响因素,可以指导招商宣传的方向,也使办展机构更加明确应该在哪些领域提升招商服务水平。

4. 专业观众所在企业与行业的市场分析

专业观众所在企业的经营性质、规模、结构以及所在区域,专业观众本人在企业中的职位以及在企业采购中扮演的角色,专业观众企业所在行业的现状与发展趋势等等相关信息,对于专业观众在参展期间的行为和决策有很大的影响。掌握这些信息,有利于办展机构更好地促成专业观众与参展商之间的合作,满足双方的需求。

(三)招商信息数据库

招商信息纷繁复杂,要引入现代化的管理方式,选择合适的软件建立招商信息数据库,并利用数据库进行统计、分析、对比等进行专业观众分析,为招商工作提供参考和建议。同时,每届展会都要对招商信息数据库进行及时的更新、添加和修改,保障信息的及时性、完整性和准确性。

三、招商策划方案的制定

招商策划方案是展览会为招徕观众制定的执行方案,是招商活动开展的依据。作为展览会策划的核心方案之一,招商策划方案的制定要结合展览会的总体目标和定位、展览会主题相关行业特点和发展趋势以及目标观众的信息,并遵循可行性、可操作性、灵活性、系统性和创造性等原则。大体上,招商策划方案的制定应该包括招商方式、招商分工、招商渠道、展会通讯和邀请函制作、招商宣传推广、招商预算和招商进度安排等几个部分。

(一)招商方式

办展机构经常采用的招商方式有直接招商、代理招商和以商带商。

1. 直接招商

直接招商就是主办或承办单位直接设立招商部门承担招商工作,或者委托展览会的协办机构完成招商工作。直接招商方式优势是整个招商过程由办展机构把

① 参见肖葱、罗明志:《会展策划与管理》,华中科技大学出版社 2019 年版,第 64 页。

控，便于与展览会策划和筹备工作进行协调；局限性在于这种招商方式要求办展机构拥有一个专业化的招商部门或招商工作团队。但是招商工作专业性强并且非常复杂，所以如果没有经验丰富的专业团队很难很好地完成招商工作。目前，直接招商是办展机构普遍采用的招商方式。

2. 代理招商

代理招商就是办展机构将招商工作的全部或部分委托给代理商完成的方式。当办展机构本身不具备全部承担或部分承担招商工作的条件时（比如没有招商团队或招商团队工作能力有限）或者经过衡量认为招商工作外包具有成本优势时，可以采用代理招商的方式。代理招商机构往往专业性较强，经验较为丰富，效率较高，但是需要办展机构支付代理费用，且在与整体展览策划执行与筹备的协同性上要差一些。

3. 以商带商

以商带商的招商方式，是办展机构在参展企业的帮助下进行招商。参展商往往都有自己的客户群、目标客户群和市场关系网，办展机构可以与参展商合作，鼓励参展商邀请客户到展览会参观，或者通过参展商的客户关系和市场关系进行招商工作。[①] 这种招商方式的最大优势在于观众定位精准，可以在很大程度上提高有效观众的数量以及观众与展商的匹配度。以商带商往往只能作为一种辅助招商方式。

（二）招商分工

招商工作纷繁复杂且费时费力，所以往往由主办方、承办方、协办方、支持方、代理方共同完成，这就需要根据招商工作的总体规划和各单位的优势进行合理分工，使承担招商工作的各个单位能够相互协调、各司其职。

1. 招商单位之间的招商分工

当招商工作由数家单位共同完成时，首先应该使各单位遵循共同的招商原则，然后对招商范围（地区范围、行业范围等）和重点目标观众进行划分，对招商费用预算和支付做出规定，并对重点观众的邀请和接待做好分工安排。招商单位之间的招商分工应该做到合理与协调，并能发挥各单位的优势。

2. 招商单位内部的分工

招商单位内部根据本单位所负责的招商工作，也要进行具体的工作划分。首先应该确定招商负责人和招商工作人员名单；然后明确每个招商团队或招商人员所负责的招商范围和目标观众，并对重点观众的招商工作做好计划；还要制定招商工作日程表，对招商工作进行时间进度管理。值得注意的是，应该注意建立招商人

---

① 参见陈鲁梅：《会展策划与管理》，化学工业出版社 2019 年版，第 111 页。

员信息交流与协调工作机制，避免招商工作产生重复和混乱。

（三）观众邀请函的制作

观众邀请函是邀请观众前来观展的信函，一般是发送给专业观众的，往往设计精美，制作精良，体现出对专业观众的重视。招商策划还需要确定观众邀请函的发送范围、发送方式和编印数量。

知识活页

观众邀请函的内容

一封观众邀请函主要包括以下内容。

1.标题

由“展览会名称”+“邀请函”组成，如“2019 第二届中国国际进口博览会邀请函”。

2.称呼

以单位为邀请对象，写单位名称；以个人为邀请对象，写“尊敬的××先生（女士）”；公开发布的邀请函没有具体邀请对象，省略称呼。

3.正文

正文部分主要包括以下内容：

(1)展览会基本信息介绍。主要有展览会名称、举办背景和目的、举办时间和地点、办展机构等。

(2)往届展览会概览和本届特点。非首次举办的展会简要介绍往届概况；重点介绍本届的特点。

(3)展览会具体内容介绍。主要有展区划分、招展情况、同期活动、展会服务、收费情况等。

(4)联系信息。联系办展机构的联络方式，主要是联系人姓名、电话、邮箱（QQ号、微信号）等。

4.落款与时间

落款一般是组织机构名称加盖章。落款后写明邀请函制作的时间（年、月、日）。

5.附件

随邀请函一起寄送的附件，主要包括观展回执表和展会服务的详细说明等资料。

（四）宣传推广计划

招商宣传推广是招商工作的重要环节，是为配合招商工作而做的各种宣传推广活动。在招商策划制定中，需要提前做好宣传推广的策划与安排。

（五）招商预算

招商预算是为保障招商工作顺利完成，在招商策划基本确定的基础上，对会展招商可能需要的费用支出进行的整体安排和具体支出的计划。会展招商预算的内容构成与招展预算基本相同。

（六）招商进度安排

招商进度安排是对招商各个环节进行的时间进度管理，即事先计划好什么时间开展什么招商工作，采取什么样的招商措施以及应该取得什么样的招商效果。招商进度安排是对各项招商活动进度安排的总体规划，是招商方案实施、管理和控制的依据。招商进度安排一般会以表格的形式呈现出来，表格格式与上一节的招展进度安排表结构相似。

第四节　展览会招展招商宣传推广

一、招展招商宣传推广策划

正如展览会的招展与招商是相互影响相互促进的关系一样，招展宣传推广和招商宣传推广同样关系密切，很多工作环节相互交叉、相互覆盖。同时，招展招商宣传推广也是整个展览会营销宣传的组成部分，在宣传推广方式、策略、时间安排等问题上，需要与展览会的整体营销宣传进行统筹协调。

（一）招展招商宣传推广的意义

宣传推广是招展招商工作的重要环节，是按照招展招商策划，配合招商招展而有计划开展的系统工作，对推进招展招商、优化招展招商效果、扩大展览会影响力、塑造展览会品牌等有重要意义。

1. 提升展会知名度，扩大展会影响力

展览会的知名度和影响力是影响参展商和观众作出参展、观览决策的重要因素，所以提升知名度并扩大影响力对于展览会而言意义重大。新创办的展览会，需要通过宣传推广让人们知道其存在，由毫无知名度向有知名度转变；对于处在成长期的展览会而言，不论是追求市场范围的扩大还是追求市场地位的提升，都需要宣传推广来进一步提升知名度和影响力；已经有一定知名度的成熟展会，也需要宣传推广来进一步保持和巩固自己的影响力。

2. 促进展览会的品牌塑造

将展览会打造成为地区品牌展会乃至国内外品牌展会，是塑造展览会核心竞争力的需求。在展会市场竞争激烈和展会同质化严重的环境下，品牌塑造能够帮助展览会获得难以被模仿、被超越的核心竞争力。宣传推广是品牌传播、品牌营销的最重要途径，通过招展招商的各种宣传推广，展会品牌相关的基本信息、展会目标和价值观、展会特色和优势、展会服务等得到广泛的传播，使目标参展商和观众逐渐形成对该展览会的品牌认知、品牌认可、品牌联想。并且，随着参展商和观众对展览会品牌认可的提升，还会慢慢形成品牌情感和品牌忠诚，参展商和观众会因为情感上的喜欢而选择参展参览，并且长时间地保持对展览会的忠诚而连续参加。

3. 推进展览会招展招商

推进招展招商、优化招展招商效果是招展招商宣传推广的直接目标，也是其最重要的意义。招展招商宣传推广首先是为招展招商服务的，宣传推广策略和具体措施都是围绕招展招商策划的需求而制定的，具有很强的协调配合性。通过各种形式的宣传推广，展览会的知名度和影响力得到扩大，品牌价值得到提升，参展企业和观众对展览会的认可度进一步提高，参展与观展意愿得到强化，从而极大推进招展招商工作的开展。

(二)招展招商宣传推广的类型

招展招商宣传推广既是招展招商工作的重要环节，同时也是展览会宣传推广的组成部分。学者们普遍将展览会的宣传推广类型分为显露型、认知型、促销型、竞争型和形象型。综合招展招商的目标和展览会整体营销目标，招展招商宣传推广也可以分为这五种类型。

1. 显露型

显露型宣传推广以提高展会的知名度为主要目标，即主要是为了让人们知道有这样一个展会的存在，所以宣传推广的重点是名称、办展时间和办展地点等展览会基本信息。一般而言，初创时期的展览会往往采用显露型宣传推广，已经具有一定名气的展会也会采用这种宣传类型作为对参展商和观众的定期提醒。

2. 认知型

认知型宣传推广以增加人们对展会的认知度为目标，即主要是为了让人们更加全面地了解展会，所以宣传推广的重点是对展会的特色、优势、创新点等进行宣传。展览会经过初创期，具有了基本的认知度后，为了进一步加强招展和招商往往会采用认知型宣传推广。

3. 促销型

促销型宣传推广以短期内促进展位的销售或者吸引更多观众参展为目标，所以重点是对目标参展商和目标观众的参展和观展决策有重要影响的内容进行宣传，比如参展商关心的参展服务、观众所关心的参展新产品和新技术等。促销型是招商招展宣传的主要类型。

4. 竞争型

竞争型宣传推广以与对手开展竞争或进行防御为目标，所以宣传推广的重点会根据竞争对手的营销行为不断调整，与竞争对手针锋相对。这种宣传推广类型一般在展览会与同期展会或同类展会开展参展商和观众的争夺时采用，或者在展览会受到竞争威胁时采用。

5. 形象型

形象型宣传推广以扩大展览会的社会影响、树立展览会的形象为目标，所以工作重点是在参展商和观众心中塑造展览会的良好形象。形象型宣传推广是一种配合展览会长期营销战略的宣传推广类型，对招展招商的推动是间接的。这种类型在展览会的任何阶段都可以采用，也是最常用的宣传类型。

（二）招展招商宣传推广时间安排

招展招商宣传推广的计划不仅要配合招展招商的开展，还要考虑展览会整体营销宣传的需要。根据营销先行理念，宣传推广需要跑在招展招商工作之前，这样才能为招展招商工作提前做好铺垫与宣传。同时，宣传推广要有连贯性和计划性，要根据展览会营销需要、招展招商需要，在不同的时间段调整工作的重点。

1. 展前的宣传推广

展前阶段是招展招商宣传推广最重要的阶段，招展招商的好坏很大程度上取决于这一阶段的宣传推广效果。展前宣传推广，若启动太早，因为距离开展时间过长，人们容易遗忘；若启动太晚，又可能因为距离开展时间太近，使目标客户和观众没有足够时间准备。所以展前的招展招商宣传需要有连贯性和合理的时间安排。

(1)筹备之初。提示性宣传为主，主要是告知人们展会的基本信息。可以在相关媒介上投放少量的宣传推广资料，提示人们该展览会的存在，给人们留下初步的印象。

(2)筹备前期。招展宣传推广为主，主要是吸引参展商。通过目标参展商获取展览信息的相关渠道，将展览会的特色、优势、效果、服务等宣传出去，尽可能获得参展商的认可。

(3)筹备中期。此时招展任务基本完成，宣传推广工作重点转移到招商宣传上，主要是招徕专业观众。通过目标专业观众获取展览信息的渠道，重点介绍展览会的定位、招展成果、活动安排、接待计划等。

(4)筹备后期。此时对专业观众的宣传推广基本完成，可以将工作重点转移到针对普通观众的宣传上。

2. 展中的宣传与推广

宣传推广是有连续性和长远性的，它不会随着展会的开展而停止，而是延续到展中和展后。展中和展后的宣传推广，不仅影响着本届展会的招展招商效果，还关系到未来展会招展招商工作的开展。

展中的宣传与推广，工作的重点是更好地满足参展商和观众的需求。这一阶段宣传推广的重点是对展会的新闻报道。办展机构应该发动各种媒体对展会举办情况进行宣传报道，扩大展会影响力，进一步挖掘展会资源，提高参展商和观众的参展和观览价值。

同时，展中的宣传与推广还应该重视公关活动与专业活动，通过新闻发布会、专业研讨会、行业论坛等形式，扩大展会影响力，为参展商和观众提供增值服务。

3. 展后的宣传与推广

展后的宣传与推广，不仅是配合展会进行收尾工作，更重要的意义在于为下一届展会的招展招商作好准备。应该及时通过新闻发布会或新闻报道的方式向社会宣传本届展会的展览效果，让更多人知道本次展会的成绩；将参展商资料、专业观众目录、专业评估结果等发送给参展企业和专业观众；还可以举办座谈会活动，邀请参展商和专业观众参加，表示感谢的同时请他们对展览会提出宝贵的建议。

(四)招展招商策划的要点

1. 宣传推广对象

展览会采用的招展招商宣传推广方式以及所处的招展招商时间段，影响着推广对象的确定。总体而言，宣传推广的核心对象是招展、招商信息收集阶段所确定的目标企业和目标观众；同时，在招展招商完成之后，还要兼顾对普通观众的宣传推广，尤其是文化类、公益类展会要特别注重普通观众。而且，为了优化宣传效果，还需要将确定的宣传推广对象按照一定的标准(地域、行业、企业规模与性质、人口统计因素、社会心理因素、媒介接触习惯等)进行细分，根据细分群体的特点采用针对性的宣传推广措施。

2. 宣传推广内容

招展招商宣传推广的内容一般包括展览会的基本信息(名称、时间、地点、主题、主办承办单位等)、定位、特色、优势、创新、往届成就、本届招展招商情况等。主办机构采用的宣传推广类型不同，宣传推广内容各有侧重；除了基本信息之外，招展宣传推广的重点是展览会的特色、优势、往届展览效果、重点专业观众、服务内容等，招商宣传推广的重点是展览会的定位、招展成果、活动安排、接待计划等。

有两个问题需要注意：第一，宣传推广内容必须信息准确和统一，任何地域、任何渠道包括代理商在内所用的内容需要由办展机构确定，避免出现宣传推广信息有误和不一致的情形；第二，宣传推广内容的设计要具有差别性，主要是为了与其他展览会的宣传推广信息区别开来，这需要在新闻报道和推广软文撰写、招展函与观众邀请函的设计以及广告设计上追求创新和别出心裁。

3. 宣传推广手段

常见的展览会招展招商宣传推广手段有人员宣传推广、广告宣传推广、新闻宣传推广、活动宣传推广等。

(1)人员宣传推广

人员宣传推广是指招展招商工作人员与目标企业和目标观众直接交流，对其进行展会相关信息的传递与宣传，并邀请其参展或参观。一般而言，对于重要客户，招展招商人员会采用登门拜访的直接接触方式；对于政府机构、国际组织、行业协会、商会等采用发函的方式；对于一般客户往往采用电话、邮件和即时通信工具(QQ、微信等)等进行联系。人员宣传推广是一种传统的招展招商宣传手段，灵活性强、可操作性高、成本较低，现在仍被广泛使用。

(2)广告宣传推广

广告宣传推广是指通过在相关媒体投放广告的方式进行展览会信息的传递。广告宣传推广的覆盖面大，信息传播力强，可以将展览会的信息传递到人员宣传推广遗漏的目标企业和目标观众，还可以强化人员宣传推广的效果。广告宣传推广是招展招商的最重要也是最有效的手段，同时也是最昂贵的手段，所以一定要科学和谨慎地采用，要根据招展招商目标来合理选择广告的投放范围和广告媒体。

广告投放范围的选择主要根据展览会招展招商的地域范围。一般而言，地区性展览会主要选择当地媒体进行广告投放；全国性展会则应该在全国性的媒体上投放广告；国际性展会则需要在国外重要媒体上投放广告。

在媒体爆炸的时代，招展招商广告投放媒体的选择很多。办展机构在选择媒体时，需要综合考量展览会性质与定位、媒体运行规律和目标人群媒体使用规律。通常来讲，消费类展会一般选择综合性报纸、电视、电台和人员密集处的户外广告等大众媒体；专业类展会一般选择专业报刊、内部刊物、展览刊物、同类展会会场广告等专业媒体；文化类展会可以综合运用各种媒体形式。展览会的广告宣传推广媒体有以下几种。

①印刷媒体。主要包括综合性报纸、专业性报纸和刊物、政府机构和协会等组织的内部刊物、展览会的编印专刊和展会目录等。

②传统电子媒体。主要包括电视和广播。

③新兴电子媒体。主要是以网络技术为支撑的新媒体，包括专业广告分类网站、门户网站的专业频道或会展频道、本展览会官网、展会 App。此外，互联网自媒体蓬勃发展，展现出极强的传播能力，展览会的宣传推广也应该有效利用微信、微博、快手、抖音等各种类型的自媒体。

④户外媒体。主要包括户外广告牌、灯柱广告牌、公交车车身广告、车载移动媒体以及同类展会的会场广告牌等;在目标企业和目标观众密集的办公区域进行海报招贴或者投放电梯间广告也有不错的效果。

(3)新闻宣传推广

新闻宣传推广是通过举办新闻发布会或在新闻媒体上发布新闻报道的方式对展览会进行宣传推广。新闻媒体权威性强,新闻报道的覆盖面广、可信度大,而且新闻采访和报道是免费的,所以新闻是办展机构特别重视的宣传推广手段。办展机构在展会筹备和举办期间,一般会设立专门的新闻宣传部门,专门负责与新闻媒体的沟通,邀请他们来参加新闻发布会和做新闻采访,为他们提供展览会的具体情况和数据。而且,新闻宣传推广应该贯穿展览会的整个过程,展前的新闻宣传侧重于展览会的基本信息、服务内容和活动安排;展中的新闻报道主要聚焦展会举办情况;展后新闻宣传的重点是展会效果和展会评价。

(4)活动宣传推广

活动是展览会宣传推广的重要手段,在招展招商领域也发挥着重要作用。主要的宣传推广活动包括演出活动、报告活动、论坛活动、评奖活动、晚宴活动、发布会(新闻发布会、产品发布会、技术发布会等)、说明会、交流会、推介会、座谈会等。根据宣传推广需要,办展机构可以在展前、展中、展后采用不同形式的活动。

二、展览会活动宣传推广

如前所述,活动是展览会宣传推广、招展招商宣传推广的重要手段,下面对其特点、原则以及部分展览会活动的策划方案进行介绍。

(一)展览会活动宣传推广的特点

1. 服务性

一方面,活动宣传推广是为展览会宣传和招展招商宣传服务的。活动宣传推广虽然有自己相对独立的目标、内容与效果,但总体上需要与整体宣传和招展招商宣传推广相协调;另一方面,展览会的很多活动宣传推广,比如新闻发布会、产品推介会、专业论坛活动等,是办展机构为参展商和观众提供的服务内容,是招展招商时对参展商和观众所作出的服务承诺。

2. 计划性

活动宣传推广作为整体宣传的组成部分和招展招商宣传的重要手段,在活动的设计与实施上需要与展会宣传计划、招展招商计划进行配合,需要注重活动时间安排上的合理性。展览前的预热活动不能过早,否则人们容易将活动内容遗忘,宣传推广效果不佳;在展览期间举办的论坛、产品推介等活动也需要与展览计划进行协调,不能影响正常的展览,新闻发布会、产品发布会等活动则需要选择恰当的时机，以期加大宣传推广影响和效果。展览会结束后举办的关于展会成绩的新闻发布会、关于展览效果评估的座谈会等则应该趁展会尚有热度时尽早开展，及时向社会通报相关内容和广泛收集参展商、观众的评价和建议。

3. 专业性

展览会的宣传推广活动应该以展会主题相关的专业活动为主，比如主题论坛、研讨会、交流会、推介会、产品发布会、技术发布会等。专业活动可以强化展览会主题，增强展览会的专业水准；同时活动本身的举办也应该展现出很强的专业性，这样才能够达到吸引参展商和观众的效果。比如主题论坛、研讨会、交流会主题和议题的选择往往具有很强的前沿性，所邀请嘉宾一般都是业内领先者和权威者；推介会、产品发布会、技术发布会邀请足够多的专业观众、专业媒体、普通媒体，作好从专业角度进行报道的准备。

4. 信息性

展览会的宣传推广活动是丰富展会信息的有效途径。展览会的本质是信息的交流场，参展商和观众参加展会的最终目的是获得有效信息，所以展览会能够为参与者提供的有效信息越丰富，参加者对展览会的满意度越高。展览会的宣传推广活动中大多数都是为参加者提供有效信息服务的，他们可以从论坛、推介等活动中获得产业最新发展动态和趋势、市场需求与消费者偏好等信息。

5. 参与性

有足够的参与者是展览会的宣传推广活动能够开展的必要条件，办展机构对宣传推广活动的策划都特别注重其吸引力。一般而言，主题活动以专业性增加吸引力；普通活动如开幕式、表演活动等则以趣味性增加吸引力；而在一些文化类、科普类和公益类展览中，所举办的活动还特别注重互动性，以有趣的互动和体验吸引参加者。

(二)展览会活动宣传推广原则

为了确保展览会宣传推广活动对展会宣传、招展招商起到更好的促进作用，展览会活动宣传推广策划需要遵循一定的原则。

1. 目标性原则

活动宣传推广的目标要与展览会整体宣传目标、招展招商目标一致，活动本身要符合展览会宣传和招展招商宣传的需要，要以满足参展商和观众的需求、吸引参加者为目标。活动内容不能脱离展览会主题和实际，否则将会导致展览会宣传和招展招商的混乱。

2. 协调性原则

展览会的宣传活动能够丰富展会的信息功能、发布功能、展示功能和贸易功能，并增强展会的趣味性和吸引力，所以受到办展机构的重视。但是特别需要注意的是，宣传活动策划不能用力过度，导致宣传活动喧宾夺主，影响了正常的企业参展和观众观展，而是应该与展览会主题和内容相互协调，从而起到锦上添花的效果。

3. 创新性原则

当前会展业竞争激烈，同质化的活动难以引起人们的注意。展览会的宣传推广活动必须从满足展会参加者的需求出发，在形式上、内容上、宣传渠道的组合运用上不断创新，以鲜明的特色和新颖的手段吸引参展企业与观众，增强展览会的影响力。

4. 可行性原则

虽然创新是宣传推广活动的生命力，但我们在强调活动创新性的同时还要注重活动的可行性，成功的宣传推广活动是创新性与可行性的统一。一方面，活动创新并不是天马行空、为创新而创新，创新必须紧紧围绕展会主题和展会需求，创新是为展会宣传和招展招商服务的；另一方面，创新往往是有成本的，所以进行活动创新还应考虑成本的可行性，要在宣传预算、招展招商预算允许的合理范围内。

5. 有效性原则

展览会的宣传推广活动应该通过系统地策划、组织和执行，起到良好的效果，达到预期的宣传和招展招商目标，这是宣传推广活动举行的基础。如果活动不能产生好的效果，甚至起到相反的作用，也就失去了宣传推广活动的意义。这要求办展机构进行宣传活动时必须谨慎周密，做好严格的可行性论证与策划方案，有序组织，严密执行并做好效果评估。

(三)展览会活动宣传推广策划

展览会活动种类多样，形式也比较灵活，下面我们选择新闻发布会、产品发布与推介会来介绍其策划要点。

1. 新闻发布会策划

新闻发布会是展览会新闻推广的重要方式，是办展机构定期、不定期通过新闻发布向新闻界传递信息和解释重大事件的活动。有时候参展企业也会利用展览会的平台举行新闻发布会。新闻发布会的策划，应该对新闻媒体议程、新闻传播途径、新闻话题设置、媒体运作机制有深刻理解。[①] 同时，我国对新闻发布会有严格的管理，一般采用申报和审批制度，办展机构应该按照地方主管部门(宣传部门)对新闻发布会的管理要求提前申请并提交材料。新闻发布会策划的要点主要包括以下内容。

(1)确定新闻发布会的主题和发布内容

新闻发布会要有明确的主题，如果主题不清，将会导致发布会议程的混乱，媒

---

① 参见肖葱、罗明志:《会展策划与管理》，华中科技大学出版社 2019 年版，第 79 页。

体也无法围绕主题进行有价值新闻的传递；新闻发布会的内容要具体，并且具有较强的新闻价值。如果没有新闻而只是通过举办新闻发布会进行宣传，不仅是一种资源的浪费，还会导致展览会信息传播的混乱。

(2)媒体邀请

一般按照发布会信息传播范围的需求邀请各级媒体，往往既邀请综合媒体也邀请专业媒体。很多展览会把相关媒体发展成合作媒体，邀请合作媒体参加新闻发布会相对较为容易，对非合作媒体的新闻发布会邀请则需要掌握一定的技巧。邀请的时间在新闻发布会前的三至五天，通常以邀请函的方式发出邀约，并在发布会的前一天做适度提醒；邀请时要适度制造悬念，引发媒体对新闻发布会的好奇；要注意新闻保密，不能在新闻发布会前将新闻内容泄露，否则媒体就失去了参加新闻发布会的意义。[①]

(3)确定新闻发言人

新闻发言人是办展机构中直接与新闻媒体进行交流的人，是办展机构和展览会形象的代表。在新闻发言人的选择上，要注重权威性、专业性和应变性。权威性指应该选择在办展机构中身居要职、能够代表办展机构和展览会的人，比如展览会宣传机构的负责人；专业性是应该选择对展览会相关领域和新闻传播领域具备一定专业知识的人；应变性是指面对新闻发布会现场和提问、采访等，具有较强反应能力和调控能力。当然，良好的形象气质和优秀的语言表达能力是新闻发言人的基本要求。

(4)记者提问环节准备

一般的新闻发布会在发言人结束发言后，会设置记者提问环节，为记者提供与发言人直接沟通的机会。应该为发言人准备答记者问的备忘提纲，或提前预估记者可能感兴趣的问题，也可以事先与媒体沟通征集他们想了解的问题，提前准备回答内容。

(5)资料准备

新闻发布会需要给媒体提供发布会议程安排、发言人讲稿、新闻通稿、发言人介绍资料、展会宣传资料等。有时还会为记者准备展览会纪念品。

2. 产品发布会和产品推介会策划

产品发布会和产品推介会是展览会中很常见的活动，是借助展览会平台进行新产品发布和推介的活动，有时是办展机构主办的，有时是参展企业主办的。参展企业主办时，办展机构主要起辅助和服务作用。比如很多移动通信设备制造商会选择世界移动通信大会(MWC)作为新产品、新技术的发布平台。产品发布会和产

① 参见肖葱、罗明志：《会展策划与管理》，华中科技大学出版社2019年版，第80页。

品推介策划的要点如下。

(1)确定主题

不论是办展机构主办还是企业主办,产品发布会和产品推介会都需要确定主题。该主题应该与展览会的主题一致。主题的确定需要办展机构与参展企业进行沟通,既能够体现行业特点和市场发展趋势,又能够满足参展企业的需求。

(2)确定时间和地点

办展机构需要根据展览会时间安排,在不影响正常展览活动的基础上,策划产品发布会和产品推介会的时间;有时展览会期间要举办不止一个产品发布会和产品推介会,需要统筹安排展会期间所有发布推介会的时间安排,避免混乱。产品发布会和产品推介会的地点一般选择展会所在会展中心的大型会议厅,或者会展中心附近酒店,并根据参展企业的要求和发布、推介产品的特点进行布置和装饰。

(3)邀请观众和媒体

根据参展商的需求和招商数据库,确定产品发布会和产品推介会的观众,并提前发送邀请函进行邀约;发布会需要媒体报道,所以还要做好媒体邀请计划。

(4)流程策划

综合考量产品发布会和产品推介会的主题、企业的需求和发布会的时长,对发布会的现场流程进行策划。主要包括产品发布会和产品推介会入场与开始仪式、发布或推介产品的介绍和演示环节、回答观众和媒体提问环节,中间会穿插产品介绍性视频的播放,有时候还会组织表演、抽奖等小活动调动现场气氛。产品发布会和产品推介会结束后,一般会组织观众和媒体到相应展区参观、请专业观众参加发布和推介产品的合作意向洽谈等。

本章小结

1. 创新既是招展招商策划的特点之一,也是招展招商的原则之一。在招商招展策划过程中,展区划分、相关文案撰写与设计、宣传推广等环节是体现创意与创新的重点。

2. 招展前的准备工作包括收集参展商信息、展区与展位分配、招展进度安排等环节。

3. 利用代理商开展招展工作是办展机构拓展招展业务、提高招展效率的重要手段。招展策划需要考虑并决定招展代理商的选择、代理方式、代理佣金、代理期限等问题;招展分工主要分为招展单位的分工和本单位的招展分工两个板块。

4. 招展方案是对招展工作的总体规划,一般来说,一份完整的招展方案主要包括行业分析、展区和展位划分、招展价格、招展代理、招展分工、招展函的编制与发送、招展宣传推广、招展预算、招展进度安排。

5. 收集招商信息是招商工作的第一步，可以从专业媒体、行业协会或商会、同类展会、参展企业、政府有关部门和往届展会等渠道收集专业观众信息；专业观众分析是招商工作的重要基础，可以从观展目的、展览信息获取渠道、观展决策影响因素、专业观众所在企业与行业的市场分析等角度进行。

6. 招商策划方案的制定一般包括招商方式、招商分工、招商渠道、展会通讯和邀请函制作、招商宣传推广、招商预算和招商进度安排等几个部分。

7. 宣传推广是招展招商工作的重要环节，对推进招展招商、优化招展招商效果、扩大展览会影响力、塑造展览会品牌等有重要意义；宣传推广要根据展览会营销需要、招展招商需要，在展前、展中和展后等不同的时间段调整工作的重点；宣传推广对象的确定、宣传推广内容的设计、宣传推广手段的选择与组合是策划的要点。

8. 宣传推广活动具有服务性、计划性、专业性、信息性和参与性，为了确保展览会宣传推广活动对展会宣传、招展招商起到更好的促进作用，展览会活动宣传推广策划需要遵循目标性原则、协调性原则、创新性原则、可行性原则和有效性原则。

思考与练习

1. 目标参展商信息收集渠道有哪些？
2. 展位分配有哪些方法？
3. 招展代理有哪些方式？
4. 结合实例，撰写一份招展策划方案。
5. 可以从哪些角度进行专业观众分析？
6. 结合一个具体的展览会，制作一份观众邀请函。
7. 展览会宣传推广的手段有哪些？请结合实例进行说明。

案例分析(一)

第八届山东国际文化产业博览交易会的展区和展位划分

山东国际文化产业博览交易会，是山东最高规格的文化产业展会，创设七届以来，已经成长为展示山东文化产业发展和文化体制改革成果的重要窗口、引领山东文化产业发展的重要引擎、推动中华文化走出去的重要平台。2019 年 9 月 19～23 日，由山东省委宣传部、山东省文化和旅游厅、济南市人民政府主办的第八届山东国际文化产业博览交易会(简称“山东文博会”)在山东国际会展中心举办。本届山东文博会主题为“壮丽七十年　盛世文博汇”，目标是紧紧围绕庆祝新中国成立 70 周年，创新办展办会方式，坚持稳中求进、守正创新，重点展示全省文化体制机制改革成果和文化产业发展新成就；发挥文博会的平台聚合作用，提升市场化、国际化、专业化、信息化水平，强化“双招双引”、项目推介和产品交易功能；充分利用互联网、物联网、人工智能等现代科技手段，坚持线上线下联动，做大做强做优文博会品牌。

紧扣主题和办展目标，本次文博会展览面积达10万平方米，共设八大展馆，展区包括国家工艺精品展区、“一带一路”展区、创意设计展区、沿黄省区特色文化产业联展区、文化产业综合展区、“文化十”展区、新动能新业态·新媒体展区、文化传承展区、家文化展区、书画精品展区等。

其中，“一带一路”展区是为了发挥山东作为新欧亚大陆经济走廊东部主要节点大省的地理优势，深度融于“一带一路”建设，推动海内外联动，进一步加强山东与世界各国间的交流与合作而设立，最终吸引了51个国家和地区的参展商；沿黄省区特色文化产业联展区为本届文博会首次设立，目标是发挥山东在沿黄省区中这个唯一沿海省份的优势，助推沿黄经济发展，共同打造黄河文化产业带，陕西、河南、宁夏、内蒙古、山西、甘肃、青海、四川沿黄8省区反应热烈，全部参展；新动能新业态·新媒体展区重点聚焦新旧动能转换，集中展示文化与旅游、科技、金融、海洋、现代农业等产业融合发展，特别是文化与大数据、云计算、人工智能等高新技术的融合，推动文化产业新兴业态发展。华为、小米、大疆创新、腾讯、新浪微博等等一大批代表文化科技融合发展最新成果与前沿水平的龙头文化科技企业参展；文化产业综合展区和“文化十”展区展示了全省16市、24区县文化改革创意成果。

资料来源：《2019山东文博会从容走来》，2019年9月18日，https://sd.ifeng.com/a/20190918/7543787_0.shtml。

☞ 问题

1. 第八届山东国际文化产业博览交易会的展区划分给我们什么样的启示？
2. 尝试思考，如果由你进行展区划分，你将如何创意策划？

案例分析(二)

2020首届中国国际文化旅游博览会的活动推广宣传

2020年9月17日，由中国文化产业协会、中国旅游协会主办，山东省文化产业发展协会、山东省旅游行业协会承办的首届中国国际文化旅游博览会在山东国际会展中心举办，主题为“促文旅融合　展全面小康”。作为文化类展会，中国国际文化旅游博览会开展之前，主办方策划举办了大量的宣传推广活动。

首届中国文旅博览会共认定济南市14家文化企业、园区等作为本届博览会分会场。各分会场精心策划准备39项前哨活动，涵盖展览、表演、市集、讲坛、比赛等展示交流活动，让更多市民在“家门口”即可看演出、赏民俗、观美景、玩文创。

（一）非遗、民俗、文创，“家门口”博览盛宴等你来

济南国际文创产业街区广兴书场开展“首届中国文旅博览会曲艺专场”，推出评书、山东快书、相声、快板书、单弦、山东琴书、古彩戏法等节目，并增设非遗项目展示、体验等活动环节；五龙潭景区则以“‘秦琼’的小康生活”为主题，推出以传统技艺、传统美术、传统魔术等10个非遗项目及文创产品为主题的活动，以非遗展现济南人的小康状态；在槐荫区中央广场举办“第三届中秋拜月大典”，引入泉城兔子王等济南传统文化符号，围绕传统民俗文化、祭拜月亮等元素，通过节目表演、艺术展示、氛围互动等形式融合开展，烘托中秋节气氛；山东省会大剧院策划推出“泉声曲韵”戏曲名家名段演唱会，邀请京剧、豫剧、黄梅戏、越剧名家齐聚泉城，带来精彩的戏曲盛宴。

此外，高新区举办的“泉韵二安・礼赞济南”设计大赛、商河县的“第六届济南市花卉园艺博览会暨第三届济南都市农产品博览会”、山东省图书馆的“稼轩豪放・纪念辛弃疾诞生880周年书画展”也格外引人注目。

（二）文旅、消费、赏景，突出产业融合发展趋势

在本届博览会上，各分会场以融合发展为切入点，全面展示文化和旅游、传统媒体与新媒体融合最新成果。

其中，钢城区艾山街道立足于文化旅游融合发展趋势，通过龙凤文化、中草药文化传统、红色文化、商品文化等多种文旅要素的汇集，展示文旅产业新业态，举行龙韵田园文化旅游节；东方玫瑰花乡景区通过菊花扎做主题景观造型，烘托出吉祥华美、太平喜乐的主题寓意，同时引进近百种菊花品种，让广大游客观赏、了解菊花知识及其药用价值；红叶谷生态文化旅游区景区以“第二十届红叶节”为主题，打造“五彩斑斓”“万山红遍”“万叶漂丹”赏红叶活动，围绕IP、新文创、民俗三大类，多领域开展活动。

（三）民谣、潮展、泉水节，国际范十足专业化程度高

为了突出国际化、专业化特色，进一步凸显办展水平和国际影响力，博览会分会场举办各类国际范十足、专业化程度高的活动。

其中，山东国际时尚创意中心以“山东国际球鞋潮流嘉年华”为主题，打造一场规模空前的球鞋潮流文化展，助力济南打造国际时尚新名片；博越星光广场打造活力泉城“谣夜”生辉——音乐助力夜经济系列活动，演唱曲目不仅有流行的国际味，古风古韵的中国味，更有地道亲切的济南味；济南文旅发展集团以“泉水盛宴系列”为主题，打造一系列敬泉、戏泉、亲泉、品泉活动，其中包括奥体中心啤酒节、泼水节、敬泉大典、儿童军事演习等9项系列活动。

丰富多彩的“前哨活动”与主会场展览展示形成良好互动，让观众在家门口感受博览会精彩，使博览会空前“热闹”和“盛大”，有效扩大了展会影响力，提高市民参与度，吸引了更多观众。

资料来源：《看演出、赏民俗、观美景、玩文创！39项系列活动打响首届中国文旅博览会“前哨战”》，2020年8月27日，http://news.ijntv.cn/jn/jnms/2020-08-27/622242.html。

☞ 问题

1. 结合案例，讨论说明展览会活动宣传推广的特点和原则。
2. 选择案例中的一个分活动，尝试为其写一份简单的活动策划。

第五章　展览会现场服务策划

学习导引

会展业除了硬件设施、配套设施完备和展会流程规范化以外，展会服务质量的优劣已经作为衡量展会是否成功的一个重要标志。会展业属于服务业范畴，服务质量的好坏需要引起行业内的重视和关注，没有一流的服务就不能办好一流的展会。

本章介绍展会现场服务的各个组成部分：布展、开幕式、撤展等内容。随着近年来会展业的发展，展会的现场服务业更加注重细节，通过本章的学习能更加了解展会现场服务的重要性。

学习重点

通过本章学习，重点掌握以下知识要点：

1. 展会现场服务的内容。
2. 展会现场服务的基本特征。
3. 展会现场服务的原则。
4. 展会开幕式策划流程。
5. 展会撤展环节内容。

展览会现场服务是展览方案实践后的重要环节，它主要表现在对参展商和观众的优质服务上，也是直接反映和衡量办展水平的必要环节，应当受到展览会组织者的高度重视。

本章节对展览会现场策划理论及流程的阐述，具有很强的实践性和逻辑性。重点围绕展览会现场服务的各个环节，涵盖从开幕式、布展到撤展等后续工作，体现展览会现场服务注重细节的特点。

第一节 展览会现场服务概述

当今社会,服务市场的发展非常迅速,现代服务业主要可以分为两大类:一类是基础性服务,如金融业、房地产业、法律服务业等;另一类是新兴服务业,如信息服务、现代物流、网络传媒等。会展业属于新兴服务业的范畴,检验展览成功与否的重要标准就是展览现场服务,其服务质量影响参展商与观众对展览的总体评价与满意程度。

一、展览现场服务的含义

广义的展览现场服务是指展会发挥联动效应,通过健全公共政策、完善协调机制、提供保障服务、扩大媒体宣传等方式,用高质量的服务吸引参展商、营造优质参展环境、满足观众需求、塑造展会品牌。广义的展览现场服务强调将政府、城市、会展协会、会展企业联系起来,通过现场服务来实现会展业的整体快速发展。

狭义的展览现场服务是指在某项会展活动中,组展方对展览会的总体管理,包括展位搭建、展具租赁、展品物流运输、展览安保秩序维护、保洁服务等,还包括参会人员参展期间吃、住、行、游、购、娱的服务管理。狭义的展览现场服务还包括展览的间接服务,也就是通过其他服务商来提供的服务。

二、展览现场服务的内容

展览现场服务内容繁多,不同的服务内容有相应的服务对象,为了使展览策划人员更加全面地了解展览现场服务的内容,可以按照以下的方式进行划分。

(一)按照展览现场服务的对象划分

按会展服务的对象划分,会展服务可分为对参展商和对观众的服务。

1.对参展商的服务

优秀的展会不仅要有众多的参展商,而且要有所属行业领域的重量级企业的参展商,他们应是主办方关注的焦点。展览主办方在展会前期就需要了解和锁定参展商。在展览销售管理阶段,既要落实个性化招展工作,沟通确认参展商参展要求,又要围绕他们的参展要求进行营销。对参展商的服务主要包括物流服务、翻译服务、通信服务、食宿服务、会展旅游服务。

(1)物流管理

会展物流是将展品从参展商所在地运输到展出所在地,在展览结束后再根据要求运送到下一个地点的过程。展品的运输过程非常复杂,也是参展商参加展览的重要环节。主办方通常采用有经验的物流服务商进行展品的运输,与这样的物流服务商合作，服务质量、安全性有一定保障，可省去参展商的后顾之忧。会展物流服务项目包含商品包装与装箱、展品运输、运输保险、展品装卸等。

（2）翻译服务

在国际性展会中，展会主办方在展前可以根据参展商的需求为其配备翻译人员，或者在展览过程中及时提供相应的翻译服务。翻译服务主要有以下几种：一是各种陪同、会谈、会议、展会的口译交流、同声传译服务；二是速记服务；三是语言文字的记录、翻译、排版、编辑等其他翻译增值服务。展会主办方需要对翻译服务的质量进行把关，及时和参展商进行交流，尽量了解商品及商品的作用，译者需熟知商品官方网站信息、产品目录，也可上网搜索有关商品介绍以加深对商品的理解，同时也要做好外贸知识的储备。

（3）通信服务

展会举办过程中的通信服务包含电话服务、网络服务、传真服务、视频会议服务等。其中，网络服务成为商务活动中的重要环节。展览现场不仅要提供无线网络覆盖，并且伴随大数据、互联网的发展，还要能满足参展商线上直播、云会议、移动 App 等设备的顺畅使用。

（4）食宿服务

通常，展会主办方在展会举办前就与参展商沟通，根据其要求提供各种类型的食宿服务。参展方可以选择距离展会的远近、住宿环境、价位等，并且可以对住宿过程中产生的问题进行反馈，展会主办方需要及时协调，满足参展商的需求。餐饮服务需要掌握参展商的饮食习惯、菜肴和酒水服务知识，以提高餐饮接待服务的质量和效率。

（5）会展旅游服务

会展旅游是伴随着会展业的发展所出现的一种在参观会议、展览的同时参观、游览及考察的专项旅游产品。会展旅游所服务的参展商大多是参展企业中的高层次人员，他们对食宿的要求较高。所以，在会展旅游这一环节中，这类型参展商在目的地停留时间长、文化素质高、见识广、消费水平高，这就使得在服务过程中需要提供高质量的旅游产品以满足其需求。

知识活页

广交会数字服务平台

每届广交会都会聚拢全国及全世界的商人在此会面，可见其对广东乃至全国范围来说都是一件头等的经济大事。既然在广交会期间有那么多人进入广州琶洲展馆或周边工作，那我们就来谈谈当展会翻译时需要知道的事情。

一、展会翻译的相关准备

(一)熟悉公司产品

需要了解厂家所卖产品的材料、尺寸及行业相关术语等，这些可以从他们的网站或宣传资料上得到并提前预习，条件允许的话，可以让参展公司对你做一些简单的“培训”，帮助你更好地了解产品，这样介绍起来就更得心应手了。

(二)了解公司的发货规则

这需要事先和用人单位沟通好，了解公司产品的起订量，以及在哪些地方有经销商、买多少量会有折扣等，因为这些是客人经常会问的实际问题。

(三)了解公司的信息

如公司的地址、规模、能否参观工厂等。

(四)熟悉产品报价

对产品的价格包括人民币价格和美元价格都要知道，零售价及批发价也要烂熟于心。

二、辅助方面的准备

(一)手机上安装实时查询汇率的App

很多时候国外的采购商都习惯让你以外币报价，如果每次换算价格都需要等上一段时间就很影响采购体验了。

(二)充足的休息及足够的饮水

做翻译基本是个体力活，一定要休息好，保持体力。

(三)提前熟悉展会场地

琶洲展馆场地十分大，而且分为A、B、C三区，每个区对应的地铁出口又不一样，并且每个馆都有好几层，一开始去的人都很容易迷路。所以建议如果不熟的话，可以提前到广交会官网上查好路线。

三、翻译工作中的注意事项

(一)留下客人的联系方式

不管是厂家还是其他任何公司参加一个展览，无非是想获得尽可能多的潜在客户的联系方式，并让自己公司被别人知道。所以展会翻译的一大职责就是在介绍完产品、报完价后在客人离开展位前要到他们的联系方式，也要把自己公司的联系方式给到对方。

(二)你不只是接待外商

虽然是以翻译的身份接受这份工作，但老板永远希望你能招呼好每一个进展位的客人。如果摊位里同时进来一名外商和国内商人，翻译理应先接待外商，因为其他的销售员会接待国内客人；但如果外商较少的情况下，进来的都是同胞，也该热情地去迎接。如果接待了外商,可以问他们从哪里来,从他们来的地方判断出他们是否来自主要的目标市场,也可根据他们所在地区的口味推荐相应风格的产品。

(三)随时要坐下来做谈判桌上的翻译

如果遇到一些购买意愿特别强的外商时,你就需要在公司那边的负责人与外商之间协助沟通,并注意金额之间的切换及提高反应速度。

(四)尽量给客户提供更多的选择

客户要开始选产品的规格材料时,尽量给他们提供更多的选择,比如一款布做的产品,可以告诉他们,我们还能够做成别的材质啊,还有不同颜色可以选啊(前提是向公司确认了能够这样改)。

资料来源:《从广交会谈:如何玩转展会翻译》,2017 年 4 月 3 日,https://www.sohu.com/a/131757094_568439。

2.对观众的服务

展会的顺利召开还需要对参展的观众进行服务,参展观众包含专业观众和一般观众。从前期的招商招展,到展览过程中的观众服务,都应该尽量满足观众的需求,营造良好的观展体验。

(1)交通服务

展览会的召开吸引各个地方的观众来参加,能否保证观众顺利到达展会举办地是首先要解决的问题。对于采用不同方式到达展会现场的观众需要提前告知路线,安排不同的交通方式,并采用详尽准确的方式进行表述。在前往展会现场的过程中,也要注意通过道路、交通工具、移动互联网等途径进行提示,保证观众顺利、及时地抵达展会现场。

(2)咨询接待

咨询接待是展会现场服务的无形资产,是展会品牌构建的重要组成部分。优质的咨询接待服务能够给观众留下很好的印象,并建立良好的信任感。

知识活页

2022 厦门国际照明展览会交通指南

一、2022 厦门国际照明展览会地点

厦门国际会展中心(厦门市思明区会展路 198 号)

二、交通指南

(一)市外抵达厦门后如何到厦门国际会展中心

1.机场接驳线:厦门T3/T4机场大巴接送点—厦门国际会展中心(直达),6:18—22:00,10元。

2.高铁站:可使用微信/支付宝扫码进站上车。

(1)厦门北站(地铁):搭乘地铁1号线(往镇海路站方向)到莲坂站,出地铁2号口,步行约160米到达莲坂外图书城公交车站,转乘30路公交车到会展路站下车,步行460米到达展馆。

(2)厦门北站(地铁):搭乘地铁1号线(往镇海路站方向)到吕厝站下车,站内换乘地铁2号线(往五缘湾方向),到软件园二期站下车,出地铁3号口,步行约1.9公里到达展馆。

(3)厦门北站(BRT快速公交):搭乘厦门北站(BRT)站快6路,到达前埔枢纽(BRT)站下车,步行约50米到国贸新城公交车站,乘坐855路(或91路、58路、109路、942路)到明发新城站下车,步行约620米到达展馆。

(二)市内如何到厦门国际会展中心

1.公交巴士:步行270米到厦门站公交车站,乘坐19路公交车到文兴东路站下车,步行约700米到达展馆。

2.BRT快速公交:步行520米到火车站(BRT)站,乘坐快3路/快7路公交车到前埔枢纽(BRT)站下车,步行约50米到国贸新城公交车站,乘坐855路(或91路、58路、109路、942路)到明发新城站下车,步行约620米到达展馆。

资料来源:《2022厦门国际照明展览会地点(附交通指南)》,2022年6月29日,http://xm.bendibao.com/xiuxian/2022629/73625.shtm。

(二)按照展览现场服务的时间划分

按照提供服务的时间划分,会展服务可分为展览前期服务、展览现场服务和展览后期服务。

1.展览前期服务

展览活动正式拉开帷幕之前,向参展商、观众等提供的相关服务叫前期服务,旨在为参展商、观众参加展览提供条件并做好准备。例如,展览筹备情况通报、展品运输、参展者观众咨询、展示设计等。

2.展览现场服务

展览活动从正式开始至结束过程中,为参展商、观众等提供的相关服务叫做展览现场服务,它以满足参展商及观众的吃、住、行、游乐和满足展览业务活动发展需求为宗旨，以确保会议及展览活动的顺利开展为目标。比如现场的安保工作、保洁服务、观众报到登记、住宿的安排等等。

3.展览后期服务

展会结束时，主办方为参展商、观众等进行的后续服务叫做展览后期服务，旨在巩固展会成果并使参展商满意整个展览活动。例如，会议最后文件的印发、会议信息的反馈、会展文件的收集归档、撤展、邮寄会展总结、通报会展成交情况、介绍会展参展商和观众的来源及构成、安排商务考察或观光旅游等。

（三）按照展览管理内容划分

展览现场服务按展览管理内容可划分为：登记接待服务、展览展示服务、场馆秩序与安全、展览后勤保障。

1.登记接待服务

登记接待服务主要是指对参展商、观众等利益相关方的进场和接待服务工作。

2.展示服务

展示服务主要是指为参展企业提供展位、展具和展品的设计、搭建、解说咨询服务。

3.场馆秩序与安全

场馆秩序与安全主要是指展览举办过程中的人流控制与服务、场馆引导服务、场馆公共安全、消防设施管理等。

4.展览后勤保障服务

展览后勤保障服务包括物流运输管理、场馆保洁服务、场馆周边运输，以及相关的餐饮和住宿服务。

三、展览现场服务的基本特征

展览现场服务也是现代服务业的重要组成部分，与一般服务相比，既具有一般服务的共性，同时又具有一定的特殊性。

（一）展览现场服务的基本特征

1.即时性

在服务过程中，服务和生产消费是同时发生的，但服务产品又存在不可储存的特点。观众在参展过程中，能切身感受到服务质量，这将有助于展览组织者与观众之间的直接沟通与密切联系。但是，许多服务只能够在一定时间内为顾客提供，而无法提前进行生产储备。所以，服务的过程需要注意每一个环节，不能因为服务方或客观环境的因素影响服务质量。

2.无形性

展览现场服务和一般服务一样存在无形性。在服务的过程中，参展商及观众很难辨识这些无形性服务，并且服务质量难以衡量和把控，对服务的评估更多是靠自己的感受来完成，所以服务投诉有一定难度。

3.差异性

展览现场服务以各类参展商和观众为对象，这就造成了服务的差异性。主要体现在：一是因服务人员在服务经验、个人素质、技术水平上有所差异，即使是相同服务内容被不同服务人员所运作也可能产生较大差别；二是相同人员在从事相同服务时，因服务对象的心理状态的不同而导致服务质量的波动；三是顾客个人预期与享受服务体验的差异也导致了他们在评价服务时产生差异性。

(二)展览现场服务的特殊性

1.展览现场的服务强调专业性

会展业在展览、会议、节事活动发展的基础上，将经贸、娱乐、表演、节庆、旅游等多种活动结合到一起，极高的综合性就要求展览现场服务需要体现更强的专业性。服务人员在具备基本的展会服务能力的基础上，还需要掌握文化、市场、礼仪、营销等现代服务理论，以提供更全面、细致、周到的服务。

2.展览现场服务注重高效协调工作

展览现场服务不仅要面向背景复杂的参展商和观众，还需要在服务过程中协调众多部门。展览前、中、后期都需要与各个部门联系，既要保持高效率的沟通，又要满足服务对象的需求，以共同完成高质量的展会。

3.展览现场服务彰显人文关怀

展览现场提供的服务需要注重人性化与个性化。每个客户的需求各不相同，整个展览的服务阶段都要以客户的需求为宗旨，切实满足在展览筹备、日程安排、食宿、交通等方面的一切需求，提供无微不至的人性化服务。

4.展览现场服务紧跟行业、技术发展

展览现场服务离不开行业、技术发展的支持，现代化的现场服务通过新型科技手段能够更好地服务参展商和观众，并且能够掌握最新的展览数据，从而为展览的顺利举办提供支持。

四、展览现场服务的原则

展览现场服务涉及面广，内容繁多，展览策划人员需要确定明确的目标才能使展览现场服务有条不紊地开展。在展览举办的过程当中，还存在一些不确定及不可控因素，将影响展览的顺利举行，因此组展方需要对各类危机做好预测和处理预案，防患于未然。

(一)合作共赢原则

展览现场服务工作内容复杂且专业，作为主办方在承担前期策划工作的基础上,保证展览顺利进行的重要环节就是展览现场中的高质量服务。主办方通过与各相关组织部门、外包服务商进行有效的合作和协调,共同制定服务管理的制度和监督机制,才能顺利、圆满地完成整个展览活动,从而获得多方共赢的良好局面。

(二)负责人制度原则

展览现场活动具有极强的组织性、灵活性,各个部门要保证本部门工作顺利并能和其他部门有效合作,就需要有专门的负责人进行管理和沟通。通过详尽的工作安排,明确各自的职责,避免现场出现相互推诿导致服务效率低下的情况。

(三)多方监督核实原则

展览工作的复杂性和综合性决定了在展览流程中涉及多个部门的情况下,需要有审核、监督的程序。这就需要在展览前制定相关的政策和流程规章,通过多方核实和监督,杜绝出现服务不到位时找不到原因的情况。

(四)信息沟通原则

每一项工作负责人还需要及时跟进、更新工作信息,了解客户最新情况,并与相关部门保持畅通的信息交流,针对有可能出现的展览危机,及时进行反馈,集多个部门的力量,将各类展览潜藏的危机化解于萌芽初期。

(五)应急预案原则

根据展览举办经验、展览特点等,某些展览危机是可预测、可把控的。因此,组展方应该做好相关危机预案,有效控制各类不良因素,保障展览的顺利举行。

(六)时间掌控原则

一般展览的持续时间有限,馆内人员、物资流动性大,且现场活动时间安排紧凑。因此,组展方在处理各类服务工作时,还需要注意时间的有效性。[①]

五、展览现场服务的要求

(一)全面、全时效服务

展会现场服务是覆盖展览活动、信息沟通、商贸洽谈、论坛举办、观众邀请等软性服务,以及场馆水电供应、交通食宿安排、展品运输保管、展场布置安排等硬件服务的全程活动。不仅覆盖内容复杂,而且时间跨度长。在服务过程中,需要随时随地为参展商和观众提供各种服务以满足其需求。展览现场服务如果在这些环节中出现服务链的断裂,那么会对展会造成不利影响,甚至对未来招商招展的顺利进行埋下隐患。只有全面、全时效服务才能使参展商和观众感受到无微不至的优质服务。

(二)严格把控服务细节

展览服务的对象有老客户,也有新客户。如果接待新客户,就需要在短时间的

---

① 参见吴志才编著:《会展策划理论与实务》,经济管理出版社 2016 年版,第 260～263 页。

接待过程中，准确地了解对方的职业、身份、兴趣、爱好等，并迅速做出判断，为其提供切实有效的服务。展览会服务能否成功的一个重要衡量标准是在顾客参加活动时是否能愉快地接受你所宣传的理念并乐意接受你的服务。为此，展会服务提供者在为客户提供服务时要做到热情周到、细致入微。要实现令顾客满意的服务目标，必须以自身不懈的努力，关注每一个服务的细节，倾心打造，才会有回报。

（三）坚持真诚服务态度

展会现场服务对服务者的专业程度、服务态度都是极大的挑战。其中大量服务表现在与参展企业和客户直接的沟通过程中。现场服务人员要在展会上引起客户的关注和赢得客户的信赖，就需要明确参展企业和客户是平等互利的关系。只有坚持发自内心地尊重客户，才有可能赢得客户的尊重，从而保证交流和沟通的顺畅。

从事任何业务或者开发任何新客户都离不开真诚相待。无论是对待新客户还是老客户，展会服务人员在工作中都应该注意尊重客户的建议，让客户感受到被诚恳和尊重地对待。这样才能让他们心甘情愿地和你打交道，并积极地配合。展会中一旦获得顾客青睐，展会服务人员一般都能留下其联系方式。展会之后，继续保持联系，以此与顾客建立顺畅的沟通渠道。如果展会服务人员在展会期间向顾客承诺某些服务，那就必须按时兑现诺言，并保持沟通和跟进，以此来为未来的深度合作打下良好的基础。

六、展览现场服务的创新

展览现场服务需要根据时代、行业、市场的发展及时寻求新的发展思路，具体可以从以下几个角度进行创新。

第一，积极主动提供“量身定做”的服务内容。展览服务工作的主办方在提供服务方面经过长时间的过程容易形成惯性思维，对服务对象的流程通常采用同一种方法来处理，这就导致了被动接待服务的情形。尤其有的大型会展场馆常年进行接待，展馆服务不能保持积极主动的态度，长此以往，就丧失了服务意识。不管是哪种类型的展览主办方，都应该意识到在整个展览过程中服务的重要性。主办方是展览的生产与消费的枢纽。因此，主动参与展览的生产与消费，切实研究主办方、参展商、观众的需求，对组织和岗位进行切合实际的设计与灵活、弹性的管理，对展览服务管理工作积极主动，并提供“量身定做”的服务，是创新发展的重要途径。

第二，采用先进项目管理提高服务质量。展览主办方企业或者会展场馆在组织结构上如果是垂直的、直线式的管理体制，那就有可能导致项目运行时不能科学、严谨地提供服务。虽然有些主办方导入了项目管理的有关理念和办法，但组织上的矛盾还比较多,并未形成良好运行的组织结构。展览现场服务的过程会反映出主办方管理理念的先进程度。尤其针对展览的负责情况,科学的项目管理可以保证展览的顺利进行。展览主办方可以借鉴成功案例以推进自身管理体制的改革,比如慕尼黑新国际博览中心就基本采用了职能型与矩阵式相结合的组织结构。但中国的展览和展览场馆还有很多不同的实际情况,因而更值得探索。总的来看,由垂直到扁平、由直线到网络,应当是值得探索的创新发展方向。

第三,注重科学改善服务质量。近年来,展览主办方意识到提高自身服务质量是保证项目顺利进行的重要手段,并且采取一定的改革措施,但收效不大。例如,有些展会服务发放统一服装、佩戴工牌,并对员工服务礼仪进行培训。即便如此,展览现场服务的质量却没有明显的提高,反而使员工在服务过程中过度关注形式化的服务,忽略了服务的本质。展览服务意识的提高需要通过制定科学的措施,将服务意识渗透进员工培训、上岗考核、过程管理、绩效考核等环节,并形成团队合力,真正推进各场馆服务管埋的科学化。

知识活页

浅谈展会服务质量——以广交会为例

现代企业如何在千变万化的市场环境中保持长期的竞争优势是当今市场经济首要解决的问题。无论对于什么行业来说,服务质量作为一种典型的不可见资源,都是企业长期保持竞争优势的核心因素。对于会展业而言,优质的服务是参展商和观众在展会上得到高质量服务体验的一个关键因素。进一步而言,服务质量是会展业可持续发展的关键因素。

一、广交会服务质量存在的问题

(一)展馆内部设施不够完善

虽然我国会展业的硬件质量越来越高,但广交会展馆内部设施还需要进一步完善,如网络服务设施。在第 112 届广交会问卷调查中,参展商和观众提到最多的问题就是网络服务问题。由于不能免费享有无线宽带服务,众多参展商和观众对主办方表示不满。调查发现,37%的参展商和 45%的采购商对展馆网络服务给予"比较差"的评价。网络服务是基本的展会服务,展会主办方不应为了自身经济利益给参展商和观众带来不便。

(二)展会专业服务质量有待提高

第 112 届广交会调查数据表明,广交会的参展商对展会专业服务质量的评价不乐观。22%的参展商给予“比较差”的评价,“比较好”的比重仅为7%。目前广交会为参展商提供专业的展位搭建和展具租赁服务的公司比较多,但主场搭建商多为展会主办方指定,导致展商选择面比较窄。此外,广交会的展样品运输以及搬运服务也有待改进。展览运输主要包括来程运输和回程运输这两个环节,对于海外参展商来说,这两个环节都涉及海关报关等问题,但广交会主办方却忽视这些问题,导致众多海外参展商表示不满。

(三)客户服务中心提供服务不够及时和有效

第112届广交会期间,参展商和采购商遇到问题时找客服往往不能得到及时和有效的解决方案。比如,遇到摊位电话机故障、展位照明灯损坏、洽谈桌椅缺少等问题,参展商到客户服务中心提出更换或者维修时,往往不能及时得到满意的服务。

(四)广交会从业人员素质良莠不齐,专业化人员培养滞后

广交会的一线服务人员和固定员工比较少,有些工作人员是从企业调过来的,有些是从社会上临时招聘的服务人员,还有一些是从高校临时招来的兼职人员和实习生;另外,办展期间还大量招聘志愿者,造成工作人员的素质参差不齐。在第112届广交会中,众多参展商和采购商反映服务人员对展馆地理位置不熟悉、广播员的普通话不标准、工作人员的表达能力较差、办证时间过长并且处理不灵活等,表明工作人员的专业水平不高、工作效率较低。此外,客商也反映食堂服务人员、搬运服务人员、清洁人员的服务态度较差,这严重影响了展会的服务质量和形象。

二、提高展会服务质量的对策

(一)进一步完善内部设施

展会主办方应增加网络接入口或设置免费上网服务设备,进一步了解参展商和采购商的网络需求,为他们提供网络通讯服务,以便于其及时获取外界交流信息和洽谈信息。此外,应设立多个展馆内休息处,在没有设立展台并且不妨碍出入的区域增设一些固定座椅,以满足广大观众的需求。

(二)加强展会专业服务

展位的搭建以及展具租赁工作是一项专业性较强的工作,也是一项关系到整个展会质量和形象的重要工作,主办方必须予以高度重视。应指定几家专业的展具和搭建价位合理的、对展览场地及设施熟悉的商家来负责这些服务项目,展会主办方负责监督工作。与此同时,应加强展品运输管理。运输管理对于整个展会的顺利进行起着重要作用,参展商的展品只有安全及时地到达展会现场才能按照原计划布展和展出。因此展会主办方应指定专业的运输公司来负责展会的展品运输工作,为参展商提供便利。

(三)注重服务标准化与个性化相融合

在激烈竞争的市场压力下,会展企业把制定明确的服务标准看作企业稳定发展的核心。会展企业把展会的服务程序、规章制度等进行量化,使工作人员在提供服务时有标准可依。但在实际情况中,不同的参展商和观众所需要的服务可能存在很大的差异。因此仅仅靠标准化的服务是不能为全部客商提供完美服务的,服务人员还应根据参展企业的个性需求随机应变,提供个性化服务。

(四)加强工作人员的培训,提高软件服务质量

在展会举办之前,对展会的工作人员,尤其是临时选拔的志愿者和来自高校的实习生和兼职生进行专业培训,可以使他们明白职责和任务,了解展会服务流程和展会运营的基本情况。对工作人员的培训内容除了基本知识和技能以外,还包括服务意识。通过培训加强工作人员的服务意识,使其能够切实践行服务至上、顾客至上的理念,真心实意地为参展商和观众提供高质量的服务。与此同时,通过培训和训练明确客户服务人员的职责,使其提高处理问题和随机应变的能力,及时有效地解决参展商和观众遇到的问题。

资料来源:金慧贞、庞华:《浅谈展会服务质量———以广交会为例》,《长春师范大学学报》2015 年第 1 期。

第二节　展览会开幕式流程策划

展览会的开幕式是指在展览伊始为了体现展会主题、展示展会活动的系列活动。人们对开幕式的了解起源于大型国际盛会,例如奥运会的开幕式是观众最为关注的活动。开幕式是展览的重要仪式和不可或缺的程序,通过举办开幕式可以展示展会风采、吸引观众和媒体、提高展会知名度、塑造展会品牌价值,也是为参展商和观众在展会中的顺利沟通打好基础。高质量、反响好的开幕式是展览主办方能力的体现,并起着预示展览成功的作用。

现在随着社会的发展,人们的生活水平提高,以往开幕式追求宏大的场面、繁复的表演、高成本的投入的形式也逐渐开始简化,不再过分铺张和只注重隆重的形式。这就对开幕式的组织形式有了新的要求,如何能既简化繁复的程序又能起到良好的效果是当下开幕式创新的重要方向。

一、展览会开幕式策划要点

开幕式是展览正式开始的第一个重要活动,同时也是主办单位向公众展示展

览规模和实力的良好机会，因而必须受到重视，更不能有任何差错。要办好展会的开幕式，需要做好以下几点工作。

（一）开幕时间和地点

展览开幕式的时间和地点是开幕式首先需要确定的内容，一般提前安排好，并且及时通知到有关方面。一经确定，无特殊情况不会修改，否则反复修改会影响开幕式的后续安排，导致与会者无法合理安排时间参加开幕式。开幕式的时间根据开幕式的内容和观众的与会习惯要合理安排，地点要根据开幕式内容、与会者和实地情况选择。整个开幕式的时间不宜太长，时间太长，观众会失去耐心，影响开幕式气氛。

（二）出席嘉宾

展览主办方邀请嘉宾出席开幕式要根据实际情况确定邀请的名单。一般情况下，开幕式会邀请会展行业主管部门领导、行业协会与商会的领导和具有代表性的参展商代表、专业观众代表。如果是政府性的、国际性的展会，还会邀请相关部门政府领导、外国驻华机构代表、外企参展商代表出席展览开幕式。

邀请嘉宾参加开幕式要注意邀请的方式，正式的可以通过请柬提前邀请，用诚恳的语言表达尊敬之情。除此之外，还需要做好接待准备，派专人负责接待，如果路途较远还要提前安排好食宿。在开幕式之前，要准备好嘉宾休息室，给嘉宾休息和熟悉开幕式流程的时间。

（三）开幕式流程策划

1.开幕式流程

开幕式是否能够取得成功，其活动流程安排是至关重要的。一般的开幕式流程需要有主持人介绍相关嘉宾到主席台就位、介绍与会嘉宾、嘉宾讲话、嘉宾宣布展览会正式开幕等。期间，还可以播放会场外或国外嘉宾的视频贺词、展览会宣传片等予以造势。

2.开幕启动仪式

展览可以有多种方式举行开幕式，如嘉宾剪彩、领导讲话等。现在剪彩可以采用的方式很多，选择新颖、合适的剪彩方式是展会宣传的重要一环，好的剪彩形式能够对展会起到宣传作用。

（四）开幕式讲话稿和新闻通稿

展览开幕式的讲话稿和新闻通稿是参与者、新闻媒体关注的重要内容，拟定稿件要注意以下内容：一是选题定位表述恰当，根据展览会主题、行业的发展特点、亮点和趋势提炼出展览的时代特点；二是宣传展览的特点和亮点，以分类归纳的方式陈述展览的特色，使观众清晰、明确地接受信息，能够在短时间内掌握展会情况；三是注重展览信息的介绍，要包含有关展览的详实数据，如展览面积、参展商数量、预计观众数量等，增强说服力；四是拍摄精美照片，在稿件上通常需要配以照片，展览开幕式时间长、人物多，需要根据展览开幕式的嘉宾名单、展览相关活动安排准备好拍摄的内容，并找好角度拍摄高质量照片；五是应急预案，展览开幕式涉及的环节和人物众多，需要提前做好应急预案，以防出现特殊情况影响开幕式效果。

二、展览会开幕式创新策略

无论展会规模的大小，开幕式作为展会开始的第一个集中性活动，都是展示的重要平台。新颖独特的开幕式能给主管领导、参展商和专业观众耳目一新的感觉。开幕式应该突破原有的活动形式，利用现代组织理念和先进媒体科技，在程序上融合文化、艺术、宣传效应，为展会的顺利举办开个好头。

（一）更新观念

开幕式要突破传统理念和流程就需要对活动内容、管理方式进行创新，通过解放思想、打开思路，在展览会主题理念的基础上，既要牢记展会活动的宗旨，又要适应新的创意理念、新的管理模式，以观念更新为先导，大力推动展会开幕式活动高质量地举办。

（二）权威效应

展会开幕式上嘉宾发言是重要环节之一，尤其是大型政府性国际展览和会议常常有领导政要发言，这代表展会的权威性，能提高展会的关注度，以及获取参展者的信任。这不仅是一种宣传的方式，更是代表行业、政府、国家形象的立场。建立展会的权威效应能够对展会品牌在国内和国际环境中打开知名度，树立品牌效应有巨大的推动作用。

（三）制造新闻热点

新闻媒体对开幕式活动、嘉宾的报道往往追求热点，因此，主办单位应该充分利用这个机会，适当制造一些典型新闻热点，以吸引媒体注意，提高展览会的形象。

（四）创新活动形式

展会开幕式还应该采用新颖独特的展示形式和活动手段，在情境设置上紧扣文化主题，深挖文化内涵，并利用当代科技配合展会，突出展会举办地独特的地域特点和文化特色，塑造展会的品牌。

知识活页

2019 北京世园会开幕式演出：山水园林邂逅现代高科技

在山、林、湖、草间，昆曲悠扬、月亮深情，中国传统山水园林、经典民歌，邂逅全息影像、机械臂、升降舞台、巨大网屏等现代科技。28日晚间举行的2019年中国北京世界园艺博览会(简称北京世园会)开幕式文艺演出,堪称一场山水园林的审美理念与高科技的表达方式共同演绎的视听盛宴。

"开幕式演出作为一台'大型园林情景灯光艺术表演',在有限的园景内,借景构景,巧妙融合山林、湖水、草木,将人与自然、文化与科技、中国与世界凝聚于湖光山色的自然意趣之间",28日晚间,北京世园会开幕式总导演沙晓岚在演出结束后接受记者采访时这样说。

科技元素是这场开幕演出的重要看点之一。据介绍,为了表现全视角、多层次、大视觉的效果,设计了由舞台地屏、升降结构屏到背景网屏、从平面到立体的真正全景式的屏幕影像效果。

主舞台台面为全覆盖成像的LED屏幕,舞台设有升降平台,后区背景为可升降的29根LED视频柱,还搭设有一个直径8米的可以立起来的圆屏,舞蹈演员在空中可以跟圆屏互动。90块可升降的网屏,呈现网状通透,与后面的实景叠加产生虚实结合的感觉。开幕演出舞台与周边景致融为一体。湖边树木共使用了近10万米LED点状串灯。灯光师傅将这些LED灯精心缠绕在树上,当灯光亮起,呈现出中国工笔山水画效果,营造出春夏秋冬的四季变换。

演出结束后,近三分钟的焰火燃放吸引了所有观众的目光。高空焰火表现"百花齐放"的主题场景,共使用了110个焰火产品种类,对应此次参加世园会的110个国家和国际组织。中空焰火别出心裁地设计了焰火绘画"梅、兰、竹、菊"。高空和中空两个阵地,把中国画的写意融入了焰火造型艺术中。

资料来源:《世园会开幕式演出:山水园林邂逅现代高科技》,2019年4月29日,https://baijiahao.baidu.com/s? id=1632102072740120500&wfr=spider&for=pc。

三、开幕式现场布置

展览项目现场人员应在展览开幕式前,布置好展览现场,以便为展览开幕及观众到会参观做好充分的准备。展览项目现场人员应做好重要地点的布置事项。

(一)展览开幕式舞台的搭建

展览的开幕式根据活动内容的安排可以选择在室内或室外举行。如果开幕式选择在室内大型宴会厅举行,在有舞台的情况下,根据需要可以增加LED显示屏或者其他投影设备,以满足现场直播和播放影片的需求。如果展览开幕式在展馆外广场举行,那么一般需要搭建开幕式舞台。另外,在开幕式场地外还需要设置大型海报、横幅、背景板等，背板上写上展览名称，开放时间，展览的主办、承办、支持单位等名称以宣传展会并营造氛围。

（二）展览序幕大厅

展览开幕式外的序幕大厅有引导、接待的功能，布置要与整个展览的气氛相适应，做到醒目与容易辨认。通过设置签到处以欢迎来宾并发放展会资料，还要安排礼仪接待人员以提升接待的品质。大厅内要布置展馆、展区和展位分布平面图、各服务网点分布图，以及各参展企业及其展位号一览表、名录牌、展览简介、展览相关活动告示牌等。

（三）展馆导向系统

为保证与会者能顺利抵达开幕式地点，需要在展馆外设置本次展览举办地点的提示牌，帮助参观者顺利抵达开幕式地点。如果展览涉及多个展馆的话，在展馆内部需要设置各场馆内容的提示牌、参观路线指示牌、本展区服务网点提示牌、至其他展区的路线指示牌、本展区参观企业及展览一览表等，这些内容应布置在展馆比较显眼的地方，或观众容易迷路的地方，以方便观众参看。

（四）嘉宾接待

开幕式嘉宾中的国际政要、国内政府官员、行业协会领导、企业高管、重要赞助商等是重要的服务对象。在开幕式活动前，要落实嘉宾的参会情况，并根据需求接待。开幕式的程序和座次也需要根据嘉宾的情况进行合理安排，在休息室或会客室配置茶水、咖啡、小点心等。除此之外，还可以放一些有关展览的介绍资料，并配备专门的服务人员或者翻译。

（五）展览现场服务中心的设置

展览举办过程中可能会碰到很多需要解决的问题，针对这一情况需要设立展览现场服务中心，集中处理在布展及展览期间参展商和观众的各类需求，设立专业人员咨询服务台，解答观众的问题，还可以安排志愿者在展厅内灵活机动服务观众。

（六）设置新闻中心

展览举办期间与新闻媒体交流机会较多，展览主办方可以选择合适的地点设置新闻中心，供媒体记者使用。新闻中心要根据新闻工作者的需求来设置，配备电脑、传真机、写字台、纸笔等供记者写稿、发稿用的必要设施，并且注重网络通信顺畅，保证能够及时传递信息。另外，还可以在新闻中心放置一些有关展览的介绍资料，包括展览开幕新闻通稿、展览背景和特点介绍、展览会刊、展览的统计数据、展览相关活动安排计划、展览参观指南等，方便记者在写新闻报道时予以参考。最后，准备供记者休憩的茶水、咖啡、小点心和纪念品等。

第三节 展览会布展与现场服务

展览会的布展和现场服务是展览会策划后付诸实践的重要环节,也是检验和体现展览举办质量的重要途径。展览会布展为展会的顺利进行做好充分的准备,开展后的现场服务是展览有序进行的保障。

一、现场布展

展览会布展工作需要做好充足的准备,布展过程中根据展览会的时间安排,需要合理预留时间段。布展工作内容多且杂,在正式入场布展前,组展方需要向举办地的公安、消防等部门提交报批资料,获批准后才能够入场布置,在参展商正式入场布展前,组展方还需要与主场承建商、场馆现场统筹人员、安保负责人进行全面的工作协调,包括筹展、撤展、展会时间、展位搭建规范、展品运输及装卸管理、展馆现场车辆秩序维护等,在规定的时间内保证展会布展现场工作秩序井然、有条不紊。

(一)布展前的准备工作

布展前的准备工作是展览现场布置和服务的重要保障,也是最后检验展览项目各个环节的必备措施。布展前的准备工作包含展览举办信息内容、展览举办信息发送方式、报名表设计、报名确认、展览文案制定。

1.展览举办信息内容

展览的举办信息是参展商和观众了解展会内容的首要信息。举办信息包含展览的名称、时间、地点、组办方、发展历史、参展范围、价格、报名信息等内容。

2.展览举办信息发送方式

展览举办信息的内容根据展会的类型、时间、信息方式有所区别。根据展会的类型分为会议类信息、展览类信息、招商招展函等。此类信息主要针对展览对象,可以通过媒体或者行业协会发放,以体现专业化,并且节约成本。根据展会的时间安排分为:前期预热信息和正式信息。随着展览的时间推进,不断强化信息内容,拓宽招商招展渠道。根据信息方式的类型可以分为广告、公告、邀请函、请柬等。

3.报名表设计

参加展会需要确认参展信息,一般通过报名表申请的程序来确定参会项目和资格。报名表有以下三项内容。

(1)参展者的基本信息。个人参加展会需要填写的基本情况包含:一是姓名、性别、年龄、民族等;二是工作单位、职务等;三是电话、传真、单位地址、电子邮箱等。单位参会需要填写的基本信息包含单位名称、单位联系方式、参会人基本信息等。

(2)交通和食宿基本信息。展会主办方可以在固定时间内在机场、高铁站等公共交通点设置接待点，批量接待参展者。如果不安排统一接待，则需要准确告知参展者展会举办地点使其自行前往。另外，住宿情况需要提前和参展者沟通，提早确定住宿的价位和时间。如果参展者有特殊需求，可以及时联系主办方，以便提供相应服务。

(3)参展者的参展需求。根据参展者参加展览的内容和流程，确定需要参加的展览和会议内、提交的会议议题、准备参加的展会交流和考察等。另外，还需要了解参展者的具体参展情况，包括参展商品的种类、名称、商标、参展要求(如展台面积、展台位置、展台类型、广告宣传服务、展品物流服务、其他服务)等，还有参观者的参观人数、参展要求(如预计参观时间、参观展馆、参观企业、参观产品、翻译服务、其他服务)等。

4.报名确认

参展者确认参加展览会后，主办方需要及时与对方进行沟通，通过邮寄、传真、电子邮件的方式给参展者发送正式的邀请函，邀请函中包含展览的基本信息、接站方法、报到地点等内容，并确认对方参展布展的相关情况。

参展者报名是确认参展的凭证，但为了保证参展者和主办方双方的权益，也会规定未能按时参展的相应制约条例。如果参展者确实有困难无法参加，双方要尽量沟通并把损失降到最低。

5.展览会文案制定

展览会所需文案是展览活动中的各种资料的总称。展会文案起到记录、沟通、传递、保存的作用，主要包含以下类型：文件类、宣传类、规则制度类、图表类、卡证类。展览会文案的内容要使用规范模式，符合行业管理要求，内容逻辑连贯，层次清楚，可以通过小标题形式提炼主题含义。文案数据、图表信息要准确、简洁，杜绝重复。

知识活页

第18届中国—东盟博览会参展参会公告

一、时间

2021年9月10～13日，9月13日为公众开放日

二、展览形式

实体展+云上东博会，线上线下相结合

三、展览内容

(一)南宁国际会展中心

展览面积：10.2 万平方米。

展览地点：南宁国际会展中心。

展示内容：五大专题。

1.商品贸易专题

东盟商品：食品及饮料、生活消费品、大宗商品、服务业产品等。

“一带一路”国家商品：特色食品、酒水饮料、生活消费品等。

中国商品：

(1)智能装备：展示智慧能源及电力、工程机械及运输车辆、食品加工及包装设备等。

(2)信息技术：展示数字经济创新应用、智能家电及消费电子等。

(3)绿色建材：展示门窗幕墙、装饰材料及建筑辅材、节能建筑、智能家居等。

(4)公共防疫及卫生：重点展示防护用品及装备、防护材料与生产设备、防疫消毒及清洁用品、防护设备及软件系统等。

2.投资合作专题

国际经济与产能合作：展示国际工程承包、劳务合作、资源开发、能源开发、基础设施建设、园区招商等以及铁路、有色、电力等重点产能领域。

农业合作：展示第六届中国—东盟农业国际合作展(中国—东盟农业合作成就、现代农业示范园区、农业数字技术产品和项目等)。

环保合作：展示中国—东盟生态环境合作历程；广西生态建设、环境保护成就及生态环境公共展示；水、气、土污染治理，固废处置及资源回收、生态修复、环境监测与检测、噪声与振动控制、节能、资源综合利用和环境应急装备等领域的技术及设备。

西部陆海新通道：展示沿线省区相关建设成果、园区、物流、港口、基础设施等。

中国(广西)自贸试验区：展示自由贸易试验区在贸易投资便利化、产业集聚、营商环境等方面的建设成果；引领中国—东盟开放合作方面形成的探索经验；产业发展和产城融合建设的阶段性成果。

3.先进技术专题

展示数字经济、通信技术、生物医药、智能制造、计算机科学、材料技术、节能低碳技术、东盟科技创新。

4.服务贸易专题

金融服务：展示人民币结算、信用保险、信用贷款等企业金融，科技金融、互联网金融、绿色金融、跨境金融、区块链服务等创新金融服务。

5.国家/“魅力之城”专题

东盟10国将综合展示其在贸易、投资、科技、文化、旅游等方面的发展和商机或选择本国具有代表性的实力城市作为“魅力之城”进行综合展示。

第18届中国—东盟博览会由贵州省贵阳市作为中国“魅力之城”进行综合展示，并在会期举办城市主题活动、城市推介活动及相关交流活动。

(二)广西农业会展中心(第18届中国—东盟博览会农业展)

展览面积：1万平方米。

展览地点：中国南宁市长虹路88号。

展示内容：绿色农产品及食品、茶叶及茶具、东盟农产品及食品、农业电商平台等。

(三)南宁华南城(第18届中国—东盟博览会轻工展)

展览面积：1万平方米(A、B展厅)。

展览地址：中国南宁市沙井大道56号。

展示内容：日用消费品、工艺饰品、益智玩具、休闲运动等。

四、中国—东盟博览会系列专业展

(一)中国—东盟博览会境内展

1.第18届中国—东盟博览会农业展

时间：待定。

2.第18届中国—东盟博览会轻工展

时间：待定。

3.第18届中国—东盟博览会金融展

时间：待定。

地点：南宁国际会展中心

展览内容：国际金融合作专区、银行、保险、证券、基金、汽车金融、财富管理、互联网金融、贵金属、外汇、艺术品、海外地产与综合理财等。

4.2021中国—东盟博览会旅游展

详情请登录www.caexpote.com查询。

5.世界米粉大会暨中国(广西)餐饮产业博览会

时间：2021年11月6～8日。

地点：南宁国际会展中心。

展览内容：预包装米粉及制品、调味品、添加品及配菜、食材溯源及工艺、生产加工技术及制造设备、连锁加盟、美食体验、包装装潢设计等。

6.第18届中国—东盟博览会林产品及木制品展

时间：2021年11月5～8日。

地点：南宁国际会展中心D区二层。

展览内容：各省市林业经济发展及合作展区、林业装备展区、木结构及人造板、森林康养及旅游、花卉苗木、林下经济产品展区、定制家具及红木家具等。

7.第6届中国—东盟糖业博览会　中国—东盟农业机械暨甘蔗机械化博览会

时间：2021年12月。

地点：中国南宁国际会展中心。

展览内容：食糖、涉糖产品、酒类、制糖技术、设备及配套产品、农业机械及相关产品等。

(二)中国—东盟博览会境外展(具体安排另行公布)

(注：视疫情影响，中国—东盟博览会部分专业展举办时间可能有调整，敬请持续关注中国—东盟博览会官方网站)

五、参展费用

展览	展位类型	价格
第18届中国一东盟博览会	标准展位 9m^2(3×3)	USD1600/或 RMB10000 元/个
	非标准展位 6m^2(3×2)	USD1280/或 RMB8000 元/个
	室内净地(36m^2 起租)	USD160/或 RMB1000 元/m^2
	室外净地(36m^2 起租)	USD80/或 RMB500 元/m^2
第18届中国一东盟博览会农业展 第18届中国一东盟博览会轻工展	标准展位 9m^2(3×3)	USD800/或 RMB5000 元/个
	净地(36m^2 起租)	USD80/或 RMB500 元/m^2
第18届中国一东盟博览会金融展	标准展位 9m^2(3×3)	USD1100/或 RMB7000 元/个
	室内净地(36m^2 起租)	USD120/或 RMB750 元/m^2
2021中国一东盟博览会旅游展	详情请登录 www..caexpote.com 查询	
世界米粉大会暨中国(广西)餐饮产业博览会	标准展位 9m^2(3×3)	USD1100/或 RMB7000 元/个
	室内净地(36m^2 起租)	USD95/或 RMB650 元/m^2
第18届中国一东盟博览会林产品及木制品展	标准展位 9m^2(3×3)	USD1100/或 RMB7000 元/个
	室内净地(36m^2 起租)	USD120/或 RMB750 元/m^2
第6届中国一东盟糖业博览会 中国一东盟农业机械暨甘蔗机械化博览会	标准展位 9m^2(3×3)	详询 0771-2212072
	室内净地(18m^2 起租)	
	室外净地(36m^2 起租)	RMB2500 元/m^2

(注：1.标准展位及非标准展位配置：公司中英文楣板、围板、洽谈桌1张、椅子2张、射灯2盏、500W单相插座1个、纸篓1个，铺设地毯；2.净地不含任何配置；3.展位搭建如需使用地图，请使用中国国家测绘局审定的标准地图，并提前1个月向中国—东盟博览会秘书处报审)

六、参展报名时间

(一)报名时间:2021 年 2 月 15 日～8 月 10 日

中国—东盟博览会系列专业展报名时间请登录中国—东盟博览会官方网站查询。

(二)展位确认截止日期:2021 年 8 月 25 日

中国—东盟博览会秘书处确认参展资格后,将向企业发送通知,并根据确认内容安排展位。中国—东盟博览会秘书处保留调整展位的权利。

七、报名方式

(一)参展报名

1.向中国—东盟博览会秘书处报名。

2.东盟国家企业向东盟各国共同主办单位报名。

3.中国企业向中国各省区市商务主管部门、中国—东盟博览会支持商协会及合作组展机构报名。

4.拨打中国—东盟博览会客服电话 0771-8028899 咨询。

(二)参会报名

登录中国—东盟博览会官方网站填写参会申请,经中国—东盟博览会秘书处审核确认后,免费获得网上申办证件、经贸配对和会期活动等服务。

参会报名截止时间:2021 年 8 月 31 日。

八、参展优惠

(一)国内参展企业优惠:直接向中国—东盟博览会秘书处报名,符合下列条件之一即可享受展位价格原价 8 折优惠(优惠不叠加)。

1.2021 年 7 月 10 日前报名(含农业展、轻工展,其他专业展除外)。

2.2 次以上(含 2 次)参展。

3.参展规模超过 200 平方米。

(二)云上东博会:确认参与实体展的企业均可免费获得全年云上东博会线上展位。

(三)参展商讲坛:为知名参展企业举办项目推广、经销商对接等专场经贸活动提供免费场地。

九、专业观众优惠

(一)专业观众专享优惠:经中国—东盟博览会秘书处确认的专业观众可专享以下优惠。

1.指定酒店住宿补贴,集中入住酒店往返展馆等服务。

2.优先安排参加商贸促进对接活动。

3.协助联系广西区内园区或企业的考察活动。

（二）线上线下投资贸易精准配对服务：2021年8月31日前在网上预先登记或团组报名的专业观众均可享受免费贸易、投资配对服务，中国—东盟博览会秘书处将根据专业观众采购或投引资需求，安排与相关客商进行一对一线上线下投资贸易洽谈对接。

（三）买家提名邀请：参展商提名买家邀请名录，中国—东盟博览会秘书处将协助邀请，并给予受邀买家酒店住宿优惠。

十、联系方式

客服热线：+86-771-12343、12345-9，中国—东盟博览会秘书处。

资料来源：《第18届中国—东盟博览会参展参会公告》，2021年2月28日，https://www.caexpo.org/news-center/details? id=10012301202107270001627380943699681259451981160。

（二）布展内容

1.布展时间

布展时间根据展品的主题、展览的规模以及展品的复杂程度而定。展览的规模越大，内容越复杂，布展的时间越长，对主办方的要求更高。一般的展会布展时间为2～4天。

2.办理布展手续

根据国家对举办展会的相关规定，主办方需要在布展前向行业协会提出申请，然后到工商、消防、安保部门办理相关手续。经过这些部门的审批之后，才能进行布展。如果涉及国际参展商，还需要办理海关货品报关清关手续，并提醒参展商预留时间。国内参展商根据举办地的要求还需要办理车辆通行证，方便展品运送到展会现场。布展过程中，主办方要充分协调和沟通，避免出现纰漏影响展出。

3.展具租赁

参展商在布展过程中会根据需求租赁展览器具，为了方便服务参展商，主办方可以设置租赁服务点，提供展览所需的专业搭建设备或者其他相关展会用品。

（三）展区展位划分

展览会展区的划分一般根据展示主题，按照展品类别来区分，还需要结合展馆的布局形式合理安排特装展位和标准展位。展区的划分能够使同类型展品更加集中，方便观众参观。展位的设计要树立参展者的形象，要有引起目标观众注意的亮点，以给人们留下深刻的印象。

1.展区布局

展区的布局要在展馆现有区域的基础上，使参观者按照顺序依次参观，既要保证不错过每一个展区,又要避免参观者找不到目标展位。另外,参观流量大的情况下,人群的聚集容易造成安全隐患,要避免人流之间的碰撞,场馆的通道要足够宽,以保证人流通畅。展位之间还要注意搭建展具的牢固程度,保证人员安全。大型综合类展览涉及的行业众多,展区的划分要明确分类,通过清晰的导向系统,指引参观者顺利找到目的地。否则,很容易引起参观者的烦躁情绪,影响展会的质量。

2.展位定价

展位的价格各不相同,有的甚至价格差异很大,标准展位和特殊展位的价格不一样,同一类型的展位又根据展位与出入口的距离的远近有所区别。有的参展商规模较大,租用的展位面积也更大,价格也会更高,但也会使观众停留时间更长,能产生更高的交易量。如果是比较偏僻的角落,如展览的拐角、楼梯附近的展位,则价格较低,也不容易引起观众的注意。

3.展位设计

展位设计是参展商布展期间的重要工作,这不是简单的搭建工作,而是一个系统工程。展位设计由展示设计公司负责,首先明确展示主题和内容,制定设计项目计划。参展商与设计方保持联系,不断调整设计方案,在预算之内提交设计草图,并在后期不断深化,确定合适的展示材料,最后现场搭建完成。

二、观众现场签到与引导

参展观众是展会的重要参与者,尤其是大型国际展会,现场的参展观众有来自国内外知名企业采购商、展会服务方、协助方、媒体工作者和一般参展观众等。主办方在进行展会策划时,也需要制定相应的现场服务方案,针对不同参展观众的需求,提供细致、全面的服务。

(一)签到前准备的资料

为了做好展览专业观众登记及相关服务工作,在专业观众登记前,展览主办机构一般要准备好以下几种资料:展览参观指南、观众信息登记表、展览证件与门票。

1.展览参观指南

展览会在开幕前会编印展览会刊,用来介绍展会主题、展会的基本内容、展览的时间地点、办展机构名称和展品范围,还用平面图的形式清晰地标出展区和展位的分布情况,并介绍展馆周边交通情况,帮助参观者顺利抵达。展览会刊也是为参展商提供的一项服务,宣传参展商的产品和技术,使观众和参展商能够直接交流,保证信息的准确性。高质量的会刊从封面的设计、内容的编排都要切实为参展商和观众服务,并且根据每年内容的变化更新版面设计,给人耳目一新的感觉。

2.观众信息登记表

观众登记表是用来收集专业观众信息的一种问卷调查表,专业观众要在填写后才能取得进入展馆参观展览的“专业观众证”，主要有如下内容：一是观众的联系办法，包括观众的姓名、职务及其所在的单位名称、地址、联系办法等；二是问卷调查的问题，主要调查观众所在单位的业务性质和观众感兴趣的产品与技术种类，三是参观本展览的主要目的，在产品购买中的角色，以及从什么渠道得知本展览的信息，等等。

观众信息登记表是针对专业观众的背景情况进行收集的信息表，这对展览会精准掌握参展观众情况至关重要，通过信息表的内容，能掌握本届展会在行业中的需求情况，并为下一届展会提供策划思路，为客户关系管理提供依据。

知识活页

2015 中国(山东)绿色产品及技术国际博览会专业观众登记表

尊敬的先生/女士：

我们诚挚地邀请您参观“2015 中国(山东)绿色产品及技术国际博览会”。

在本届展会上，您将会看到环保、新能源、节能等领域的新产品及新技术；

在本届展会上，您将会聆听到政府官员、国内外权威专家对当前行业发展趋势和前沿技术的阐述；

在本届展会上，您将会掌握国际上最先进的环境治理、绿色能源及节能新产品的最新应用和最佳实践；

在本届展会上，您将会收集到最新的、最全的、最准确的行业信息；

在本届展会上，快速入场参观，省去您排队等候的宝贵时间；现场免费领取会刊及精美小礼品一份；

本届博览会将是您采购、交流、探讨、学习的最好机会。我们期待着您的莅临！

一、登记信息

1.公司信息

单位：________ 电话：________ 传真：________

地址：________ 邮编：________ 网址：________

2.申请人数：________位

姓名		部门		职务		手机		Email	
姓名		部门		职务		手机		Email	
姓名		部门		职务		手机		Email	

二、公司性质

1.公司类型：

□原始材料供应商　□制造商　□代理商　□外企办事处

□贸易/进出口公司　□科研院所　□政府部门/高等院校　□分公司

□学会/协会/商会　□会展业　□新闻/媒体　□其他

2.观展目的：

□采购产品　□销售产品　□寻找代理商　□寻找合作伙伴

□加强企业联系　□参加论坛、会议　□搜集信息/了解行业动态

□其他＿＿＿＿＿

3.公司从何途径了解到本次展会：

□报纸　□宣传彩页/直接邮件　□商业伙伴　□专业杂志/刊物

□户外媒体　□主办单位邀请函　□行业协会邀请　□互联网/电邮

□同类展会　□朋友　□其他＿＿＿＿＿

4.目前您/贵司是否有购买产品的需要和计划：□是，大概时间＿＿＿＿　□否

5.在本届展会中您/贵司最希望见到哪种类型的产品或技术？我们将协助安排相关企业与您/贵司会晤。

□大气污染治理技术设备　□水处理技术与设备　□再生资源设备与技术

□环境监测设备及仪器　□垃圾清扫设备　□节能产品与技术

□太阳能光热产品　□可再生能源　□固体废物处理技术与设备

□绿色（有机）食品　□清洁发展机制　□其他＿＿＿＿

6.您/贵司希望在本届展会上接触哪些厂商或个人？

＿＿＿＿＿＿＿＿＿＿＿＿＿＿＿＿＿＿＿＿＿＿＿＿＿＿＿＿＿＿

＿＿＿＿＿＿＿＿＿＿＿＿＿＿＿＿＿＿＿＿＿＿＿＿＿＿＿＿＿＿

＿＿＿＿＿＿＿＿＿＿＿＿＿＿＿＿＿＿＿＿＿＿＿＿＿＿＿＿＿＿

三、其他服务

如果需要，您/贵司希望展会主办方为您/贵司提供哪些方面服务及协助？

□票证　□住宿推荐　□交通　□会晤安排　□会议安排　□商务考察

四、推荐您的朋友一同参观展会

	单位名称	姓名	职务	电话	Email
朋友1					
朋友2					
朋友3					

您的宝贵意见就是我们共同的成功与财富。多谢您的支持!

诚挚邀请您参观本届博览会

2015中国(山东)绿色产品及技术国际博览会

二〇一五年四月十五日

资料来源:《2015中国(山东)绿色产品及技术国际博览会专业观众登记表》,2015年4月28日,https://www.expowindow.com/zhanhui/show_3555.html。

3.展览证件与门票

展览会需要印制证件来监督和管理展会,以保证展会的良好秩序,展览证件有参展商证、专业观众证、贵宾证、媒体证、工作人员证等。不同的人员配备不同的证件,并自觉配合展览安保人员检查。有的展览会对普通观众会出售门票,门票需要价格获当地税务主管部门批准后才可印制和出售。随着科技的发展,展览证件逐渐被App、公众号中的二维码程序取代,参展者可以通过上传个人信息获得电子工作证或门票,进出场馆出示二维码即可。

(二)签到入场流程

1.签到地点

展览会通常在展馆的大厅设置观众登记台,对专业观众进行登记和发放相关资料,重要的嘉宾则有专人进行接待和引导,帮助其顺利进场。登记点的工作人员需要提前培训好登记相关准备工作,由于观众登记处一般代表展会的形象,人流量大的情况下既要保证观众登记的效率,进行现场秩序维护,又要解答展会相关问题,确保现场秩序井然。

2.签到方法

(1)微信扫码签到

微信扫码签到在展会中的应用较为广泛,参展者通过扫描二维码后填写相关信息完成签到,还可以提前关注展会公众号后绑定信息进行微信扫码签到。这种方式简单、高效,无须硬件支持。

(2)人脸识别签到

当参展者来到展馆入口,在人脸识别签到屏幕前通过扫脸,便可进入会场。人脸识别系统在展会前将参展者的照片录入系统,使用时将用户照片与报名提交的自拍照片或数据源照片进行精确匹配,判断身份的一致性,自动完成签到流程。人脸识别签到准确率较高,可以搭配Ipad、闸机、落地大屏等硬件共同使用。

(3)RFID智能感应签到

有的展会的入口会放置透明亚克力的门禁设备,当参展者进入时,周围的显示屏可以显示出参展者的头像、姓名等信息,这就是RFID智能签到感应系统。RFID智能感应签到能实现多目标识别,快速感应写入,可重复使用,为主办方提供了详细的后台签到数据,同时支持二维码签到,但成本较高。

3.观众签到时需要处理好的问题

设置专人负责观众报名现场的事务,使观众报名现场井然有序。工作人员确认观众信息时应认真仔细,保证信息准确无误。如有观众未填写完资料,现场工作人员应当提醒。观众报送的已填妥的观众登记表、邀请函和名片,应妥善保存并分类编排,便于日后查核所输入的观众信息。现场工作人员应工作态度端正、行动敏捷、了解展览情况、能够解答观众有关展览方面的一般性问题。

知识活页

展览会议签到方式之——CES亚洲消费电子展自助签到

第五届亚洲消费电子展由赛逸(上海)会展有限公司(CES Shanghai)所有并主办、上海国展展览中心有限公司(Shanghai Intex)联合主办。本次CES亚洲消费电子展邀请了8851位参展商、32192位观众以及1517位媒体记者,一共42560人。

如此庞大的规模,现场的签到工作肯定也十分艰难,那么,主办方选择了何种签到方式,让四万多人用最短的时间极速进场呢?

本次展会,主办方选择了使用自助机签到的方式。展会自助制证机,支持多种签到方式,可身份证签到、二维码签到、手机号码签到、人脸识别签到。参会者需要先在网上进行报名预登记,到达现场后,可使用任意签到方式进行自助领证。

如使用身份证签到,已经预登记的参会者只需要拿出身份证,在自助机的识别ID处前"滴"一下,即可2秒快速出证。

使用二维码签到时,已经预登记的参会者只需要拿出主办方事先发送的参展二维码,在二维码读取处识别一下,即可2秒快速出证。

使用手机号码签到时，已经预登记的参会者需要在自助机的屏幕处输入登记时注册的手机号码，即可2秒快速出证。

使用人脸识别签到时，参会者需要提前录入人脸数据，到现场后，面向自助机的摄像头，自助机匹配成功后，即可2秒快速出证。

自助签到方式，不仅多样化，还能提高参会者的入场效率，如果在展览会议人数多的情况下，依然使用传统的人工验票签到方式，那么会造成签到处的堵塞，降低参会体验。

资料来源：《展览会签到方式之一——CES亚洲消费电子展自助签到》，2020年3月26日，https://blog.csdn.net/weixin_44205429/article/details/105113117。

三、展览现场调控

展览现场服务涉及的部门很多，需要对展馆内各项工作进行实时调控和安排，其中包含人员调控、设施调控、媒体接待与管理。

(一)人员调控

展览现场人员根据其服务内容的区别分为不同的工作组，由统筹负责人和各小组负责人调控。各工作组负责接待、布展、设施设备、展台搭建、安全等内容。各小组负责人负责本组内的工作，当需要协调各小组共同完成项目时，需要统筹负责人进行调度，经统筹负责人协调批准后共同完成。

(二)设施调控

现场设施是展览现场布置的保障，包括办公设备、公共广播、照明设备、视听设备、公共通信设备、卫生设施等。在展览现场对设施进行调控需要根据规章制度严格要求，如需调度相关设施设备，相关岗位负责人应提出书面调度申请，经项目经理审批后方可使用。

(三)媒体接待与管理

展览开幕前办展机构要与有关媒体取得联系，为召开新闻发布会或邀请媒体记者对展览开幕式现场与展览现场进行采访和新闻报道做准备。

媒体接待与服务需要安排专业人员负责接待和联络工作。负责人要有媒体接待经验，并对展会非常了解，能帮助记者解决专业技术和设备的需求，还能随时回答记者提出的有关展览的各种问题。媒体负责人还要根据不同的媒体提供相应的资料，能积极安排和引导新闻媒体对展览进行报道。在展会结束后，媒体负责人需要及时收集和整理各媒体和新闻记者对展览的采访报道，分析报道的内容，以便为下一届展会积累经验。

(四)后勤保障服务管理

后勤保障服务是从参展者和观众的需求出发,包括餐饮服务、住宿服务管理、现场卫生管理、安全保障服务管理。优质的后勤保障服务能给展览会的举办带来更多的声誉,帮助树立展览品牌形象,维系客户关系。

1.现场餐饮管理

一般展览现场都会设置专门的餐饮区域,展馆内的参展商和观众都可以前去就餐。如果是大型国际展览和会议,还会专门为本次展览提供餐饮服务。专业的餐饮服务要保障展会期间的食品安全,与主办方签订《食品卫生安全责任状》,严格按照卫生防疫部门的要求,并接受检验。餐饮服务还需要根据观众的数量统计好餐食的数量,避免供应不足或浪费。在展会人数众多的情况下,需要对餐饮质量和就餐秩序进行控制。

知识活页

2008年北京奥运会媒体餐饮服务

[餐饮服务特色]餐饮以新鲜、味美、多样、丰富为主要特征。考虑不同国家和地区媒体人员口味的差异,同时也考虑体现中国和北京文化特色。

[媒体村]早餐作为媒体村的主要需求,将以自助餐的形式提供多种热餐、冷餐和饮料,媒体村同时为住宿的媒体人员提供午餐、晚餐,还有包括热餐的夜宵,另外,媒体村还在用餐区设置咖啡厅。

[主新闻中心]主新闻中心在赛事期间将会提供24小时的餐饮服务。残奥会期间餐饮服务标准与奥运会期间标准相似,只是规模略有缩小。

[国际转播中心]国际转播中心将提供多种类型的餐饮服务,包括正餐、自助餐、外卖快餐等。

[竞赛场馆]比赛场馆的媒体休息区根据体育比赛的赛程提供食品和饮料,在媒体休息区除提供付费服务外,还将提供免费的点心和饮料。

[相关资料]2007年5月,北京奥组委与美国爱玛客服务股份有限公司、北京首都旅游集团有限责任公司签约,正式签署《运动员村、媒体村、主新闻中心、国际广播中心餐饮服务合同》,两家公司将共同为运动员村、媒体村、主新闻中心和国际广播中心提供餐饮服务。

爱玛客公司始创于1936年,爱玛客(中国)始于1998年,其前身是美国ServiceMaster的特许经营商光华服务产业(中国)有限公司。爱玛客在收购了ServiceMaster 的项目服务业务后，又于 2004 年收购光华服务产业(中国)有限公司。2006 年进一步收购北京金白领餐饮服务有限公司，完成项目服务和餐饮服务综合一体化的架构。

资料来源:《北京 2008 年奥运会媒体餐饮服务》,2010 年 2 月 21 日，http://tc.wangchao.net.cn/baike/detail_844924.html。

2.住宿服务管理

展览会根据其各自需求来决定是否提供住宿服务，主办方如果提供住宿，需要通过前期的沟通确定参展者的数量，住宿的费用由主办方支付。如果展览主办方不负责住宿，应当提前和参展者沟通，提供当地的住宿指南。住宿服务的安排需要细致和谨慎，尤其是大型展会，更需要有经验的专业人员负责。

3.现场卫生管理

展览项目现场管理人员应注意时刻保持展览现场的卫生环境，良好的卫生环境代表展览会的形象。现场卫生管理包含室内外卫生、公共用品、公共电子设备、现场垃圾、餐饮残余物等的管理。保洁人员应该及时对展馆内的垃圾和产生的污渍进行清扫，当天展览结束后应更加全面地清洁，结合卫生防疫要求进行消毒，不留卫生死角。展览场馆内面积大、人员多，对现场卫生的管理需要责任到人，划分区域有专人负责，并由负责人定期监督。

4.安全保障服务管理

展览会的安全保障服务是确保展会顺利进行的重要工作。保安部门负责安全保障工作，根据场馆的安全制度，并结合每场展览的规模和特点提前预测分析安保策略，制定科学、严谨的安保工作方案。实施过程中明确责任制，签订安全责任书。在展会前严格细致检查，展览过程中认真履行职责。各保安小组之间明确分工、积极协调，保证展览活动安全有序地进行。

知识活页

第二届进口博览会现场服务将提升

备受瞩目的第二届进口博览会将隆重登场，一流的展会需要一流的现场服务，第二届进口博览会现场服务将全面提升。

现场服务方面:设置更多服务点位。一是服务更便捷，将设置更多服务点位，使展客商能够快捷、方便地找到现场服务点。二是服务更高效，做到对会展客商现场服务需求第一时间响应。三是服务更广泛，增设失物招领、投诉等服务类别。四是服务更专业，加强服务人员培训，制定分阶段、全方位的培训计划，提高现场管理及一线服务人员的服务水平。

餐饮服务方面：提升高峰期午餐快速供应能力。结合第二届进口博览会整体规划和餐饮食品供应需求，构建全方位、全过程的餐饮供应、食品安全保障体系。在提升整体供餐能力方面，积极引进品牌餐饮固定商户，扩大优质餐饮商户的经营面积，提升中午就餐高峰期快速供应能力。在延续食品安全常态化管理方面，紧密联系上海市各级餐饮保障及管理单位，从食材源头开始实现全程追溯、全程管理，确保食品卫生安全工作落到实处。在全方位提升餐饮体验方面，从硬件升级、导览升级、服务升级等多方面、多角度着手，提高进博会就餐舒适度、便利性和体验感。同时，补充高端餐饮服务商，从首届博览会的10家扩充至20余家，满足展台、会议及活动区域的展客商高端餐饮需求。

氛围方面：根据首届进口博览会实际使用情况，为高效使用红线范围内的公共区域资源，将对第二届进口博览会的各类功能点位的数量、大小、点位进行重新梳理规划，做到点位规划更合理，服务水平更高效。同时，通过设计符合进口博览会标识元素及配色的主视觉，做到整体氛围设计风格统一、色彩鲜明。

环境方面：打造垃圾分类新试点。加强巡查、强化保障、完善制度、形成合力，营造一流的观展环境。全面启动对国家会展中心红线范围内的整体虫控消杀工作，确保达到相关要求水平。对接上海市有关部门，严格遵照新颁布的《上海市生活垃圾管理条例》，制定第二届进口博览会《生活垃圾分类实施方案》专项措施，打造垃圾分类新试点，凝聚城市新亮点。

资料来源：《第二届进口博览会现场服务将提升》，2019年5月5日，https://www.ciie.org/zbh/bqgffb/20190505/16146.html。

第四节　展览会后续工作

展览会结束后的撤展是展览的后续工作，虽然看似简单，但也是展览现场服务不可或缺的环节。展览结束后如何将展位拆除并还原是这一阶段的任务，另外，还包含对参展者和观众的其他服务。

一、展览场馆的撤展

展览结束后的撤展工作不仅是拆除展台，还包含运出展品、清理展位、与展会主办方和展馆方办理各种撤展手续等工作，撤展的时间通常为1～2天，具体工作包含以下内容。

(一)撤展工作方案

撤展工作方案是展览在策划之初根据展览的具体情况制定好的，内容包含撤展时间、展品搬运、废弃物及垃圾临时堆放点、撤展证件办理、进出人员管理、进出车辆路线、租赁物品和押金退回流程。

(二)撤展秩序维护服务

撤展过程中需要保持秩序，良好的秩序能够保证撤展工作有条不紊地高效进行。撤展时间要严格管理，各时间点之间紧密衔接，既不要提前撤展影响展出效果，也不要拖后撤展影响后续展览。撤展时，展馆内的展品和展馆外的车辆较为集中，要有专人进行引导，并检查进出人员和车辆的证件，合理安排时间、人员、地点，高效办理。

(三)撤展安全服务

第一是人员安全。展览项目撤出的时候，各类人员纷纷进出场馆，要强调人身安全，并有专人负责巡视监督。第二是物品安全。杜绝乱拆乱扔，毁坏器具和展品，严格按照安全管理制度进行检查监督，确保安全。

(四)撤展垃圾清理服务

撤展会产生很多的废弃物和垃圾，参展商将废弃的物品集中堆放后由主办方和场馆方负责处理。展馆内需要清除展览时留下的垃圾，并重新打扫卫生，如果有参展商破坏展位的情况，则需要根据前期签订的合同进行一定的处罚。

二、展览送往服务

大型展览应该重视展览送往工作，有的展览结束后主办方只注重撤展，导致过于匆忙，对参展商服务不够细致，导致留下不好的印象。送往服务的内容包括结清账目、诚挚致谢、征求意见。

(一)结清账目

在展览结束后，参展方根据展览过程中的服务项目与主办方结清费用，如有其他展会后的旅游活动，也需要在此阶段一次性结清。结账工作要提前进行安排，避免人员过度集中造成拥挤、等候、延误交通的情况。做好结账票据出具工作，由专人负责开具有效发票，或在之后开具电子发票。

(二)诚挚致谢

一个完整的展览会在项目结束后，可以通过举办闭幕会、发致谢函、公关礼品致谢、表彰致谢等方式向政府机构和政府人员、行业协会、协助单位、支持单位、赞助商、媒体、与会者、参展商、采购商、承办场馆、各种服务的供应商，以及为本次展览活动的成功举办付出辛苦劳动的员工、志愿者表达诚挚的感谢，这对维护客户关系有促进作用。

（三）征求意见

在展览举办过程中，可以通过发放调查表来征求参展商和观众对展会的意见，这样的调查数据很有参考价值。展会结束时，也可以在与参展者对接的过程中征求他们的意见，或者在后期通过在线调查的方式发送调查表，尽可能多地收集参展者的意见，为下一次展会做好准备。

三、信息和资料服务

展览服务还需要重视信息和资料的整理，这是贯穿在展会前、中、后的一项工作，其中包含展览会总结报告、评估报告和参展者信息。

（一）总结报告

展览会的总结报告要对整个展览情况所涉及的数据、资料、经验和建议进行总结，其中涉及展会情况、市场和竞争对手情况、展台情况和管理工作。收集的信息要客观、真实，通过总结形成报告，以便对展览工作中的优缺点有清楚的认识。通过总结报告可以明确下一步的工作方向，对展会的未来发展有重要意义。

（二）评估报告

展览评估报告是对一个展览项目的立项、执行过程、质量、服务、直接和间接的经济效益与社会效益、作用和影响所进行的系统的、客观的分析和评价，既为项目的主办者与承办者提供借鉴，又通过及时有效的信息反馈，为参展商、采购商乃至一般观众提供参考。

（三）参展者信息

参展者信息资料是展览会中参展商、采购商、服务商等的详细资料。通过资料的收集能够掌握展会所面临的行业、目标市场发展情况的第一手资料。参展者信息也包含其对展会的满意程度，这对改进展会服务内容、提高服务质量、调整服务价格都有参考作用。

知识活页

第十五届中国国际酒业博览会总结报告

10 月 29 日～11 月 2 日，第十五届中国国际酒业博览会（以下简称酒博会）在泸州国际会展中心成功举办。本届酒博会延续“举杯中国·品味世界”主题，展出内容为酒类产品及配套的原辅料、食品添加剂、包装材料及相关的机械、设备，技术服务等。本届酒博会品牌引领更强、专业程度更深、互动性更好、办展方式更新，在“打造世界名酒汇聚中心和行业发展风向标”征程上再创新成效。有来自不同国家和地区的800家展商参展，其中国内举办地（四川）参展企业32家；举办地外参与省份23个，参展企业609家，占总参展企业数量的76.1%；外商直接投资企业30家；境外参展企业161家，分别来自俄罗斯、意大利、英国等国家，占总参展企业面积及数量的20.1%。

一、主要成果

本届酒博会共设国际精品馆、中国白酒精品馆、国内综合馆等3大展馆和1个“数字白酒展区”，吸引800多家酒类企业参展参会，展览总面积近6万平方米；共举办活动25项；邀请国家部委领导、国内主要产酒地区党政代表和知名企业主要负责人、专家学者及协会代表嘉宾1800多人参会。线下观展人数近5万人次，线上报道文章、直播平台、线上云展厅等访问量超6300万人次、直播流量超450万人次。总成交额近4000万元，其中线下成交额超过1300万元，线上成交额超过2500万元。酒博会投资推介会暨项目集中签约招商引资项目63个，投资总额达306.6亿元。

二、特色亮点

（一）专业性更强，为酒业“十四五”发展指明了方向

本届酒博会设置“数字白酒展区”，华为大数据、国久大数据等企业现场展示服务酒类产业发展的最新成果。酒博会期间，共举办中国国际酒业发展论坛、中国酒业2.0数字化转型发展高峰论坛、市场变革下的中国白酒价值机遇论坛、中国白酒原酒产业论坛等25项专业活动，并发布《中国酒业“十四五”发展指导意见》；综合分析和研究探讨产业政策调整新机遇、消费升级新背景、质量提升新趋势等多重因素，为“十四五”时期酒业高质量发展指明了方向。

（二）办展模式更新，为行业发展注入了新动力

在常态化疫情防控下，本届酒博会利用“数字化”技术，设置了“筑质量根基·酿品质川酒”视频云展厅、设置3D展馆；直接在场馆设置酒博会直播间，开启直播带货；主论坛、活动采取现场直播、录播等方式推向社会各界，方便客商“云上观展参会”。此外，本届酒博会首次尝试运用电子会务系统，充分利用大数据技术，探索办展新模式，持续提升展会影响力和便捷服务参展参会嘉宾。本届酒博会还创新举办“四川白酒品质提升工程”启动仪式暨“提升白酒质量企业公开承诺”活动，全省白酒主产区、川酒“六朵金花”“十朵小金花”等100户重点白酒生产企业负责人共聚泸州，围绕“提升川酒品质”主题，通过宣誓、签名等方式作出公开承诺，为擦亮川酒“金字招牌”、推进川酒高质量发展注入新动力。

（三）品牌影响力更强，为世界级白酒产业集群建设开启了新征程

按照“酒与城双展示”的原则，倾力打造酒博会品牌，全面提升城市形象和影响

力。通过在央视投放酒博会宣传视频，在高速路口、云龙机场、城区主要干道等重要节点按照“干净整洁、喜庆热闹、节俭大气”的原则进行良好氛围营造，吸引周边川渝滇黔 4 省（市）、10 市（区）大批市民前来观展。全市互动同步举行“云逛酒博会·龙马有好货”、惠民促销等分会场活动，群众参与度更广、互动性更强。酒博会期间，设置“一对一”接待工作组对莅泸嘉宾实行全过程服务，确保了各位嘉宾按时保质保量地参加完活动，赢得 1800 余名参会嘉宾对酒博会的普遍赞誉和良好口碑，持续扩大酒博会品牌影响力和辐射力。投资交易灵活，为打造内陆开放新高地注入了新动能。

酒博会作为全球酒业交流、合作共赢的盛会，是世界酒业交流合作的行业盛会和重要平台。本届酒博会举办了泸州投资推介会暨项目签约仪式，泸州市共有 63 个招商引资项目签约，投资总额达 306.63 亿元，其中“东莞胜源纸业（泸州）江阳区环保包装材料产业园”“北京仁创科技（泸州）泸县仁创金砂产业园”等 6 个代表性项目现场签约，投资总额 93 亿元。本届酒博会将助推泸州不断扩大对外开放、深度融入成渝地区双城经济圈建设，加快打造内陆开放新高地。

（四）疫情防控更严，为今后举办展会提供了新经验

本届酒博会专门成立疫情防控组，制定酒博会疫情防控总方案。各区县、园区和各活动执行单位针对每项活动制定疫情防控细案。按照“严格第一、热情第二、方便第三”的原则，将安保和疫情防控工作紧密结合，同步进行。对酒博会重要活动场所定时定点进行消毒消杀，设置安保、安检、测温等设施设备，对进出入人员应检尽检，通过实名制出示健康码、全程佩戴口罩方可观展参展等方式，确保酒博会期间疫情防控工作万无一失。本届酒博会的疫情防控措施，将为我市今后举办大型展会提供宝贵的可借鉴经验。

综上所述，在国内“双循环”新发展格局背景下，酒博会对于提高酒类产品质量，塑造酒业品牌发展，推进酒业发展区域合作和国际合作，提升知名酒类品牌知名度和影响力，为中国酒业开拓更加广阔的发展空间，起到了非常好的平台作用。

资料来源：《第十五届中国国际酒业博览会总结报告》，2020 年 12 月 15 日，https://www.cada.cc/item/1207.aspx。

本章小结

（1）明确展览会现场服务内涵，并按照展览进度、策划对象、策划内容划分展会服务内容。掌握展览会现场服务的基本特征，在展会服务过程中注重服务原则。

（2）展览会开幕式要注重要点，并利用创新策划技巧增加关注度。开幕式同时

需要在现场布置各个环节针对展会内容合理安排,营造良好氛围。

(3)展览会现场服务的内容较为复杂,并且区别于一般服务有其特殊性,现场服务要讲究原则,并且注重现场服务管理的创新。在布展、撤展和开幕式工作中都需要注重服务细节,关注参展者体验。

(4)展览会现场服务责任重、内容多,服务要注重创新,应从传统服务到科学服务、从被动接待到主动设计、从直线管理到网络管理。

思考与练习

1.试述展会现场服务的主要内容。

2.试述展会现场服务与一般服务的区别。

3.试述开幕式策划流程。

4.结合实例,谈谈展会现场服务发展趋势。

案例一

2010 中国国际广播电视信息网络展会的服务特色

中国国际广播电视信息网络展会(China Content Broadcasting Network, CCBN),是由国家广播电影电视总局主办,广播科学研究院联合中国有线电视网络有公司,全国各省、自治区、直辖市广播电视厅局共同承办的一年一度的专业性、世界级广播电视技术行业盛会。

作为亚太地区规模最大的广播影视技术设备展会、世界排名首位的数字电视与宽带网络行业盛会,2010 中国国际广播电视信息网络展会吸引了来自世界上 30 多个国家和地区的近 1000 家企业和机构参展(其中民族企业参展面积占总面积的 85%以上),展出面积 69000 平方米,占用了中国国际展览中心全部 15 个展馆和 1 个室外展场。2010 中国国际广电视信息网络展会共有近 29 万名观众参观,其中来自全国各级广电局、电视台、电台、有网络公司以及各相关部委、大专院校等专业参观人士超过 9 万人,并接待来自欧美、非洲、亚太等国外参观机构达 135 家。

2010 中国国际广播电视信息网络展会在做好相关服务的基础上,利用最新技术服务于观众和厂商。大屏幕电子显示系统上的视频内容并彩纷呈,让展会更加科技化、人性化和多元化;中国国际广播电视信息网络展会官方网站全新改版,极大地方便了观众、厂商的报名流程。

制作参观指南手册,为业内参展商及观众提供一个简易、快捷的指引手册,全面介绍中国播电视信息网络展会展览、会议、住宿、用餐以及北京相关旅游景点;增设咨询台和资料发放处,使得参展观众能随时随地了解展会的最新资料和信息。

此外，组委会还为驻会代表精心作备了参观考察节目，使中国国际广播电视信息网络展会的服务更为人性化，更具创新性。

资料来源：刘嘉龙主编：《会展策划与管理》，中国旅游出版社2015年版。

☞ 问题

1. 2010中国国际广播电视信息网络展会的服务优良体现在哪些方面？
2. 查阅资料，试分析媒体服务策略。

案例二

世博园区物业管理颠覆传统理解

进世博园区的那一刻，明华、浦江、上房等物业管理企业才真正意识到，他们对物业服务的理解将被全面颠覆——尽管早在上海申博成功后不久，他们就已开始为竞聘世博园区物业管理而积极筹备，并且以优良的资质和出色的方案在公开竞标中赢得了合约。

物业服务范围之广、规模之大、难度之高，让这些物业企业大吃一惊。承担中国馆和世博公园两大区域物业服务的明华物业用“1000”“7”“5”三个数字形容他们所要挑起的担子：单单一个中国馆，明华便要安排1000名左右的物业服务人员，承担礼宾、引导、讲解、设备维护、秩序维护、保洁等工作；中国馆内的影院，要求引导员在7分钟内疏导完700位游客，引导员们的领队此前一直在上海负责同类工作，她说“难度是科技馆的10倍”；而在世博公园，物业服务人员必须每天在长达5公里的沿江岸线来回步行巡逻，确保设施正常运转、游客有序。

园区物业服务的技术含量很高，这是对物业企业最大的挑战。“上海世博会是科技的盛会，对承担设施设备日常操作和维护工作的物业服务人员来说，多一件新设备就意味着增加一项‘回家作业’。”明华物业助理陆亚仙告诉记者，世博公园内安装着一个目前世界上技术最高的音乐喷泉，长200米、喷水高度80米，“我们要趁法国技术人员调试时搞懂它，不但学会操作，还要掌握基本的故障排除方法——物业服务人员得先‘啃’下厚厚的说明书，才能和对方‘对上话’，单靠上班时间显然不够”。

上海市物业管理行业协会会长蔡兴发用“超级管家”形容世博园区所需要的物业服务：“每一个园区物业服务合约，都涉及成百上千个有一定技术含量的岗位，同时隐含着无法计数的不确定因素，对物业企业的资源调度能力、统筹协调能力、应急管理能力都是巨大考验——世博园区的物业企业必须具备‘超级管家’的素质。”

根据物业管理行业协会的统计，进驻世博园区的物业管理人员大约有1.5万名，90%以上是各企业新招聘的年轻人。学历高、精力旺、有热情是他们的优势，也是高质量完成工作的基础条件；但经验不足和职业技能相对缺乏则是弱项。为了在最短时间内让这些物业管理领域的"菜鸟"成长为"超级管家"，物业管理行业里的党组织开足马力。

去年7月，明华、上房、浦江、上实、陆家嘴、百联、申能、东湖等8家承担世博园区70%以上日常运营工作的物业管理企业，发起在行业协会平台上成立"物业服务联盟"的倡议；此后不久，在"联盟"基础上设立临时党委的构想趋于成熟。在临时党委的组建过程中，明华公司党委邀请日本爱知世博物业管理人员前来授课，并主动向其他7家公司开放课程。在这一课程的基础上，上房集团结合自家资源，形成了为期一个月左右的世博物业服务培训体系，包括哑语等为残障人士服务的特殊技能。

资料来源：董山峰：《"物业管理"因世博而变——对话上海市物业管理行业协会会长蔡兴发》，《光明日报》2010年10月30日。

☞ **问题**

1. 上海世博会物业服务的难度体现在哪里？
2. 上海世博会物业服务为完善服务采取哪些措施？

第六章　会议创新创意与策划组织

学习导引

“办好一次会，搞活一座城。”会议对城市形象的塑造、宣传有着重要的作用，会都模式便是最好的证明。近年来，随着会议产业的兴起，一些城市因其得天独厚的条件，成为闻名遐迩的会议举办目的地，这种新的城市发展模式，被称之为会都模式。会都模式是会议产业聚集发展的结果，这些城市以会议接待为主导，拥有大规模会议设施、休闲度假项目、酒店等。因此，如何进行会议创新与创意，并有效地策划和组织，以提高会议知名度和竞争力，最终促进当地会议产业及举办城市的发展，值得深入探讨。

学习重点

通过本章学习，重点掌握以下知识要点：

1. 会议的概念、含义。
2. 会议创新和创意。
3. 会议策划的要素、内容、流程、原则，以及策划方案的要义。
4. 会议现场的组织与管理。
5. 会议评估宗旨与方式。

在现代社会，会议是人与人之间、甚至国与国之间非常重要的交流方式，对国家或区域的政治稳定、经济发展、文化传播等诸多方面有着十分重要的影响。近年来，中国会议产业发展迅速，会议数量迅速增多、会议规模逐渐扩大、会议运营的专业化程度不断提高，会议经济对航空业、物流业、酒店业等相关行业发挥着良好的带动效应。本章从会议的含义、会议的构成要素、会议的特点及功能、会议创新与创意、会议策划及组织、会议管理及评估等方面进行阐述，对会议进行全面介绍。

第一节　会议概要

一、会议的概念及含义

"会议"中的"会"有"会合""会面"等含义,"议"有"商议""讨论""商讨"等含义。在现代社会发展过程中,会议成为人们开展政治、经济、文化、商贸等活动的重要形式。孙中山提出:"凡研究事理而为之解决,一人谓之独思,二人谓之对话,三人以上而循有一定规则者,则谓之会议。"①马勇、王春雷提出:"会议是指人们为了解决某个共同的问题或出于不同的目的聚集在一起进行讨论、交流的活动。"②陈楠提出:"会议是一定数量的人,围绕一个共同的主题或出于不同的目的,有组织地聚集在特定地点,按照一定规则所进行的讨论、交流活动。"③

美国会议行业委员会(Convention Industry Council,CIC)将会议定义为"一定数量的人聚集在某个地点进行协调或执行某项活动"。联合国世界旅游组织(United Nations World Tourism Organization,UNWTO)将"会议"定义为10人或10人以上的人群在一个签约地至少四个小时以上时间的集会。集会的目的是为了做生意,分享彼此的想法,相互学习,就专业、科学和业务上的问题展开讨论。

综上,关于会议的定义,是指人们怀着各自相同或不同的目的,围绕一个共同的主题,进行信息交流或聚会、商讨的活动。一次会议的利益主体主要有主办者、承办者和与会者(许多时候还有演讲人),其主要内容是与会者之间进行思想或信息的交流。

二、会议特点与功能

会议的举办要确保时间性、聚集性、民主性、开放性等特性,掌握业务范畴、空间范围及行业限度。同时,还要兼顾开放交流功能,促进经济发展,以及提升知名度、提高文明程度、塑造城市形象等社会效益的实现。

(一)会议的特点

1. 时间性

会议的举办都有一定的时间限制,会议不可能无时间限制,任意召开。一般而言,会议都有大致的举办时间规定。以中国会议产业大会(China Meetings

---

① 孙中山:《建国方略》,《孙中山全集》第6卷,中华书局1985年版,第415页。

② 马勇、王春雷主编:《会展管理的理论、方法与案例》,高等教育出版社2003年版,第20页。

③ 陈楠主编:《会展业概论》,北京大学出版社2014年版,第36页。

Industry Convention,CMIC)为例,如表 6-1 所示,每届均有其举办时间。

表 6-1　　　　　　　　　　历届中国会议产业大会概况

	举办时间	举办地点(北京)	主题	人数
第一届	2009 年 1 月 9～10 日	北京远望楼宾馆	在产业链的合作中寻求突破和创新	500 人
第二届	2009 年 11 月 25～27 日	国家会议中心	探讨·交流·合作·共赢	800 人
第三届	2010 年 11 月 4～5 日	北京万豪酒店	绿色会议·合作创造竞争力	1100 人
第四届	2011 年 12 月 9～5 日	国家会议中心	会议·品牌	1400 人
第五届	2012 年 11 月 28～30 日	国家会议中心	会议产业——融合、变革与新组合	1500 人
第六届	2013 年 12 月 2～4 日	国家会议中心	新探索　新机遇　会议产业新未来	1700 人
第七届	2014 年 12 月 2～4 日	国家会议中心	移动,让会奖飞翔	2800 人
第八届	2015 年 12 月 7～9 日	国家会议中心	新技术·新体验·新玩法	2800 人
第九届	2016 年 11 月 8～10 日	北京雁栖湖国际会展中心	聚·创·会奖新体验	2500 人
第十届	2017 年 12 月 4～6 日	北京雁栖湖国际会展中心	会奖十年——成长与超越	2500 人
第十一届	2018 年 12 月 6～8 日	北京雁栖湖国际会展中心	创意·设计·竞争力	2800 人
第十二届	2019 年 12 月 4～6 日	北京雁栖湖国际会展中心	探索·突破·创未来	2500 人

资料来源:《CMIC 历届回顾》,http://www.hweelink.com/cmic2019/successive。

2. 聚集性

会议期间,与会代表在会议举办的时间段聚集于会议城市。例如,在江西南昌举办的 2019 世界 VR 产业大会,有来自国内外 11 位院士、50 多所著名高校的教授、20 多家著名研究机构的专家学者,国内近 20 个地方虚拟现实行业协会/联盟的代表,以及来自全球 30 多个国家和地区的近 2000 家虚拟现实领域企业代表等。大会同期举办 2019 世界 VR 产业大会 VR/AR 创新奖颁奖仪式、虚拟现实产业创新大赛、VR 国际电影节、VR 电竞大赛、VR 课件设计与制作大赛等活动。此外,会议期间举办的 2019VR/AR 产品和应用展览会,有 215 家参展商参展,其中境外参展商约 40 家。这些活动和展览带来成千上万的参赛者、观赛者、参展商、采购商、观众等。可见,会议对业界、学界、商界等相关人士有强烈的聚集效应。

3. 民主性

会议的举办本身体现着民主性。首先,会议代表是代表着一定数量的社会公众,他们在会上有权力了解信息并发表观点。例如,一些重要的政府会议,人民代表向政府提议、献策等。其次,会议过程中的集体讨论、投票表决等环节,便是民主的表现。例如,公司大会投票推选优秀职工代表等。

4. 开放性

会议举办期间,来自各地的会议代表,不仅带来专业领域的最新信息、技术等,还带来了不同文化、不同文明,这些促进了城市包容度,体现了开放性。尤其一些重要国际性会议,会议代表来自不同的国度,会议举办城市通过接待会议代表,增强了城市的开放性。

5. 行业限度和空间范围

会议以行业、专业等为限度。行业会议,如图书出版、工业制造等;专业会议,如医学、农学等。任何会议的辐射范围都是有限的,按区域可分为世界级、国家级、省级、地市级、县乡级、村级。

(二)会议的功能

1. 开放交流

会议是参会人员进行信息交流、政策商定、技术分享等最有效的方式。会议能提供最新信息,促进政治、经济、文化、科技等交流。尤其是一些大型国际会议,通常能够提供国际水平的学术、文化、科技、教育、经济走向等最新信息。在专业性国际会议中,一般会有专业领域内的专家发言或作演讲,他们会把专业发展中最先进、最前沿的研究信息等传递出来,这无疑是参会人员接收新信息的最佳机会。另外,会议代表来自不同地区,甚至不同的国家,会议过程中的彼此间交流,不但促进了信息、技术等共享,还增进了专业领域外,如文化、习俗等方面的相互了解。

2. 经济效益

会议的频繁举办,尤其是国际会议的举办,带动了入境过夜游客的增加,推动了餐饮业、住宿业、交通业、旅游业等相关营收。会议与展览、旅游的融合,促进了服务产业的发展。会议与展览的融合主要表现在两个方面:一是会议附带展览。例如,许多大型会议附带着新技术、新产品的展览。二是展览附带会议的数量、层次、规模不断增大。例如,一些动漫展,附带举办动漫产业发展高层论坛等。会议与展览的融合,不但促进参会人员餐饮、住宿、交通等消费,还能促进展览带来的参展商与观众的吃、住、行、购、游等消费,更能直接推动展览活动所涉及的物流运输、场馆租赁、展览设计、广告等相关行业的发展。

会议与旅游融合也逐渐紧密,尤其是与奖励旅游的紧密结合。例如,一些会议倾向于选择风景优美的旅游目的地作为会址，以便安排与会者在会前或会后进行旅游活动。这些旅游活动促进了相关行业的经济收益，为城市经济发展注入了强大的活力。据统计，会议旅客人均消费是普通观光游客的2～3倍。如到新加坡的游客平均逗留时间为3.7天、消费710新元，会议旅客平均逗留时间为7.7天，消费达1700新元。[①] 会议本身及相关展览、旅游活动，能促进城市经济的综合发展，拉动相关产业的发展，增加大量的就业机会。

3. 社会效益

会议产生的非经济效益往往大于经济效益。国际会议是最好的城市广告，不仅能向与会者展示城市文化风貌，而且得益于媒体的进驻与报道，将会对城市起到很有效的宣传作用，提升城市的知名度与美誉度。例如，法国巴黎因其城市发达、文化深厚、风光旖旎，成为众望所归的会议目的地，会议市场颇具规模，巴黎由于每年承办数百个国际大型会议，被誉为“国际会议之都”。会议的后续效应，还体现在提升城市知名度、塑造其形象。如中国杭州休闲城市发展国际论坛，该论坛自2004年起由杭州市政府、世界休闲组织、浙江大学开始联合举办，是国内休闲领域历史最久和学术水平最高的论坛之一。由于该论坛一直在杭州举办，杭州因此取得了2016年第三届世界休闲博览会的申办权，其主题“休闲让生活更美好”，进一步提高了杭州休闲文化的知名度。又如，2018年上海合作组织青岛峰会，习近平总书记给予了充分肯定，并提出要总结“办好一次会，搞活一座城”的有益经验，推广好的做法，弘扬好的作风，扩大办会效应，积极开拓创新，以推进青岛及整个山东的新发展。再如，瑞士达沃斯小镇作为达沃斯论坛的永久性会址，因论坛的举办变得举世瞩目，这也为达沃斯带来发展会议旅游的契机。达沃斯依托会议开启了与瑞士各大旅游名城不同的差异化路线，凭借经济论坛带来的客源与名声，放大“滑雪胜地”优势，进一步开拓了旅游市场。

延伸阅读

ICCA

国际大会与会议协会（International Congress & Convention Association，ICCA）创建于1963年，总部设在荷兰阿姆斯特丹，是全球国际会议最主要的机构组织之一，也是会务业最为全球化的组织。ICCA的首要职能是通过对实际操作方法的评估以促使旅游业大量融入日益增长的国际会议市场，同时，也为会议相关市

① 参见陈乡：《城市会展旅游开发模式研究》，南京师范大学2006年硕士学位论文。

场的经营管理交流实际信息。ICCA 致力于为所有会员提供最优质的组织服务，包括：提升参展成员的技巧及理解、为成员间交流信息提供便利、为成员最大限度地发展商业机会、根据客户的期望值提高并促进专业水准。

ICCA 的年度统计报告是全球会议行业最令人期待的报告之一。其中，ICCA 年度国家和城市排名对举办地在吸引国际会议方面的表现进行全球比较，这使该排名备受会议从业者期待。

2019 年 5 月 12 日，ICCA 发布了 2019 年国际协会会议数量排名。据悉，2019 年统计数据共捕获了 13254 个国际协会会议，是其历年年度统计数据中的最高年度数字，相较去年增加了 317 个。与往年相比，ICCA 在协会会议市场上看到了令人振奋的持续增长模式。ICCA 协会数据库现有 21000 个定期会议，260000 次分期会议和 12000 个国际协会会议。

2019 年全球城市排名：巴黎依然保持第一位，巴黎连续两年居于举办国际协会会议数量城市排名第一的位置。其次是里斯本，该市的会议数量较去年增加了 38 场，排名也比 2018 年的第 6 位上升了 4 位。前 5 名的常规竞争者柏林(第 3)、巴塞罗那(第 4)和马德里(第 5)再次晋级，但位次较 2018 年有所变动。

2019 年全球国家排名：美国稳居榜首，在过去的二十年里始终处于世界第一的位置。前 20 名保持相对不变，仅个别国家的位次有小幅度上升或下降。法国从 2018 年的第 4 上升至第 3 位，与西班牙互换位置。值得一提的是中国在本次排名中位列第 7，较 2018 年上升一个名次，会议总量增加 90 场。

2019 年中国(不包括港、澳、台)城市排名：北京、上海、杭州排前三。据 2019 年调查报告显示，北京、上海、杭州的位次依然同 2018 年一致，占据本条榜单前三位。杭州虽然举办国际会议的数量与位居前两名的北京、上海仍存在一定差距，但从中不难看出，杭州在近年来对于国际会议的吸引力在渐次增强。一个城市举办国际会议的数量，在某种程度上决定着该城市的国际化程度。

资料来源：徐依娜：《巴黎连续两年蝉联首位　ICCA 发布 2019 年国际协会会议数量排名》，《中国会展(中国会议)》2020 年第 10 期。

第二节　会议创意与创新

一、创意与创新的含义

创意(Create New Meanings),是指创出新意,也指创出的新意或意境。创意涉及文化、内容、管理、产品等方方面面,甚至形成产业。1998 年,英国在出台的《英国创意产业路径文件》中明确提出:“所谓创意产业,就是指那些从个人的创造力、技能和天分中获取发展动力的企业,以及那些通过对知识产权的开发,创造潜在财富和就业机会的活动。”①

创新(Innovation),包含“更新”“创造新的东西”“改变”三层含义。创新是推动人类社会经济发展的关键因素。会议产业需要不断创新,才能更好地推出高质量会议产品、打造出新颖性会议活动,以适应市场要求及客户需求,推动其可持续发展。

会议活动的策划组织与管理实施需要不断地创意与创新,才能更好地适应客户需求。会议创意与创新有助于满足不断增长的市场需求、增强举办会议的影响力、丰富会议产品的内涵,从而实现会议产业的可持续发展。

二、会议创意与创新的原则

会议创意与创新的方法,包括集中相关专家进行议案的头脑风暴法、站在会议客户角度思考的逆向法、由相似或相近活动进行灵感激发的联想法等。

会议创意与创新需遵循特色原则。随着时代不断的发展,客户偏好各有侧重,个性化需求不断增强。参会者的参会目的,不只是常规的信息交流,还注重会议过程的体验感、服务的细致化。会议企业为了使自己获得突破性发展,不断发掘服务特色,积极创新,以创造出与其他企业会议产品相对的优势。这突出表现在会议的策划方面,尤其是商业性会议,如公司年会、客户答谢会等,一些特色活动或互动环节的穿插,让参会者从传统的坐着听会者,变成站起来的“舞者”“歌者”“游戏大咖”等,不仅活跃了会议现场,也让参会者彼此进一步熟悉,极大地满足了与会者的体验需求、提升了社交效果。

会议创意与创新须遵循以人为本的原则。会议创意与创新的最终目标是满足会议主办方、参会人的需求,这就需要做到两点。一是在会议策划与组织环节,会议承办方按客户(主办方)要求实现会议产品定制化目标;二是在会议服务方面,全

① 转引自包铁全、郭旭峰:《文化创意产业视角下的体育产业发展战略》,《中国商贸》2009 年第 11 期。

面考虑参会者的诉求及特点,以满足其个性化、细致化需求。具体而言,会议承办方既要满足主办方成本(资金、人力、物力等)节约的要求,又要打造满意度高的产品,满足参会者的信息交流诉求及舒适的体验感。总之,会议创意与创新要注重效率与效益,平衡各方关系,优化各方利益结构,以推动相关方的和谐共享。

会议创意与创新要遵从市场需求原则。会议的创意与创新要适应时代发展的需要,与时俱进,即从策划与实施到营销和服务,都要紧跟时代步伐,并针对不同类型的会议活动给予适应时代发展、客户需要、市场需求的策划与设计。这仰赖于会议研究者或会议产品开发者所具有丰富的知识储备与实践经验、先进的创新理念和思维,以及对需求市场信息的灵敏反应力和新商机的敏锐发现力。

三、会议创新的方式

(一)主题创新

鲜明的主题是会议主旨的体现。会议主题的发布可使会议目标更为聚焦,参会者可以有的放矢。主题创新有两种主要途径:一是保持传统会议原有主题,深入挖掘其文化内涵及核心目标,赋予主题以时代新意,并开发一些新颖的配套活动,使之更突出,如颁奖大会、客户答谢会等;二是依据形势发展需要,确定某一特定主题,并创新设计一些与之相协调的议题,如政府会议、国际论坛等,可拟定契合发展需要的会议主题,有利于参会者围绕面临的共同问题进行集中探讨,甚至提出解决方案。以二十国集团(G20)峰会主题变迁为例,G20 峰会机制在全球金融危机的背景下应运而生,现已成为公认的国际经济合作主要平台,在全球经济治理中发挥着重要的顶层设计作用。历届峰会主题如表 6-2 所示。

表 6-2　2007～2019 年 G20 领导人峰会主题

	举办地点	中文主题
2007 年 11 月	南非开普敦	确保世界金融市场稳定
2008 年 11 月	美国华盛顿	全球复苏,金融监管
2009 年 4 月	英国伦敦	改革国际金融体系
2009 年 9 月	美国匹兹堡	国际金融体系改革和全球经济失衡
2010 年 6 月	加拿大多伦多	推动世界经济全面复苏
2011 年 11 月	法国戛纳	应对欧债危机、促进全球经济增长、加强国际金融监管、促进社会保障和协调发展
2012 年 6 月	墨西哥洛斯卡沃斯	加强国际金融体系和就业、发展、贸易
2013 年 9 月	俄罗斯圣彼得堡	国债发行和管理体系的现代化

续表

	举办地点	中文主题
2014 年 11 月	澳大利亚布里斯班	促进私营企业成长,增加全球经济抗冲击性和巩固全球体系
2015 年 11 月	土耳其安塔利亚	共同行动以实现包容和稳健增长
2016 年 9 月	中国杭州	构建创新、活力、联动、包容的世界经济
2017 年 7 月	德国汉堡	塑造联动世界
2018 年 11 月	阿根廷布宜诺斯艾利斯	为公平与可持续发展凝聚共识
2019 年 6 月	日本大阪	全球经济、贸易与投资、创新、环境与能源、就业、女性赋权、可持续发展以及全民健康

资料来源:《回顾历次 G20 领导人峰会主题与成果》,2018 年 12 月 1 日,http://world.people.com.cn/n1/2018/1201/c1002-30436401.html。

(二)环境创新

会议环境各个要素的调整、变化、创新,对参与者的视觉、听觉、触觉、味觉等感官体验将产生不同的影响,从而有效地提高参会者的体验效果与身心愉悦度。[①] 会议环境创新可从举办场所,甚至是举办地的调整和创新做起,包括更新会议硬件设施,提升会议举办场地环境,塑造举办城市软环境等。以博鳌亚洲论坛(Boao Forum for Asia,BFA)的成立与海南博鳌镇的建设为例。"亚洲论坛"是由菲律宾前总统拉莫斯、澳大利亚前总理霍克和日本前首相细川护熙于 1998 年 9 月最先倡议举办的。1999 年 10 月,胡锦涛在会见论坛发起人时,提出为论坛的创建提供支持与合作。在确立将论坛总部选在中国海南博鳌之后,海南省政府为论坛的创建和运作提供了高效、优质的服务以及多方面的支持。其中,最有力的支持体现在为论坛专门设计并建设集生态、休闲、旅游、餐饮、住宿、智能会议服务等功能于一体的博鳌综合区。2001 年 2 月 26～27 日,博鳌亚洲论坛成立大会在海南博鳌举行。自此,博鳌作为"亚洲论坛"永久性的会址,成为名扬世界的会议之城。

为迎接重要会议的召开,举办城市不但应加强基础设施、会议配套新设施等硬环境的建设,还应加强城市文明等软环境的塑造。硬件建设方面,主要包括对会议场馆、交通设施等的建设或修缮,设备仪器和会议用品的购置等;软环境的提升方面,主要包括举办城市市容市貌的建设、市民文明教育的加强、会议相关接待人员的礼仪、技艺培训等。可见,举办会议不但促进了城市建设和城市文明程度的提高,也为市民开阔眼界、提升自身素养提供了更多的机会。

① 参见王青道:《后内容时代的会议该怎么策划》,《中国贸易报》2014 年 9 月 30 日。

（三）技术创新

技术创新及新技术应用不仅可以提升会议主办方、承办方的工作效率，还能增强会议及活动的体验感和愉悦感。许多现代技术成果都可以被应用到会议运行的各个环节中，以提升管理与服务水平、增强视听及互动体验感、活跃现场氛围、加强信息交流和分享、呈现更好的娱乐效果等。主要表现在以下四个方面：其一，数字时代，数字技术及数字内容的创新与应用为会议带来直观和新奇体验感。会前邀请过程，除了用传统纸质邀请函，还可采用电子邀请函、H5 等更迅捷更直观的方式，如此不但提升了邀请效率，而且精美动感十足的邀请内容还能起到更为广泛宣传效果。其二，万物互联时代，物联网技术（IOT）可广泛应用于会议服务及活动中。例如，会议入场射频闸机、人脸识别系统、定制电子手环等，能提高入场效率。又如，会议互动活动环节中，数字互动电子墙、手机互动抽奖系统等，能激励参会者参与互动。再如，会议场馆中，远程温控、声控、光控设备等，可以有效地为参会者带来舒适的体验。其三，AI 人工智能创新应用于会议营销及现场服务。例如，会议官方网站使用 AI 技术，可为客户提供咨询、对产品进行营销。又如，定制会议机器人，能让人工智发挥会场引导、提供咨询和互动娱乐等功能。其四，视觉技术应用于会议相关活动环节中，可增强参会者互动体验效果。例如，VR（Virtual Reality）虚拟现实技术为参会者提供沉浸式体验；AR（Augmented Reality）增强现实技术，让参会者通过屏幕感受虚拟与现实的叠交并进行互动；MR（Mix Reality）混合现实技术通过合并现实和虚拟世界产生新的可视化环境，让在该环境中现实物体和数字对象共存并实时互动。

（四）策划创新

会议策划创新，首先要确定创新的方针，然后进行市场调研，收集有关资料和数据并进行整理和分析，进而根据调研情况构思并提出会议创新方案，最后对方案进行综合评价并筛选，确立创新方案并按计划实施。会议结束后及时对创新部分和创意点进行评估和客观评价。会议策划创新，包括场景创意、形式创新以及增设特色活动等。

1. 场景创意

会议场景创意，一方面体现在会议视觉设计的更新上，包括会议的声光电、台型、餐桌布置、产品展示、合作洽谈、茶歇形式等设计与创新。另一方面体现在会议氛围的营造上，如政府会议需要庄严、简约；客户答谢、企业年会等商业性会议需要热闹、活泼、鼓舞性；新产品推介会、颁奖活动则需要极致、浓烈，有引爆点活动环节。这都需要会议策划者，开阔思路、灵活创新，设计出契合不同形式、不同情景的创意。

2. 形式灵活化

会议形式灵活多样，其所承载的内容，更容易让参会者留下美好的回忆。如在常规的文稿、PPT 等陈述方式的基础上，采用 Story Teller(讲故事)等创新模式，可以增强会议内容的趣味性及感染力。会议内容呈现形式的灵活创意，主要包括会前的邀请函、关系图、微站建设等；会中的微电影、动态 PPT、Flash 短片、视频、互动 Show 等。对于一些商业性会议，为活跃气氛可以在会前、会中穿插一些视频、舞蹈、Liveshow 等。[①]

(五)服务创新与创意

据相关研究统计，"获取一个新客户的成本是维护一个老客户成本的 5 倍"。为了更好地吸引客户，留住客户，增加客户对会议产品及服务的黏性，需要从为客户提供个性化的创意服务等方面着手。

首先，做好会议产品展示，条理清晰地展示历届会议的举办资料，包括文字、统计数据、照片、视频等。一是通过官网、自媒体等网络平台进行线上展示；二是将整理好的各项资料，以画册或影像形式向客户进行线下展示；三是可以梳理、整理往届会议档案，供相关客户查阅，甚至可以通过 VR 等新技术展示，实现场景再现。会议相关活动的展示，能让客户能看到会议产品及服务的稳定内核和输出标准。

其次，会议企业对定制会议产品的相关客户，要有足够的了解，尤其是对客户的核心需求及个性化要求要有充分的了解，同时，要求相关工作人员做到咨询服务态度好、业务扎实、考虑周全、重视细节。

再次，在服务的提供及交付过程中，要让客户了解，甚至参与进来，包括策划案的制定、项目的实施、相关活动的组织与管理等。如此一来，客户对整个会议活动具有可控的稳妥感，并对会议的成功举办充满信心。

最后，会后反馈。应力促客户对会议产品及服务满意度、流程体验等进行及时反馈。会议企业客服部在会后可通过电话、微信、邮件等方式及时主动回访客户，以改进不足、提升质量。如"华为生态伙伴大会 2018"，软件工程师通过市场调研，根据客户需求设计会议服务软件，将现场管理、精细化运营的手段运用到会议服务中，打造出包括会场服务、智能导引、精准营销、网上直播以及智慧商旅智能化一站式服务。

(六)宣传及营销创新

会议宣传及营销创新所涉范围甚广，大到对会议举办城市的整体宣传，小到对具体会议项目的精准营销。

---

① 参见王青道：《后内容时代的会议该怎么策划》，《中国贸易报》2014 年 9 月 30 日。

1. 会议举办地整体宣传

会议的举办有利于举办地知名度的提升。大型会议，尤其是重大国际会议对举办城市、举办国家的知名度提升有着重要影响。以亚太经合组织(Asia-Paciffic Economic Cooperation, APEC)会议为例，APEC 是亚太地区层级最高、领域最广、最具影响力的经济合作机制，1989 年宣告成立。APEC 举办期间，全球主流媒体集结传统媒体、新媒体聚焦举办城市，通过纸媒、广播电视、网络平台等进行全方位的宣传报道，对举办地甚至举办国知名度提升都发挥了重要的作用。

2. 会议产品的营销

数字时代的营销模式由“以产品为中心”向“以客户为中心、以客户数字化信息数据为核心”转型。主要体现为基于参会大数据的智能观众邀约，并对参会人员相关行为进行大数据分析，即利用大数据监测与分析输出全方位的观众画像，改变传统会议被动报名的模式。通常做法为，利用数据平台对参会人生命周期中各阶段的消费行为、购买习惯进行分析，生成客户画像，有助于后续向客户实施精准的邀请和推送，实现精准营销，从而提高会议产品的续购率。

第三节　会议策划内容与流程

会议策划要明确要素、内容，掌握相应流程、遵循相关原则。策划方案的关键之处，是契合会议特点、发挥会议功能，把握好会议议程的制定、会议日程的设计、成本预算等相关要务。

一、会议策划的要素

会议策划一般包含十一个要素，即会议名称、会议时间、会议地点、会议议题、会议成员、会议结果、会议方式、会议议程、会议日程、会议程序、会议预算。

(1)会议名称，主要显示会议的内容，有时也能揭示会议性质。如全国人民代表大会、中国人民政治协商会议，显示了政治属性。

(2)会议时间，是指会议召开及结束的具体时间，会议的召开都有规定的时间。例如，中国“两会”的召开时间是每年的 3 月份，又如，公司年会举办时间通常为年末。

(3)会议地点，是指举办的场所。一些重大会议都有固定的开会场所，如“两会”是在北京人民大会堂举办，博鳌亚洲论坛(BFA)总部的永久地在中国海南博鳌，自 2002 年起，该论坛年会每年定期在此召开。而一些重大国际会议，则是在世界范围内征选举办地点，比如每五年举办一次的国际历史科学大会，在世界不同的国家举办，第 22 届国际历史科学大会于 2015 年 8 月在中国山东济南举办。

(4)会议议题,也可称为议案,是指会议要讨论的中心和主题,尤其指会议中须重点讨论或解决的问题。通常情况下,在会议召开过程中会围绕议题进行有针对性的讨论和研究。例如,2015 年 3 月 3 日,全国政协常委会首次将党风廉政建设列为专题议政性常委会议议题。再如,2019 年在智利召开的 APEC 领导人非正式会议三个主要议题为"服务和数字经济""区域性互联互通""妇女与经济增长"。

(5)会议成员,是指出席会议的人员,也是构成会议的主体。比如,中国"两会"的出席成员为人大代表、政协委员。

(6)会议结果,是指会议实现目标或完成议题的程度,是会议成员共同作用的结果。

(7)会议方式,也称会议形式,是指完成会议所采用的方式、手段等,主要体现在会议活动形式和会议精神传递方式。会议的形式主要包括全体大会、座谈会、研讨会、论坛、专题讨论会、辩论会、讲座、电视电话会议、网络视频会议等。通常情况下,中国重大的政治会议主要采用全体大会和座谈会形式。

(8)会议议程,是指整个会议议题性活动顺序的总体安排,也指为保障会议顺利召开需要遵循的程序,包括会议的议事程序和列入会议的各项议题,但不包括会议期间所举办的仪式性、辅助性活动。它包括两层含义,一是指会议的议事程序,二是指列入会议的各项议题。① 会议议程的制定由会议的组织者和主办者来确定,会议议程是主持人主持会议活动的基本依据。

延伸阅读

中国人民政治协商会议第十三届全国委员会第二次会议议程

一、听取和审议政协全国委员会常务委员会工作报告。

二、听取和审议政协全国委员会常务委员会关于政协十三届一次会议以来提案工作情况的报告。

三、列席第十三届全国人民代表大会第二次会议,听取并讨论政府工作报告及其他有关报告,讨论外商投资法草案。

四、审议通过政协第十三届全国委员会第二次会议政治决议。

五、审议通过政协第十三届全国委员会第二次会议关于常务委员会工作报告的决议。

六、审议通过政协第十三届全国委员会提案委员会关于政协十三届二次会议

① 参见许传宏编著:《会展策划与管理》,华中科技大学出版社 2019 年版,第 132 页。

提案审查情况的报告。

资料来源:《中国人民政治协商会议第十三届全国委员会第二次会议议程》,2019 年 3 月 3 日,http://www.xinhuanet.com/politics/2019lh/2019-03/03/c_1124187499.htm。

---

(9)会议日程,是构成会议活动的核心元素,会议的核心环节由一系列的会议日程活动构成。会议日程是将各项会议活动(包括仪式性、辅助性活动)落实到具体的单位时间,凡会期满一天的会议都应制订会议日程,以便与会者和会议工作人员了解会议的具体进程。会议日程也是对完成各项议程需要时间的预测和限制,以便准确地掌控时间,从而提高会议的效率,确保会议准时而有序地进行。会议日程安排要结合参会者到达和离开时间,对会议活动、会议主题内容、活动场所等进行妥善筹划。除正式会议议程外,对参会者的用餐、参观、娱乐和休息等,也都要做周密的考虑和详细的安排。会议日程通常是由时间和事件活动组成的表格,表格要重点突出开幕式和闭幕式这两大环节。[①] 如表 6-3 所示。

表 6-3 2019 第七届全球云计算大会·中国站会议日程(节选)

第一天:2019 年 9 月 4 日(周三)	
	宴会厅 1+2 开幕式 & 主题论坛——新技术、新转型、新机遇
8:30—9:00	签到注册 & 社交早茶
9:00—9:10	开幕式:指导单位宁波市政府领导致辞 宁波市大数据局发布“C30 共识” 主办单位 Informa Markets 中国区副总裁张明致欢迎辞
9:10—10:00	云计算,雾计算,5G 和数字化战略 Joe Weinman,5G 数字转型战略家,“云经济学”之父,十大云计算领袖
10:00—10:15	茶歇
10:15—10:45	数字化转型,智创产业发展 苏玉学,创始人,宁波腾讯云产业基地
10:45—11:15	数字产业发展和国内安全市场展望 王鹏达,总经理,中国电科云公司
11:15—11:45	您知道企业成功转型的 4Ps 吗?

① 参见周健华编著:《会议策划与组织》,北京师范大学出版社 2020 年版,第 198 页。

续表

11:45—13:30	午餐
13:30—14:15	云和人工智能——云如何简化人工智能
14:15—14:45	AIoT 的机会
14:45—15:15	云网融合,智联产业 张宇峰,CEO& 创始人,北京联池系统科技有限公司
15:15—15:30	茶歇
15:30—16:00	"新时代、新标准、新安全"——等保 2.0 时代的云安全建设及合规 郑曙光,理事,云安全联盟;CEO,北京上元信安技术有限公司
16:00—16:30	5G: 医疗的未来 & 人工智能 Florent Saint-Clair,执行副总裁,Dicom Systems, Inc.
16:30—17:00	全球 5G 发展前景展望 张隽辉,首席顾问,Ovum, Informa Tech
17:00—17:30 云鼎奖颁奖	

资料来源:《2019 大会议程》,https://www.cloudconnectevent.cn/zh-cn/Agenda。

(10)会议程序,是会议活动的详细顺序和步骤,是会议议程的具体化和明细化,可用于会议主持人直接操作,也可用于参会者了解各项会议活动的具体内容及时间安排。在此,要注意区分会议议程与会议日程及会议程序的含义。会议议程是指为使会议顺利召开所做的内容和程序工作,是会议需要遵循的程序。会议日程,是指会议举办期间,每天所包含的各项会议活动如仪式性、辅助性等活动,这些活动安排要落实到单位时间。会议程序,是指一次单元性会议活动或单独的仪式性活动的详细顺序及步骤。会议议程、会议日程都会在会前发给与会人员,而会议程序通常只提供给主持会议的领导作参考用,不发给其他与会人员。①

(11)会议预算,是指对会议举办的成本做出预计估算。会议预算要从实际出发,预算会议所需的交通费用、餐饮费、住宿费、场地租用费、会议设施租赁费用、会场布置费用、租赁视听设备费用、茶歇费用、资料制作、物料购置等固定支出。此外,一些会议可能还有演讲嘉宾的演讲费、主持人费用、演出节目表演费、会议宣传费等。近年来,随着数字技术在会议中的应用,一些大型会议主办方积极向专业会议公司购买数字化配套服务,如定制会议小程序、App、微站、H5 邀请函等。如表 6-4、表 6-5 所示。

① 参见郑建瑜主编:《会议策划与管理》,南开大学出版社 2014 年版,第 151 页。

表 6-4　××发布会(线下预算)

	分项	详细说明	报价(元)
1	设备提供	包含发布会主 LED 及造型 LED、灯光、音响、AV 控制设备等	
2	舞美搭建	包含舞台、地毯、内场珠帘等布置	
3	会场搭建	包含物料配置:如证件、易拉宝等;外场布置:照片墙、签到背板;人工、运输等	
4	安保费用	安检员 4 名、保安 8 名	
5	设计费	平面设计及延展、整体规划 3D 设计	
6	摄影摄像	2 摄影、2 摄像、1 摇臂	
7	视频制作	开场视频、环节配合素材、签约仪式视频等	
8	礼仪	6 个礼仪,负责迎宾、接待、指引等服务	
9	H5 制作	创意 H5 邀请函制作	
10	茶歇	200 人份茶歇提供	
服务费			
税费			
总计			
优惠实收			

表 6-5　××发布会(媒体邀请报价预算)

	类别	机票	住宿费	餐饮补贴	车马费	专访费用	预估数量	预估人数	总价(元)
北京	纸媒								
	电视媒体								
目标省市	纸媒								
	电视媒体								
服务费									
税费									
总价									

二、会议策划内容

策划是指人们为了实现预定目标,事先进行筹划、计划、设计的社会活动过程。

会议策划是指为确保会议成功举办而进行筹划、设计、决策等智力活动的过程。会议策划是会议顺利举办的前提基础，也是一项需要群策群力的综合系统工程。会议策划应首先确立会议策划委员会，召开会议策划启动会，明确会议策划内容，做好策划分工，以使策划工作有组织、有计划、有条不紊地开展起来。

会议策划内容主要包括以下七个方面。

（一）会议目标的策划

会议目标是会议组织者期望通过组织会议而达成的期望。一个会议通常会有一个总体目标和多个具体目标，这就需要会议策划时遵循具体目标服从于总体目标的原则。同时，会议还有主要目标和次要目标，会议策划必须要处理好主要目标与次要目标的关系。因此，在会议目标策划过程中，注意统筹总体与具体、明确主次，并且根据实际需要控制目标的数量。

（二）会议议题的策划

会议议题由会议目标决定，因此，会议议题应根据会议目标和任务确定，在议题策划过程中，应注意舍弃与会议目标和任务无关或者偏离会议目标的议题。会议议题是会议召开的中心，会议策划者要明确核心议题和非核心议题、控制议题的数量，避免让非核心议题“喧宾夺主”，降低会议效率，另外，也要防止议题数量过多导致会议时间冗长。在会议议题拟定之前，应注意收集会议相关材料，认真思考策划核心议题，并做好备选方案，以更好地引导会议决策，提高会议的决策质量。

（三）与会人员的确定

与会人员是会议召开的主体，也是会议服务的对象，会议策划应首先确定与会人员的范围。与会人员的范围通常需根据会议的目标、性质、议题、级别等来确定。例如，国际性会议如和谈、多方会谈等的与会代表由会议发起者、主办者根据会议目的和议题通过平等协商来选定；法定性（党代会、人代会）或政府会议等与会人员是根据组织章程或议事规则投票选举产生；行业协会的专业性会议、贸易促进会等的与会人员由行业协会来确定和邀请；公司董事会、表彰大会、培训会、公司间的联谊会等与会人员由会议组织者或领导层来确定。

（四）会议规模的策划

会议规模主要由与会人数和会议级别来决定。策划会议的规模主要考虑三个方面：一是会议的级别，如果是国际性会议，需对与会人员国籍及构成比例进行考虑，则覆盖的受众面要广一些，规模及规格相对要高；二是会议效率，根据会议举办需要达成目标及讨论的议题考虑效率高低，与会人员越多，决策效率相对要低，反之，与会人数少，人员集中，决策效率相对要高；三是会议成本，会议规模越大，会议成本越高，反之则越低。因此，在策划会议规模时应根据成本量力而行。

（五）会议方式的策划

会议举办方式需根据会议的主题、性质、规模、对象等来确定。例如，首脑级会议，由于参会人数较少，可采用圆桌型会议方式；全国性企业内部会议，为节约成本，可采用电视电话会议方式；行业培训会，为了达到更好培训效果、达成交流与学习的目的，可采取集中性大会方式，并适时为与会人员提供互动机会。

（六）会议时间与地点策划

会议时间的策划主要涉及会议召开时间的合适性及会期长短两个方面。会议时间合适性需要契合会议主题。会议时间长短需根据会议的实际的需要来确定。例如，夏季达沃斯经济论坛，一般选择在每年夏天举办，会期通常为三天。

会议地点策划包括两个方面：一是合适的地区或城市，例如，国际性会议要考虑选择举办国及举办城市；二是选择合适的场馆，包括会场及提供食宿的饭店等。会议地点的选择需要综合考虑举办地的自然环境、人文环境、基础设施条件等。比如，2015 年第 25 届国际历史科学大会之所以选择在中国山东省省会济南举办，是因为山东是儒家文化发源地。①

（七）会议名称的策划

会议名称是会议的正式称谓。会议名称策划的主要方式有以下几种。

(1)以会议主题命名：纪念毛泽东 100 周年诞辰大会、××广场年度招商大会。

(2)以会议主办者命名：中华医学会第×次全国医学信息学术会议、天津市注册会计师协会理事会扩大会议。

(3)以会议功能命名：××审批大会、××新产品发布会、××表彰大会、××市自来水价格调整及试行居民生活用水阶梯式水价听证会。

(4)以与会者身份命名：全国人民代表大会、中华人民共和国政治协商会议。

(5)以会议出席范围命名：世界妇女大会、国际历史科学大会。

(6)以会议时间届次命名：第十三届夏季达沃斯经济论坛(2019)、2019 年世界移动通信大会(MWC)。

(7)以会议地点命名：博鳌亚洲论坛(海南博鳌)、达沃斯经济论坛(瑞士达沃斯小镇)。

(8)以会议方式命名：××座谈会、××茶话会、××圆桌会、××电视电话会。

三、会议策划流程

会议策划流程主要包括确定会议目标、会议主题和议题、会议场所、会议参加者，编制会议日程和议程，准备会议资料和物料，制定会议宣传和会议接待等。会议策划主要围绕以下六大要素展开：

· 会议目标(Why)——为什么召开会议。

---

① 参见陈鲁梅主编：《会展策划与管理》，化学工业出版社 2019 年版，第 180～182 页。

· 会议主题和议题(What)——开什么会议。

· 参会者(Who)——谁去参加会议。

· 会议举办时间(When)——什么时间召开会议。

· 会议举办地点(Where)——在什么地方召开会议。

· 会议形式(How)——怎样召开会议。[①]

(一)会议目标(Why)——为什么召开会议

会议的举办是为了达到某种目标或达成某个任务,会议目标策划首先要解答“为什么召开会议”这一问题。会议目标是会议组织者期望完成具体任务,这直接决定了会议议题和议程的主体方向,并引导会议的结果。

(二)会议主题和议题(What)——开什么会议

会议主题和议题的策划是会议策划的核心内容。会议主题是围绕会议目标确定并贯穿各项议题的主线。会议议题则是围绕主题,赋予会议讨论或解决的具体问题。会议主题和议题的成功策划可让会议具有强大的号召力,对引起社会关注、树立会议形象、实现会议目标、提高会议效率等起到重要的助推作用。

(三)参会者(Who)——谁去参加会议

参会者是会议活动的主体,选择合适的目标并确定参会者是会议成功举办的前提。参会者的身份要求和数量规模,需根据会议的形式、目标和客观条件来确定。讨论式圆桌会议,人员数量需根据客观空间做相应控制;非互动讨论型会议,可根据会议传达信息的对象范围,确立会议规模。

(四)会议举办时间(When)——什么时间召开会议

会议举办时间策划,主要是确立会议召开具体时间,会议召开时间的长短。会议时间安排需要注意几个问题:一是开会不受干扰;二是会议时间不要一次性超过一个半小时,以免超过大多数人的注意力集中的限度;三是要明确会议的目的。会议目的是开会需解决的核心问题,明确会议目的,有利于会议时间科学合理的安排。

(五)会议举办地点(Where)——在什么地方召开会议

在哪座城市,选择什么形式的场所召开会议,对会议的成功举办有着重要意义。举办城市的魅力和知名度会影响会议吸引力。场所的选定,对会议举办氛围也会有较大的影响。如大型的政府会议等适合在庄严的会堂举办;又如客户答谢会、公司年会等商业性会议适合在配套设施齐全的度假型酒店举办,有利于营造较好的互动氛围。

(六)会议形式(How)——怎样召开会议

会议的召开形式较多,选择合适的会议形式是会议成功举办的关键,会议的主

---

① 参见马骐、仲欣主编:《会展策划与管理》,清华大学出版社、北京交通大学出版社 2018 年版,第115 页。

要形式有以下几种。

(1)两方会议。这一会议形式是为仅有两方的会议设计的。

(2)非正式会议。这种会议通常是由某一位高层人士提出问题,进而由与其关系紧密的另外几方加入并召开。

(3)集思广益会议。这种会议是临时的、非正式会议的发展,其目的是要产生创造性、改革性的思想。

(4)紧急委员会。这种会议与常设委员会、非正式会议有相似之处,目的是要解决紧急发生的问题。

(5)常设委员会。这种会议覆盖面较广,并通常有特定的组成名目,如董事会、财务管理委员会等。由于是一种常设会议,并且其成员任期也较长,因此较为正式,会前需做好准备并且议程相对固定。

(6)正式会议。这种会议是标准的会议模版,由于参与者相对较多,需要有充分的准备、严密的议程,会议举办的目的一般是要处理重要的、非争议的问题,并为此提供最终决策。如企业的员工大会、股东大会、管理层全体会议等。

(7)展示会议。展示会议的主要目的是向与会者传递某些直观的信息,一般适用于一部分人向其他人展示或汇报自己的研究报告或工作成绩等。

(8)公开会议。公开会议主要目的是为了吸引公众注意力,以扩大会议的影响力,需要准备充分、设计严密、做出相关决议,在会议上公开,一般不需要与会者参与讨论。如新闻发布会等。

(9)各种论坛。论坛的召开主要是围绕自然科学和社会科学的理论,以及政治、经济、产业、行业等各种问题进行探讨、演讲等。如达沃斯论坛、博鳌亚洲论坛等。①

另外,也有将会议形式分为全体大会、研讨会、论坛、座谈会、专题讨论会、学术讨论会、辩论会、网络会议等。

四、会议策划原则

会议策划是对人力、物力等进行有效组合的综合性智力工作,因此,会议活动的策划必须遵循市场经济的客观规律及行业基本准则。

(一)目的性原则

任何会议的举办都有其特定的目的及需要完成的目标,如完成信息传递与传达、完成内部改革等议题、探讨新技术或新理论的引进应用等。因此,在会议策划过程中,应遵循以完成会议目的、达成满意的会议结果为目标的原则。

---

① 参见《会议服务的召开形式有哪些?》,2018 年 4 月 18 日,http://www.sohu.com/a/228643445_100068316。

（二）利益主导原则

会议策划者在策划之前，应清楚理解会议主办方的利益诉求。会议主办方在人力、财力、物力、时间，甚至影响力的投入，是为提高经济效益，还是为提高知名度，抑或是为改善环境等，策划者必须清晰领会，如此方能为会议主办方制定出切实可行而又行之有效的活动方案。

（三）整体性原则

会议活动是一项综合性活动，包括会前的会址与日期的选定、参会人员的确定与邀请、食宿与交通安排，会中的仪器设备使用与环境卫生服务，会后的总结与评估工作等。这些要求会议策划者必须从整体上确定会议日程的主要活动及各项辅助性活动，包括宴会、文艺晚会、旅游行程等，并精确到单位时间，以免出现各种纰漏。另外，为防止一些意外的发生，会议策划必须设计一些预警机制，并提供相应备选方案，以保证会议的顺利进行。

（四）可操作性原则

会议策划不仅是为会议活动提供筹划和设计蓝本，还要制定具体实施日程。这就要求会议策划者，在构筑活动蓝图时，需考虑方案的可操作性。只有做到全面考虑主办方的具体情况、综合实力等，才能将方案真正付诸实施，这也是会议策划所要遵循的可操作性的要义。

（五）节约经费原则

会议活动需要大量的经费支出，无论是营利性的会议，还是非营利性的会议，都应本着节约经费原则，既不铺张浪费，又要注重物资循环利用，对会议活动的持续举办提供保障。

（六）规范性原则

会议策划所要遵循的规范性原则主要体现在三个方面：一是遵守法律法规，不得违反国家宪法及各项行政法规等；二是遵守伦理道德，不违背正确的价值观，尊重他人的信仰习俗等；三是遵循行业规范，在遵守市场客观规律的基础上，做到遵守职业操守及内部行规，最终形成管理规范、程序合法、竞争有序的工作作风。

（七）诚实守信原则

会议策划者不仅要按主办方的要求，履行合同要求，尽心竭力进行科学策划。同时，在会议活动举办后的评估环节，一定要达到客户所要求的标准。这些都需要会议策划方诚实守信，杜绝虚夸欺瞒，更不能在策划时懈怠敷衍。尤其是在策划前期涉及数据调研或评估时，无作为或随意捏造数据，往往会导致策划方案出错，给会议活动造成名誉损害或经济损失等。①

① 参见周健华编著：《会议策划与组织》，北京师范大学出版社2020年版，第70～72页。

第四节 会议组织与管理

会议的成功召开，需要对相关流程进行精心设计与组织，同时，还要对各个环节进行细致安排和高效管理。在筹备过程、会场布置、入场管理、会议服务等方面，需要主办方、承办方、协办单位、供应商等相关方面积极配合、有效协作。

一、会议相关流程

(一)筹备流程

会议筹备主要涉及会议决策者、专业会议策划人(组织)、供应商、与会代表。其中，会议决策者为主办会议的公司、协会、政府单位等机构，对会议筹备具有最终的决策权。专业会议策划人(组织)是联系会议决策者、供应商、参会代表的中介公司，包括独立会议策划人、协会管理公司、旅行社等。供应商是为会议提供场地、服务和食住行游等的企业。值得一提的是，作为实施或辅助会议策划与组织的执行单位，专业会议策划人(组织)是会议筹备阶段的重要执行者。其主要职责包括选择会议地点、饭店及设施、确定会议目标及日程、制定会议预算、安排食住行游娱等。[①] 例如，专业会议策划组织——广之旅承办、筹备会议流程(见图 6-1)。在会议具体的筹办过程中，各主要单位需进行及时密切的沟通，并遵守相应的流程。会议筹备流程一般包括：

(1)预订会议室。

(2)预订客房，为参者提供必要的住宿(含早餐)准备。

(3)确定会务组。

(4)召开会务组动员会。

(5)会议参加者情况的了解。

(6)确定就餐的酒店。

(7)录像摄影师的预订。

(8)会议物料(礼品、资料、记录本、笔、矿泉水等)。

(9)会前的会议须知、会议日程表、会议议程、发放的会议手册等。

(10)会议条幅、参会证、指引牌、人名牌、会议接待处、会议通知等。

(11)会场设计与摆设。

(12)会务组现场办公点。

(13)接站服务(高铁站、机场、港口等)。

---

① 参见罗秋菊主编:《会展概论》,高等教育出版社 2020 年版,第 107～108 页。

(14)提前到达人员的安排。

(15)现场摄影录像。

(16)票务,包括机票、车票报销、房费、餐饮结算及发票打印等。

(17)总结报告。[①]

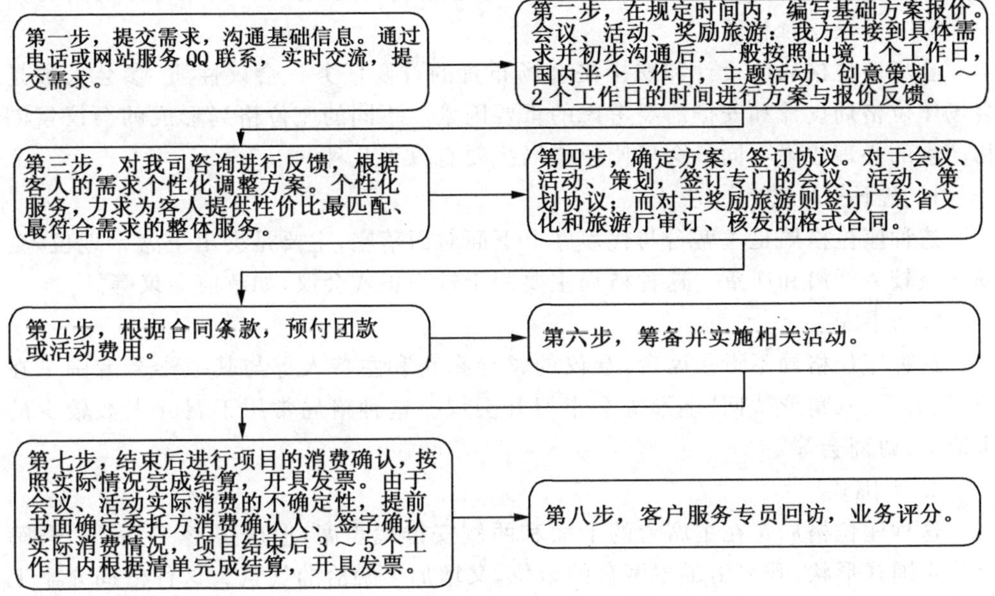

图 6-1 广之旅会议承办、筹备流程

注意事项:①国际项目涉及签证、政策等问题,请尽量提早提交需求,预留足够的操作时间。②国内项目(奖励旅游),省外请提早至少两周提出需求,省内请至少提早5～7个工作日提出需求。③会议、活动等项目因涉及选择场地、轮候排期的问题;温泉、海滩等涉及淡、旺季的问题,请尽量提早提出需求,并以首付预订为准。

资料来源:《会议服务流程》,http://www.gzlmice.cn/servicerun/。

(二)开会流程

会议召开流程,主要包括:

(1)会议开幕,主席、重要嘉宾等发言。

(2)会议介绍,包括重要的与会者、会议议题、会议目标等介绍。

(3)商讨与议论。

(4)会议表决。

(5)统计结果,达成决议。

---

① 参见马骐、仲欣主编:《会展策划与管理》,清华大学出版社、北京交通大学出版社2018年版,第116页。

(6)会议闭幕,宣布结果及会后工作布置、下届会议简要部署等。

二、会议现场布置

会场布置主要围绕会议主题、性质以及会议期间一些重要活动等来进行,这样能确保会议的需要及有序性,营造与会议相适应的气氛,有利于会议目标的实现。

(一)会场座位格局

会场座位格局的设计和安排是会场布置的首要任务。会议性质、参会人数是会场座位格局设计和安排需要考虑的重要因素。不同的座位格局形成的会议氛围和产生的心理效果不同。会场座位格局主要有以下几种。

1. 上下相对式

这种座位格局是主席台与代表席上下面对面落座,主要是突出主席台地位,会场气氛较为严肃和庄重。这种格局主要用于较为正式会议,如政府会议等。

2. 全围式

这种座位格局不设主席台,会议的领导嘉宾和主持人等与其他参会者围坐在圆形、方形、八角形、"回"字形等会桌召开会议。这种格局常用于召开人数较少的座谈会、协商会等。

3. 半围式

这种座位格局是在主席台的下面和两侧安排代表席,形成桥形、T 字形、马蹄形等半围式形状,既突出了主席台的地位,又增加了融洽的气氛。这种格局介于上下相对式和全围式之间,适用于中小型工作会议。

4. 分散式

这种座位格局是将会场座位分解成若干个会议桌,每一个会议桌形成一个谈话交流中心,与会者根据一定的规则安排就座,其中领导人和会议主席就座的桌席称作"主桌"。这种格局常用于召开规模较大的联欢会、茶话会等。

5. 并列式

这种座位格局是将会场的座位安排成双方纵向或横向并列形式,有利于参会者面对面交流。这种格局常用于两方代表见面会或座谈会等。[①]

(二)座区划分和座位排列

合理的会场座区划分和座位安排有利于维持会场的秩序。如会议过程中需要分代表团或小组等对一些临时议题进行讨论时,科学的座区划分便于参会人员的交流互动等。座区划分和座位排列主要有以下几种方法。

---

① 参见向国敏:《会议学与会议管理》,首都经济贸易大学出版社 2016 年版,第 165~170 页。

1. 按与会者的资格划分和排列

正式代表的座区在前或居中,列席代表安排在后排或两侧,大型会议可将正式代表安排在一楼、列席代表安排在二楼就座。如全国人民代表大会等。

2.按团组划分和排列

国际会议按与会国家英文名称的开头字母顺序排列,第一个字母相同的,根据第二个字母顺序排列,其余类推。在中国,全国性会议各代表团座位顺序是按照国家有关部委关于各省市自治区排列顺序的规定进行排序。一般性会议,按代表团、小组、单位名称的笔画或汉语拼音的字母顺序确定,首字笔画数或首字母相同的,可根据第二字的笔画数或第二个字母确定,其余类推。此外,还有根据协商达成的约定顺序排列。

3. 按代表资格和团组顺序混合排列

如参加会议的代表具有不同的资格,而会议又分不同的团组,则应先按参会者的资格划分及排列座区,在相同的资格的座区,再按团组排列相关顺序。

(三)会场布置

1. 会场装饰

会场装饰主要指以文字、图案、色彩等构成的实物,其作用在于装饰会场、烘托气氛。

(1)会标。会标是以会议名称为主要内容的会议信息的文字性标志。在中国,国际性会议的会标通常用中文和外文同时书写。

(2)会徽。会徽是体现或象征会议精神的图案标志。会徽的来源有两种:一是以本组织的徽志作为会徽;另一种是公开征集而得。

(3)标语。会议标语是凸显会议主题的文字传达,与会徽、画像、旗帜等相比,更能直观地传达会议主题、会议主旨、会议精神等。

(4)旗帜。规格较高的会议可在主席台及会场内外升挂旗帜,以烘托会议的气氛。

(5)绿植和花卉。主席台、演讲台、会场入口处是绿植和花卉放置的重点区域。绿植和花卉的摆放用于装饰,要以不挡视线、不妨碍行走为原则,其种类、颜色、高矮、粗细、香气等应适合会场整体氛围和规格。

(6)灯光。灯光的强弱、色彩等可为会场营造不同的视觉感受。较为正式的会议适宜用白炽灯和日光灯,如有主席台,则用相对较强的灯光照射,以突显主席台的重要地位。而一些公司年会、客户答谢会,讲求互动,形式较为活泼,灯光色彩可相对多样化,会议期间如有表演节目、颁奖环节,还要适时用追光聚集主持人和各嘉宾等。

2. 主席台布置

(1)主席台座位格局。主席台座位,一般采用横排式,座位数和排数需严格按照要入座的准确人数来确定。如果座位达到两排或两排以上,每排桌椅要留出适当的空间,以便领导入席与退席。

(2)演讲台。演讲台的设置,有助于突出报告人的地位及报告的重要性,也体现会议气氛的正式和庄严。演讲台可设在中央,也可设在主席台右侧。

(3)话筒。演讲台要装有话筒,主席台前排每个座位也应装有话筒,便于主席台人员讲话。

(4)休息室。重要会议的主席台附近应设有休息室,以便领导到达时集中休息,然后按时依次入座,以及休会期间供领导休息、交谈。

(5)主席台座次安排。在中国,会议主席台座次安排的原则:严格按照会议领导机构事先确定的名单次序安排座次,身份最高的领导安排于主席台前排中央就座;其他领导按先左后右(以主席台的朝向为准)、一左一右的顺序排列。国际性会议主席台座次安排的具体做法是:一般以对方提供的正式名单或正式通知上的身份和职务高低次序为依据,不分国家大小,一律按国家元首、副元首、政府首脑、副首脑、部长、副部长等顺序排列。

3. 座位标识

(1)座次图。大型会议活动,须将座次图张贴或悬挂于会场入口处,主席台的座次图则是悬挂在休息室。当前,会议也制作电子版的座次表,供参会者通过手机随时查阅。

(2)指示牌。一般而言,会场门口和重要出入口等,都会悬挂或放置指示牌,指明各座区的方向和方位,以便参会人员更便捷地找到自己座位。

(3)座位号标识。大型的固定会场需要有座位号标识。包括楼层、区号、排号、座位号。

(4)团组标识。对代表团或小组的座位区域,可以制作落地指示牌,上面书写代表团或小组名称,放在该团组首座的前方或两侧;或制成台式标志,放置在该团组首座的桌上。

(5)席签。正式会议或重要会议,与会者桌上须放置写有姓名的席签。席签通常是两面书写姓名,一面朝向与会者自己,一面朝外。如果是某国或某组织代表,可以用中外文书写国外或组织的名称。①

---

① 参见陈鲁梅主编:《会展策划与管理》,化学工业出版社 2019 年版,186~190 页。

三、会议入场管理

(一)迎送规格

1. 前期准备

会议组织方通过整理汇总会议回执和报名表,或查阅以往会议档案资料,提前了解参会人员和团体的基本情况:包括姓名、性别、年龄、身份、职务、民族、宗教信仰、生活习俗、健康状况、所代表的组织机构、参会目的、抵离时间、所乘坐的交通工具等。

2. 确定规格

对于邀请嘉宾和重要发言人,应按规格安排工作人员和车辆迎送,如要接机、接站,则要制作迎接标识、准备花束迎接。通常迎送人与主宾身份相当,按照高规格接待来宾,体现高度重视的服务理念。迎接重要的嘉宾入场,可在参加迎送的主要领导与主宾握手之后,派人献上鲜花。

3. 会场迎送

迎送参会人员入场,应遵循提前到达、及时联系、礼貌迎接、耐心引领等原则。需掌握重要嘉宾的抵达和离开时间,并告知相关迎送人员。迎接人员通常应提前15分钟到达迎接地点,绝对不能迟到。不同的客人按不同的方式迎接。对大批量的普通参会者的迎接,可事先准备特定的标志,以便客人顺利抵达会场,并找到自己的座位;对部分重要领导应主动给予贴心引领,以便顺畅落座安排的位置。其间,一些重要嘉宾入场,必要时可帮助相互引荐、介绍。重要嘉宾离开会场时,应安排身份相匹配的人员陪同离开,必要时派车送站。

(二)入场验证方式

参会者凭会议入场证进入会场。入场证可采用印刷、计算机打印、手写等实物形式,还可以生成二维码,用手机扫码方式入场,或生成电子条形码等,参会者通过无线射频技术(RFID)识别入场,或采用AI人脸识别技术刷脸入场。

(三)引领工作

1. 方位

工作人员在进行引领服务时,要保持礼仪风度。规范的身体距离一般相距0.5~1.5米,以右为尊,以客为尊。引领礼仪在不同的情形下,要求各不相同。在平地行进时,以右为尊,若与两人以上的客人并排行进,通常是"中央高于两侧,右侧次之,左侧再次之"。在上下楼梯时,上楼是要让客人先迈上楼梯,工作人员随后紧跟;下楼是工作人员先下楼梯,让客人紧随其后,并时刻提防客人下楼时失足摔跌。在乘坐电梯时,如有其他服务者按电梯,工作人员"后进后出",如无其他服务者按电梯,工作人员"先进后出",以便帮助客人按电梯。

2. 手势

工作人员进行指引时，要注意手势规范。例如，要将手的四指并拢，拇指靠向食指，手掌伸直，由身体一侧自下而上抬起，以肩关节为轴，到腰的高度再由身前左方或右方摆去，手臂摆到距离身体 15 厘米并不超过躯干的位置停止，目视来宾，面带微笑。

3. 用语

工作人员进行引领服务时，应注意使用敬语，"请您这边走""请上二楼""请注意台阶"等。

四、会务服务与安排

(一)会议登记

1. 填写登记表

按要求填写会议登记表，无论是电子登记表，还是纸质登记表，均按相关要求填写相应信息。这有利于会议主办者准确掌握参会者信息，更好地为参会者提供相应服务，如满足特殊民族的特殊饮食习惯、避免触犯风俗禁忌等。

2. 抵达签到

(1)充分准备

①提前培训签到工作人员。

②提前拿到最新名单。

③携带签到设备、通信设备、签到簿、电脑设备等。

④提前检查签到台摆放的位置、需要的设备、摆放形式等。

⑤如果需要电子签到系统，请专人导入签到表格，并提前联网测试。

⑥需要的相关材料提前送到签到台，并分装完毕。

(2)及时通知

①签到时发放会议相关凭证与会议资料。如出席证、会议手册等。

②如因故出现临时增减人数、房间、要求单间等需求，要及时通知接待工作总负责人，得到批准后再进行调整。

③尽量做到每 2～3 小时给会议接待总负责人发一条已签到人数信息，以便随时掌握签到状况。

3. 票证发放

及时向参会人员发放各类餐券、旅游票、演出活动票等，以便参会者按时间享用餐饮及凭票观看演出等。

4. 资料发放

会议资料袋中装有与会者在会议期间所需要的各种信息，如会议手册、与会者通信录、参会证等,同时也包括便于客人了解会议及闲暇时间娱乐所需的资料等。①

(二)食宿交通等安排

1. 住宿安排

会议承办方(组织方)根据预算费用订酒店,集中安排参会人员入住,这有利于统筹管理会务工作。一般会议住宿与会场安排在同一家酒店,方便往来,节省时间及交通费用。房间安排尽量按意愿组合,无特殊要求的,则根据年龄、民族、单位等做合适的安排。身份特殊的重要客人,房间规格要与之匹配,身体状况特殊的,也可给予相应照顾。会务组工作人员及时列出与会者住房表,将与会者姓名、房号、联系方式列出,方便会务沟通。如有提前到达的与会者,会务工作人员提前告知费用承担的具体情况。此外,值得注意的是,重要领导或嘉宾的房间,一定要提前派工作人员进行安全检查,并在房间摆放规格相符的果盘、鲜花等。

2. 餐饮安排

会议筹备组派出专门负责人,根据预算与餐饮服务方协商,确定每个餐饮活动的菜单等细节。餐饮方案制定需考虑到:日程和时间、用餐场地、餐饮形式、标准和规格、价格、菜单、酒水、饮食禁忌、人数、音响设备、结算方式、签单负责人等。会议餐饮安排工作的主要环节如下:

(1)就餐人数。

(2)餐桌座位安排。

(3)就餐形式。

(4)就餐时间安排。

(5)就餐标准和规格。

(6)餐券发放。

(7)菜谱确定(举办地特色饮食)。

(8)上菜顺序。

(9)重视迎送。

注意:如有餐前活动或表演节目,须提前调试灯光、音响,主持人等需要提前串场彩排。②

(三)交通安排

1. 细致准备

大型会议举办期间,交通安排及管理是重要的工作内容之一。尤其是一些国

① 参见马骐、仲欣主编:《会展策划与管理》,清华大学出版社、北京交通大学出版社 2018 年版,123~125 页。

② 参见马骐、仲欣主编:《会展策划与管理》,清华大学出版社、北京交通大学出版社 2018 年版,第 125~126 页。

际性会议，进出会议点的车流量较大，会议主办方需提前与当地交通管理部门协商管理事宜，并根据与会者人数、规模、规格、类别等制定交通管理办法，以协调对会场周边区域及会场所在酒店的交通管理。必要时甚至需要与交警部门合作，申请交警人员的参与执行或对部分路段进行限时性交通管制。

2. 停车管理

一般而言，大型会议需在大的会堂或大型酒店举行。如全国人民代表大会，会在人民大会堂附近区域会临时划出停车场，这就需要交通部门协助提前做好相应交通管制及安全检查。而在大型酒店举办大中型会议时，则需要提前划分出不同车辆停放区域，设置明显的交通指示标志，除了酒店安保人员外，会务组也可派专人进行现场交通指挥和车辆登记。重要会议，则需配备安全防范设备，并做好停车场安全检查及清洁管理。如预估会出现停车紧张情况，则提前准备通行证、停车证，对无通行证或停车证的车辆限制停车。

3. 行车安排

一些重要的大型政府会议，由于参会代表较多，需分散入住不同宾馆，开会时，各代表团需统一乘坐大巴前往会场。如全国党代表大会、全国人民代表大会等，通常需要提前安排大型客车、制定从宾馆到人民大会堂的行车路线、绘制交通示意图等，并需提前协调交通部门协助行车，以保证与会人员每天都能按时抵达会场，会议结束后，又能顺利回到住宿宾馆。注意：如有特殊情况，需要更改行车路线，应及时协调。

一般性会议，车辆本着统一调度、节能环保、安全便捷的原则进行合理安排。车辆需求，一般包括住宿酒店至会场用车以及参观、看表演等特殊活动用车。相关用车，也有必要绘制简易的交通出行图，供参会者提前了解。[①]

五、会议评估

主办者需对会议进行评估，主要围绕以下几方面展开：一是会议目标是否实现；二是会议的成本效益如何(是否超支、是否赢利)；三是与会者是否感到满意；四是在以后的会议中需要做哪些改进。为了保证评估的客观性，主办方可将会议评估工作委托给第三方专业机构负责。

(一)选择评价分析方式

会议评估分析形式，主要包括定量分析、定性分析、定量与定性相结合分析。小型会议可以简单评价，有书面记录便可，不需写冗长的书面评价报告。大型会议，尤其是商业性会议，涉及大量的费用支出，可以采用科学规范的统计方法进行

---

① 参见陈鲁梅主编：《会展策划与管理》，化学工业出版社 2019 年版，第 174～175 页。

定量分析，以表格和图表直接反映结果，还可以通过学界专家、业界权威人士等对会议举办的总体情况，或分别对策划、组织、服务工作等进行主观评价，即定性分析。评估数据定量分析是一项极其重要的工作，从中可以直观地了解到参会者对会议整体情况、会议策划工作、会议组织工作、会议服务水平的真实看法。而定性评价分析，则是对会议的总体性、宏观性的分析，主观性较强，其分析的科学性和准确性则较为依赖所延请的评估专家的判断标准和专业水准。[①] 定量分析和定性分析是会议评价及评估报告撰写的重要依据，相关数据图表的呈现和专家等总体评判，是评估报告的核心组成部分。

（二）会议评估的流程

会议评估，主要包括对会议策划、会议组织、会议服务等环节进行评估。为客观评价会议举办的效果，会议主办方通常会委托第三方机构进行满意度调查与评估报告撰写，其中调查是收集评估数据的关键环节。主办方也可根据自己的需要列出进行调查评估的会议要素。如承办者、策划委员会、指导委员会、秘书处、主题相关性、目标明确性、整体策划、相关活动、会议地点、市场宣传、公共关系、预算、发言人、交通、会中展览设计与组织、注册登记、与会者手册、娱乐活动、休息安排、招待会、陪同人员构成等。[②] 调查的基本步骤有：设计调查问卷、发放调查问卷。问卷主要包括对参会者基本状况、满意度、参会支出费用及结构等调查。回收问卷后，统计问卷结果，再由第三方机构对相关数据进行科学分析及客观评估。问卷统计结果，会直接以数据或图表形式，应用于评估报告的撰写。

（三）评估报告的撰写

评估报告主要内容包括会议总体评价、会议概况与评估背景、会议的主要特点、会议总量及结构指标、参与者满意度评价、参会者的基本状况、参会者总体评价、参会者对策划活动的评价、参会者对会议组织工作的评价、参会者对配套服务的评价、会议对经济的带动效应、参会者支出总量与结构、会议对举办城市的影响（经济、文化、社会、环境、知名度等）、主要结论及对下一届会议的改进建议等。报告的相关附件有：参会者基本情况调查表、会议满意度调查表、参会者费用支出与结构调查等。

本章小结

1. 会议是重要的社会活动，掌握会议的概念、构成要素和分类，对认识会议及会议产业有着重要的意义。会议内容、流程是会议策划的核心部分，会议策划须遵

---

① 参见吴琼等编著：《行政管理实战全案》，鹭江出版社 2011 年版，第 412～414 页。

② 参见[美]伦纳德·纳德勒、泽西·纳德勒：《成功的会议管理：从策划到评估》，刘祥亚、周晶译，机械工业出版社 2003 年版，第 398～399 页。

从市场经济客观规律及行业基本准则。

2. 会议创新与创意，体现在主题、环境、技术应用、策划、服务等方面，会议须在遵循市场需求、以人为本、与时俱进等原则的基础上不断创新，才能实现更好的发展。

3. 会议策划及管理要确保其时间性、聚集性等特点，掌握业务范畴、空间范围及行业限度。其会议策划方案要适应会议特点、注重发挥会议功能，以及把握好会议日程的设计和议程及程序制定、成本预算等相关要务。

4. 会议组织实施与现场管理，从会场布置到会务接待，每项工作都须精心安排，按计划有序推进。

5. 会议评估主要从会议目标是否得到了实现、会议的成本效益如何、与会者是否感到满意三方面进行测评，评估报告中最好能提出在以后的会议中需要做哪些改进。

思考与练习

1. 试述会议策划的关键及核心内容。
2. 试述会议组织及现场管理的主要工作。
3. 试述会议创新与创意的原则。
4. 结合实例，谈谈会议的创新与创意。
5. 查阅资料，试以大型国际会议为例，谈谈其策划组织的经验与启示。

案例分析(一)

5G改变世界　5G创造未来　首届世界5G大会在京开幕

2019年11月21日，首届世界5G大会在北京开幕。本届大会由北京市政府、国家发展改革委、科技部、工业和信息化部共同主办，以“5G改变世界　5G创造未来”为主题，包含会议论坛、展览展示、应用设计揭榜赛三大板块，集聚全球信息通信领域最具影响力的科学家、世界知名5G上下游企业、5G行业用户和知名投资人等，围绕5G领域的前沿技术、产业趋势、创新应用等话题开展交流与讨论。

大会论坛由开幕式、主论坛、高峰论坛和闭幕式组成，邀请了工业和信息化部部长苗圩、科技部部长王志刚，中国工程院院士邬贺铨，中国科学院院士王曦，中国科学院院士陆建华，中国工程院院士刘韵洁，中国工程院院士余少华，中国科学院院士尹浩等近百位全球信息通信领域最具影响力的科学家，以及中国广电、华为、京东集团、集创北方、紫光展锐等30多家世界知名5G上下游企业代表参与。

11月20日，“未来信息通信技术国际研讨会”“5G时代媒体传播创新发展”峰会及5G应用设计揭榜赛决赛率先亮相。

值得一提的是，大会举办的"5G应用设计揭榜赛"，通过向社会广泛征集5G相关应用的创意理念、模型、设计产品等，促进5G与4K/8K、虚拟现实（VR）/增强现实（AR）、无人机、车联网/智能交通、工业物联网/智能制造、智慧健康医疗和智慧城市等融合发展。据悉，获奖项目将被给予重点推广和政策扶持，遴选出的优秀案例和特色应用将与相关产业对接落地。

大会开幕式、主论坛于11月21日上午举行。工业和信息化部部长苗圩透露，目前全国已经开通5G的基站达到11.3万个，预计到年底将达到13万个。5G套餐的用户已达87万户。科技部部长王志刚称，预计到2025年，中国将成为全球最大的5G市场，并将创造数万亿美元的产值。未来15年，5G将为全球经济增长贡献达3万亿美元。

中国广电董事长赵景春公布了中国广电5G网络商用时间表，并表示，中国广电5G网络将从2020年开始商用，同时开展个人用户和垂直行业应用。

此外，大会还设置了多场高峰论坛，于11月21日下午至22日陆续举行，嘉宾们围绕"5G与数字经济新动能""5G与全球运营商""5G与国际标准化及产业组织""5G安全""5G新锐企业""5G+智慧教育""5G+智慧健康医疗""5G+智慧城市""5G+超高清视频""5G+智慧交通"等十余个主题和领域展开探讨。大会同期还举行了围绕智慧交通、智慧城市、智慧交通、智慧医疗、工业互联网等5G相关领域的多个主题展，展现了5G发展最新成就和最新场景应用案例。

11月22日下午，为期三天的首届世界5G大会在北京亦创国际会展中心落下了帷幕。闭幕式上，一系列白皮书、产业规划、政策发布，一批产业合作项目签约，一批5G研究成果和权威观点发布。

同时，举行了若干"新品发布会"，将5G创新应用产品及技术突破的累累硕果集中发布。

据悉，会议期间，共有近200家企业达成了近80项合作意向，这些项目包括基础建设类、场景应用类、产业落地类等多维度、多领域的合作。

本次大会传播在5G时代大背景下遵循"全程媒体，全员媒体，全息媒体，全效媒体"规律，通过传统视频直播，5G+4K直播，5G+VR直播，现场超高清8K视频录制，网络直播收看量达6135万次，新浪相关话题热议阅读量达9738万。大会盛况被人民日报、新华社、中央广播电视总台、光明日报、科技日报、中国新闻社、中国青年报、中国网、中国科技网等媒体广泛报道。

资料来源：徐依娜：《5G改变世界　5G创造未来　首届世界5G大会在京开幕》，《中国会展（中国会议）》2019年第22期。

☞ 问题

1. 归纳一下首届世界5G大会在会议策划与组织方面的有益经验。

2. 谈谈举办高级别国际会议可以从哪些方面进行创新。

案例分析(二)

线上线下融合·会议创新管理模式

2020年9月2～3日,2020国际人力资源技术大会在上海世博展览馆召开,本届大会主题为"科技,赋能于人",展厅面积为5500平方米,70余位来自海内外的各界企业高管、人力资源领域专家共同探讨人力资源与技术的发展,线上加线下共计超100000人次参与本次大会,共同探讨人力资源与技术的未来之路。

本次大会由美国国际人力资源技术大会主办方LRP集团授权东浩兰生(集团)有限公司主办,上海东浩兰生会展(集团)有限公司和上海靖达国际商务旅行有限公司承办,是亚太地区最具影响力的国际人力资源领域高端展会。大会包含1场开幕式、10场平行论坛、X场特色活动技术路演等丰富的大会活动,围绕"VUCA时代的人力资源管理变革""薪酬福利与绩效管理的创新趋势""数字化时代组织的进化""人力资源共享管理模式""人力资源转型趋势"等内容展开探讨。

大会中,人社部全国人才流动中心党组书记、主任,中国人才交流协会会长王建华;上海市浦东新区副区长杨朝;LRP集团的执行副总裁Emanuel Cotronakis;东浩兰生(集团)有限公司党委副书记、副总裁,上海外服(集团)有限公司董事长李栋;国际人力资源技术大会海外主席Trish McFarlance,分别做开幕致辞,智联招聘CEO郭盛、IBM全球企业咨询服务部大中华区人才与创新服务技术总监聂宜军,著名财经作家、890新商学、蓝狮子出版创始人吴晓波分别以"数字化渗透下的人力资源服务变革""数字化时代的企业人力资源管理""'双循环'格局下的人才渴求"为主题,进行主旨演讲。闭幕式中,密歇根大学罗斯商学院教授Dave Ulrich以"危机时期领导者的洞察力"为主题发表主旨演讲。

今年大会着力创新,打造线下全国大会和线上海外分论坛云端展览双模式,全新升级人力资源与技术顶级交流平台,除了来到现场的嘉宾之外,让线上观众同样享受科技与人力资源碰撞的奇妙魅力。31会议作为本次大会数字会展服务商,助力大会网上展厅、云直播、注册报名、渠道邀约、在线服务、智慧现场等线上线下全流程数字化管理。

1. 大会官方网站,集展示和服务于一体

本届2020国际人力资源技术大会官方网站和往届不同,不仅承载了大会介绍、演讲嘉宾介绍、日程介绍、新闻咨询、会场导航、大会指南等相关内容，还是嘉宾、特邀买家、参展商等不同群体的注册登录的入口，更是云峰会、云展厅的云端载体。大会官网集云端展示、信息展示、注册报名和自助服务于一体，全面展示大会内容，提高服务效率。

2.“HR”型网上展厅，实现“云展示”“云逛展”

作为2020国际人力资源技术大会线上峰会重要组成部分的网上展厅“人力资源云”在8月30日揭开神秘面纱，网上展厅可以实现观众足不出户即可在手机端或者PC端开启畅游云上世界。云展厅，支持展商视频文字图片等内容展示、展商展品精准搜索、展商点赞、打卡、在线联系展商和分享展商海报等功能，云展厅消除了时空限制，增强展商和买家之间的互动，提高买卖双方需求对接效率。不仅如此，基于大数据实时统计，可根据展商热度进行实时排名，提高展商曝光度。

3.云峰会，实现参会嘉宾从“面对面”到“屏对屏”

本次大会包含1场开幕式、10场平行论坛、X场特色活动技术路演等丰富活动，不仅如此，大会通过云直播技术，将线下会议搬到线上，实现了线下面对面，线上屏对屏，线上线下相互融合，2×24h在线分享，让更多的线上嘉宾摆脱时空限制，实现云参会。

4.多通道报名、多渠道监测、在线服务，实现不同群体的参会参展

本次大会，注册报名的群体多样，票种复杂，个人、团队、展商、特邀买家和演讲嘉宾各有不同的注册路径。对于个人嘉宾注册而言，有大师票、精英票、全通票、专业观众票、展厅票等多种票种选择。本次大会采用的注册管理系统，可实现不同群体的报名、支付、订单和发票管理。多渠道的邀约管理，助力主办方监控不同渠道来源的报名情况。在嘉宾报名成功后，进入到个人中心，可参看订单、积分并管理参会日程，形成个性化日程列表，并通过智慧通知系统，及时提醒，以保证嘉宾多日程参会无忧。不仅如此，个人中心，可打通线上线下参会参展信息管理，统一账号，统一管理，提高服务体验。

5.智慧现场管理，为现场安全保驾护航

在后疫情时代，现场安全管理尤为重要，本次大会采用的智慧现场管理解决方案，融注册、签到、互动、权限管理和数据管理为一体，通过参会凭证识别参会权限，通过签到管理，监控入场进度，有效进行资源协调，通过互动系统，调动现场氛围，嗨翻全场。

6.线上线下数据管理，提高数据协同能力

大会数据管理系统，可支持不同群体线上线下全流程跨屏多端数据采集、存储和分析，实现展商、嘉宾、特邀买家等不同群体数据实时统计，浏览数据、注册数据、订单数据、收入情况、发票数据、签到数据等一目了然。

2020 国际人力资源技术大会作为创新服务先行者，不仅全面升级打造了人力资源与技术顶级交流平台，线下大会和线上分会的云端展览双模式，也为我们创新会展服务模式提供了高质量的参考案例。31 会议作为本次大会数字会展服务商，全流程数字化支持大会实现"云展示""云直播""云互动""云服务"等功能，协助主办方保障大会现场有效入场，提高大会运营效率、数据协同能力和服务体验。

资料来源："31 活动管理"微信公众号，2020 年 9 月 3 日。

☞ **问题**

1. 谈谈 2020 国际人力资源技术大会创新管理模式带来的启示。
2. 会议的线上线下融合具有什么优势？

第七章　节事活动创意策划

学习导引

2020 年 8 月 16 日，为期 17 天的第 30 届青岛国际啤酒节圆满落幕。本届啤酒节在抓好疫情防控的前提下，以“时尚”为主题，创新“线下＋线上”办节模式，首次与优酷合作打造“云上啤酒节”，策划了啤酒会客厅、云游西海岸、探秘啤酒节、知味啤酒节等系列网络推广活动，累计吸引游客约 121.88 万人次，“云上啤酒节”曝光量 4.57 亿次，成功打造了疫情防控常态化时期全国规模最大的节庆活动，对带动消费经济向好发展产生了重要效应。怎样实现传统节事的创新？如何策划一场特色鲜明又能获得市场认可的节事活动？备受关注的节事吉祥物又该怎样设计？在本章的学习中，我们将找到答案。

学习重点

通过本章学习，重点掌握以下知识要点：

1. 节事活动项目策划的原则与流程。
2. 节事活动项目可行性研究的意义与内容。
3. 节事活动形象定位的方法。
4. 节事活动品牌管理的原则。
5. 节事活动评估的原则与内容。

第一节　节事活动的分类与特征

节事活动包括各类节庆、体育赛事、纪念仪式、狂欢活动、典礼、舞会等等，是“基于特定时间、场所的非日常性的活动事件”，为人们提供正常选择范围之外的或非日常经历的娱乐、社交或文化经历的体验。① 节事活动是区域空间整合与发展的媒介，也是提升国家、地区或城市知名度的有力途径，在社会文化和日常生活中扮演着重要的角色，创造可观的综合效益。了解节事活动的类型和特点，是进行创意策划的基础。

一、节事活动的分类

节事活动涵盖多样化的内容，通常可依据下列标准进行分类。

(一)按节事活动的规模及市场覆盖面

以活动规模与重要程度为标准，节事活动可分为重大活动、大型活动、标志性活动及社区活动。

1. 重大活动

重大活动指的是规模宏大且能够对全世界产生影响，对参与者和媒体有着广泛而强大的吸引力并可以引起剧烈反响的活动，可以根据活动的参观人数、花费和声誉来界定。重大活动应具有巨大的经济社会效益，媒体覆盖率广泛至全球，在举办地未来发展中能显示独特且深远的价值。霍尔认为，重大节事活动的目标在于国际客源市场，主要从参与活动的人数、目标市场、财政介入、媒体报道、设施建设以及对举办国家或地区的经济社会结构所产生的影响等方面进行衡量。②

目前，对重大活动的界定主要依据盖茨于 1997 年提出的 2 项定量指标和 14 项定性指标(见表 7-1)，包括世界博览会、奥林匹克运动会、世界杯足球赛等规模宏大、参与人数多、综合效益显著的节事活动。

表 7-1　　界定重大活动的定量指标与定性指标

指标		标准和含义
定量指标	参与人数	多于 100 万人次
	投资成本	超过 5 亿美元
定性指标	活动目标	活动目标具有显著多样性
	活动氛围	具有浓厚的节日气氛
	需求满足	满足利益相关者及观众的基本需要
	独特性	具有极强的独特性，观众参与愿望强烈
	质量	内容质量高，超出观众预期
	真实性	以本土文化价值为基础
	传统	以社区及其传统为根源
	适应性	适应市场及相关主体不断变化和需求

① Getz D., *Festivals*, *Special Evevts and Tourism* , New York: Van Nostrand Reinhold, 1991:4.

② 参见卢晓编著:《节事活动策划与管理》，上海人民出版社 2016 年版，第 8 页。

续表

指标	标准和含义	
定性指标	客户服务	使每一个参与者都拥有贵宾级服务体验
	确切性	体现主题相关资源的特殊性，突出文化、自然资源和服务方面的特点
	主题	主题鲜明，体现最佳的节日精神、真实性、传统、互动及“观众至上”理念
	象征性	综合运用仪式和符号，强化节日气氛
	供给能力	提供游客消费能力以内的旅游、休闲、社会、教育和文化体验
	便利性	为参观者和观众提供特别的、不需要事先策划的休闲和社交活动

2. 大型活动

大型节事活动指社会关注程度高，对观众和媒体产生较强吸引力，能够为当地旅游业等提供发展机遇并能够带来显著经济效益的活动。大型节事活动主要包括两类：一是对举办地公众吸引力极强，参与者以当地公众为主，同时也能增加旅游收入的活动。例如，始办于 1985 年的北京地坛春节文化庙会，以地道的民俗文化和多样化的活动形式而闻名世界，每年活动期间接待人数多达数百万，既包括北京市民，也包括慕名前往的众多外地游客。二是在某一专业领域具有重要意义，并能够为举办地创造巨大利润的活动，包括行业内部的重要展览、会议以及特定项目的专业赛事等。例如，澳大利亚网球公开赛创办于 1905 年，至今已有 100 多年的历史，受到全世界体育爱好者的青睐，上座纪录逐年刷新，澳网赛事旅游也成为热门的旅游产品。

3. 标志性活动

标志性节事活动指与举办地气质、特色高度吻合，在同一个地方有规律地反复举办，获得了极高知名度和广泛认同感，能提高活动举办地吸引力并成为当地“名片”的活动。例如，戛纳(Cannes)位于法国南部，是地中海沿岸一座风光明媚的休闲小镇。每年五月，戛纳国际电影节这一极具影响力的电影盛会在此举办，吸引了全世界电影爱好者的关注，也使戛纳成为热门旅游目的地。又如，潍坊国际风筝会自 1984 年创办以来，极大地促进了潍坊市经济、社会方方面面的发展，已成为当地最著名的节事活动和旅游业“金字招牌”。目前，潍坊国际风筝会已形成了市场化运作模式，活动期间还同时举办鲁台经贸洽谈会、中国(寿光)国际蔬菜科技博览会、潍坊工业产品展销会、昌乐珠宝展销订货会、临朐奇石展销会等一系列展会活动。

一项节事活动能否成为标志性活动，“在某地重复举办”是不可缺少的必要条件。如果某项活动仅仅在某地举办过一次，只能在短期内提升知名度或改善其形象，无法成为标志性的活动。标志性节事活动通常因其深厚的历史传承、深入人心的形象和长期积淀的高知名度而产生强大的吸引力，随着活动自身的发展壮大，公众能轻易地在活动和主办地之间建立起紧密联系，进而显著地提升了相关地区的知名度与竞争力。

4. 社区活动

社区节事活动的数量较多，规模普遍较小，活动影响力通常局限于当地社区、特定组织等小范围，如某组织“周年庆”、某学校“毕业典礼”、某地“元宵灯会”等等。此类节事活动的目标市场主要集中于本地或是范围更小的社区，宣传推广渠道也以本地报刊、电视媒体和网络平台为主。

（二）按节事活动的内容与主题

按照节事活动的内容与主题，吴必虎建议将我国的城市节事活动分为自然景观型、历史文化型、民俗风情型、物产餐饮型、博览会展型、运动休闲型、娱乐游憩型以及综合型八个大类。[①] 马聪玲等学者将节事活动按举办频次高低分为以下类型[②]：

(1)历史民俗型节事活动，主要依托举办地独特的地域文化、历史遗存、宗教活动以及不同民族独特的生活方式、民风民俗等，将文脉传承融入活动的策划与运作。中华民族历史悠久、文化资源丰富，因此以历史文化或民俗风情为主题的节事活动在我国起步较早，数量多且发展较为成熟，典型代表有中国（曲阜）国际孔子文化节、浙江杭州大运河文化节、河南新郑黄帝故里拜祖大典、傣族泼水节、蒙古族“那达慕”大会等等。

(2)衣食物产型节事活动，以主办地特色产业、特色商品及餐饮文化为主题，开展一系列观光、演艺、休闲活动，典型代表包括享誉世界的四大时装周、杭州丝绸时尚节、菏泽国际牡丹节、青岛国际啤酒节、广州增城菜心节等等。

(3)文化艺术型节事活动，包括各种艺术节、文化节、摄影节、戏剧节等，例如南宁国际民歌艺术节、乌镇戏剧节、吴桥杂技节等等。

(4)自然生态型节事活动，以举办地自然地理景观（包括地理区位、地质地貌、独特气象资源、植被、特殊地貌、地理标志地等）为依托，综合展示当地资源特色、风土人情与社会风貌。此类活动的典型代表有哈尔滨国际冰雪节、吉林雾凇冰雪节、南京老山森林节等等。

(5)体育休闲型节事活动，主要包括体育赛事的举办和以运动为主题的活动，

---

① 参见吴必虎：《节事活动的运作原则及模式》，《中国会展》2005 年第 3 期。

② 参见戴光全、马聪玲主编：《节事活动策划与组织管理》，中国劳动保障出版社 2007 年版，第 4 页。

以及赛事期间开展的一系列观赛、观光、表演等辅助活动，典型活动有奥林匹克运动会、国际马拉松赛事、世界杯足球赛、全民健身体育节等等。

(6)综合型节事活动，活动内容通常比较丰富，活动延续时间较长，规模相对来说较大，资金投入多，活动综合效益较好，如上海国际旅游节、首尔世界城市文化节等等。

(三)按节事活动的主办方

按活动的主办方来划分，节事活动可归纳为政府型、企业型和民间型三类。

1. 政府型

政府型节事活动，顾名思义，是以政府为主导而组织的节事活动，多为公益属性，不以营利为目的，如大型纪念活动、传统节日联欢等。

2. 企业型

企业型节事活动指由企业出于商业目的而组织的节事活动，最常见的有企业庆典仪式、产品发布会、客户活动以及其他与企业发展经营相关的商业活动。

3. 民间型

民间型节事活动主要指由民间社团或协会自发组织的各类节事活动，政府在活动举办期间会给予一定的支持，如伦敦诺丁山狂欢节、彝族火把节等。

二、节事活动的基本特征

(一)多样性

节事活动的主题内容与表现形式非常丰富，涉及政治、经济、自然、文化、体育、商业等多个方面，任何能对观众产生吸引力的要素都可以被开发成为节事活动的组成部分。无论是传统还是现代，无论是纪念活动、音乐舞蹈还是体育赛事、狂欢游行，经过科学的策划都可以成为富有创意的节事活动，满足参与者多样化的体验需求，给主办地带来经济、社会效益。例如，中国国际动漫节自 2005 年落户杭州以来，以“动漫的盛会，人民的节日”为宗旨，以“专业化、国际化、产业化、品牌化”为目标，以“动漫我的城市，动漫我的生活”为主题，涵盖产业博览会、国际动漫游戏商务大会、行业高峰论坛、“金猴奖”评选、COSPLAY 超级盛典等几十场主题活动，为不同群体提供了各具特色的体验平台。中国国际动漫节的举办，既足了人民群众日益增长的精神文化生活需求，提升了“会展＋动漫”产业链价值，也成为文化新消费的打卡地和拉动内需的增长点，激发了杭州经济社会的发展活力。

(二)参与性

节事活动是参与性极强的项目，创意策划的重要目标之一就是吸引更多的参与者，进而实现预期的活动目标。例如，即墨古城国际民谣季自 2016 年起，以“时尚青岛，乐动即墨”为统领，连续举办了 64 场民谣演出，吸引海内外观众近百万人次。虽然受到疫情影响，即墨古城民谣季仍然在2020年“十一黄金周”期间创下日均近3万人的佳绩，线上直播观众超过200万人，单日单平台人气巅峰值超34.8万人。

近年来，随着体验经济的发展，公众对活动参与性的要求也越来越高，如何满足公众的参与诉求已经成为节事活动策划者和主办方所关注的重要问题。节事活动的参与性主要体现在两个方面：一是参与者通过节事活动充分接触举办地自然与人文资源，获得前所未有的独特经历与体验；二是节事活动的举办离不开当地政府、民众、相关企业、民间组织、媒体等的广泛参与，提升活动策划的可行性和实施效率，同时最大化地激发公众参与热情，更好地促进举办地的社会发展。

（三）地域性

举办地独特的自然和文化元素是节事活动策划的创意源泉。随着节事活动的发展成熟，只有将活动内容、形式与地域资源及文化特性不断融合，以地域特质培育专属优势，才能使节事活动真正成为其举办地的“名片”。例如，威尼斯是意大利举世闻名的文化中心，数百年的积淀使这个城市充满了艺术气息，也正因此酝酿而生了世界上最负盛名的艺术类节事——威尼斯艺术双年展。同时，“水上都市”是威尼斯的另一张名片，每年都有大量的水上活动在这个城市举办，如威尼斯贡多拉节、水上巴士节等。

（四）敏感性

节事活动主题多样、参与者众多，容易受到自然条件、社会环境、舆论评价等因素的影响，也面临着诸多不可控的风险因素。例如，2003年SARS肆虐、2020年新型冠状病毒肺炎全球蔓延等突发公共卫生事件导致很多节事活动取消或延期举办，给活动产业造成很大的影响。因此，节事活动往往需要缜密的筹划过程，在创意策划阶段综合考虑可能决定活动成败的各项因素，尽可能地规避影响活动顺利开展的风险。2008年北京奥运会筹备期间，组委会研究了举办地北京过去几十年里7～8月间每一天的平均降水率，并对当年7～8月每一天的降水率进行预测，最终确定于8月8日举行开幕式。

第二节　节事活动创意策划概述

节事活动策划是面向未来的创造性活动，是为了唤起、促进或激发、实现参与者、客人、观众和其他利益相关者的节事活动体验需求，而在对活动的主题、环境、商品、服务、程序和过程等方面进行设计并使之付诸实施的工作。活动策划者为了提升工作效率并实现活动效益最大化，应当以调查、分析与研究为基础，立足现实条件，准确把握发展趋势，运用科学方法对节事活动系统的各个要素进行独具创意的设计与安排。

一、节事活动创意策划的必要性

（一）节事活动的关键在于体验

体验是当代消费社会的核心元素，是在消费者内心生成的强烈而丰富的感受。人们参与节事活动的动机包括社交、猎奇、休闲、团聚、观览等，渴望获得与日常生活不同的体验，实现“有价值”“有意义”的参与。活动的策划者，即节事体验的制造者，只有通过创意性的主题构想、不落俗套的活动内容安排，才能真正传递价值主张、赢得参与者认同，最终实现活动体验质量的优化。例如，德国慕尼黑啤酒节游行中的盛装马车和奇装异服带来了令人惊叹的视觉盛宴，身着巴伐利亚传统服装的服务人员在啤酒大棚中穿行忙碌，又使活动现场充满了“传统感”，营造出了沉浸式的节事氛围，给参与者留下了深刻的印象。

（二）节事活动资源具有潜在性

节事活动是其举办地文脉具象而集中的体现，是对地域资源特色进行创造性开发的产物。节事资源隐藏在日常生活中可能并未得到广泛的重视，经过节事策划者的识别，才能提炼其最具价值的部分进行再创造。只有通过科学且富有创意的策划，对自然文化资源进行提炼、包装，潜在的资源优势才有机会转变为可供营销的优质产品和服务。例如，山东济南泉水资源丰富，素有“泉城”之美誉。济南国际泉水节通过深入挖掘泉水资源的多样化价值，颇具创意地策划了“敬泉盛典”“泉水盛宴”“新青年音乐市集”“五龙潭泼水节”“济南文旅啤酒季”“泉城夜宴·明湖秀”“泉水运动会”等活动，将吃、住、行、游、购、娱等要素紧密连接泉水资源，呈现济南的历史与传承、文化与时尚，打造极具地方文脉特色的节事品牌。

（三）节事活动内容同质化问题显露

节事活动的核心要素是体验和价值。只有充满个性与创意的节事活动，才能从意动、认知、情感三个维度为参与者提供优质体验。近年来，随着节事活动的价值得到较为广泛的认可，各地之间相似的历史文化背景和经济社会条件导致活动同质化问题日趋严峻，影响着行业的长远发展。在激烈的市场竞争中，只有敏锐地把握市场需求变化，在尊重真实历史文化的基础上大胆创新，才能策划出创意独特、市场吸引力强、发展潜力大的节事活动。例如，作为历史文化类实景娱乐，杭州宋城主题公园策划了创意十足的“‘我回大宋’全民穿越节”：游客身着古装参与其中，“邂逅”历史名人，使用宋代货币“交子”进行消费，仿佛回到了千年之前的宋代。“穿越”这种创新型主题符合大众文化中的潮流热点，吸引来大量年轻参与者；别具一格的“沉浸式”体验以亲身演绎的方式代替传统的观看，增强了游客的参与感和满足感，也大大提升了这一节事活动乃至整个主题公园的品牌价值。

(四)可持续发展逐渐成为评价节事活动的重要指标

最初,活动产业对于可持续发展的理解主要局限于生态环境视角,关注活动举办过程中的能源消耗、废物处理、资源利用与保护等议题。随着社会各界对可持续理念的认知不断深化,可持续发展在活动管理中的内涵日益丰富,融入了社会、经济、文化等全方位的考虑。根据马斯格雷夫(James Musgrave)和拉杰(Razaq Raj)提出的概念框架,可持续活动管理包括组织结构、品质设计、回避、雇佣、无痕迹化、遗产长期性、透明度、激励、战略管理、教育、地点十个方面,涉及灵活选择活动场地、创新产品与服务、创立社区伙伴关系以增进参与等具体问题。以可持续发展为目标的节事活动管理,将逐步形成综合的管理系统,取代长期以来以市场成败和短期财务得失为主的单一评价指标。无论是活动形式的规范、内容的创新,还是利益相关者之间的合作与协调,都离不开科学的节事活动策划。

此外,节事活动的利益相关者众多,需要多部门、多行业的密切配合,筹办、运作和管理工作非常复杂。只有进行了严谨可行的创意策划,才能以满足参与者丰富多样的需求为纽带,将诸多部门、行业联系到一起,平衡各利益相关方的诉求,保证节事活动顺利进行。此外,节事活动对现场管理的要求极高,如果缺少周密策划,一旦出现失误则会造成无法弥补的负面影响。成功的创意策划是实现高效组织管理、创造价值,并满足多层次需求的关键。

二、节事活动创意策划的原则

(一)可行性原则

可行性原则是节事活动创意策划所要遵循的最重要的原则。节事活动创意策划要从实际情况出发,按照一定的程序,制订出可操作性最强、效果最佳的方案。一个科学、可行的策划方案,它的定位必须符合活动的具体特点,目标必须符合参与者的消费能力和整体市场的消费水平,活动内容与形式必须兼具现实性与前瞻性。“实践是检验真理的唯一标准”,进行策划的初衷是实现各类资源的有效整合,因此,其实施途径也必须是切实可行的。

(二)个性化原则

独特性是节事活动的吸引力和竞争力所在,也是节事活动创意策划中的焦点问题。节事活动的主题内容、受众群体不同,所处的地域环境和面临的竞争也存在差异。因此,只有将策划建立在当地独特资源和优势产业的基础上,深入挖掘资源的个性价值,才能形成和巩固个性化特色并产生强大的市场吸引力。节事活动的创意策划,正是在丰富的潜在资源中,通过科学的分析和独到的创新,提炼节事资源的独特“卖点”,或是引入创意独特的运作模式,让活动的组织更加高效、个性更加鲜明。

(三)系统性原则

节事活动容易受环境、资源、资金、人力等多种因素的影响,各种要素相互作用、有机结合,因此,应当将节事活动视为完整的系统来进行设计与策划。在进行创意策划的过程中,策划者应系统地分析各要素之间既相互依赖又相互制约的关系,考虑到经济效益、社会效益和环境效益三者之间的协调,统筹各项要素和分支任务,根据活动的主题、举办地的现实条件与未来发展状况进行动态策划。强调节事创意策划的系统性,就是要求在策划时注重活动的整体性、全局性和效益性,依据一定的流程与方法,对系统内各要素、各阶段做出合理和优化的安排,有重点、有次序,从而构成良性循环的活动策划系统。此外,在策划时还应综合考虑活动的艺术效果和市场效果,在创新活动内容和形式的同时提升观众参与度,进而拓宽资金来源、提升品牌价值,实现节事活动的预期目标。

(四)效益性原则

效益是社会发展的重要推动力,也是个人、组织、地区乃至整个国家所追求的目标,所有的策划活动实质上都是特定效益的最大化。策划者应该根据节事活动的类型和特点,明确所要实现的目标和追求的效益,合理配置各项资源。节事活动策划的效益性原则表现在以下三个方面:

第一,策划者应该依据活动的具体类型和特点,明确所追求的最大效益(包括现实效益和潜在效益、短期效益和长期效益、经济效益和社会效益等),进而有针对性地实现各类资源的合理配置。

第二,节事活动的策划要以市场为导向,避免人力、物力、财力的浪费。由于预算的限制,市场导向下的节事活动必然会选择节约成本、提高效率的道路。此外,节事活动自策划初期就应当摒弃耗资巨大但发展前景不理想的主题和内容。

第三,策划的全过程一定要与财务管理紧密结合,事先做好“投资—收益”分析和“成本—效益”分析,准确地排除效益低下、浪费资源的项目。

节事活动策划在关注经济、社会、文化发展的同时,还要考虑到举办地社区和居民的利益,提升居民幸福感和生活质量,进而使举办地社区积极感知并支持节事活动的举办。

(五)市场化原则

市场化原则就是要改变过度依赖政府出资的传统模式,用产业化的思路经营节事活动。成功的创意策划,关键在于对活动进行精准的市场定位,明确自身特性和优、劣势。在策划节事活动时,不仅要根据市场的需求来开发节事活动的产品和服务,而且要在调查现有市场需求和发展趋势的基础上挖掘新亮点、新可能,开发符合市场发展趋势并具有前瞻性的节事活动产品与服务,引领市场需求,创造新的消费热点。节事活动的策划既要主题鲜明、优势突出、内容丰富、参与性强,更要强化市场行为，遵循市场规律，引入公平竞争机制，在充分考虑社会效益的前提下优化经济效益。

在日益激烈的市场竞争中，节事活动的策划者不仅要按市场化运作的要求来策划节事活动的组织和经营，还要考虑节事活动结束后的总结和评估，注重品牌无形资产的维护，特别是相关知识产权的保护。

(六)可持续发展原则

良好的生态环境是人类赖以生存和发展的基础，可持续发展首先意味着在节事活动策划中注重人与自然的和谐共处。在策划一项节事活动时，应重点关注举办地生态环境的承载力，活动的设计与运作必须保证该区域的生态系统保持在自行调节和正常循环的稳定水平上。在充分考虑生态容量的基础上，节事活动的策划应关注举办地经济社会发展状况，以及参与者的心理容量，以创造最优质的体验。

此外，可持续发展的原则还要求节事活动的策划应具有开阔的视野，对活动的中长期发展有科学可行并具有前瞻性的设计。活动结束后，策划者和主办方应及时进行可持续性研究，分析这一活动长期举办的前景，有针对性地创造条件、克服障碍，争取培育更多规模大、延续时间长、影响力强的优质节事活动品牌。

专家剖析

文化创意节事的国际化

成功的文化创意节事能够创造可观的经济、社会效益，其影响不局限于本国范围，更传播至其他国家。文化创意节事有着怎样的国际化进程？文化创意节事的国际化模式和其他传统行业的国际化模式又存在哪些区别？

哈米德·埃特马(Hamid Etemad)和哈梅德·莫塔该(Hamed Motaghi)两位学者以加拿大魁北克冬季狂欢节和蒙特利尔国际爵士音乐节这两个盛大的国际性的节事为例，对节事的主办方、游客、参与者等相关群体进行了观察及访谈。研究认为：

1. 节事活动与传统商品不同，拥有较大的固定成本(特定的场地)和较小的可变成本，扩大国际市场有助于在较短时间内降低成本，取得更高的收益；

2. 文化创意节事涵盖多样元素，在国际化进程中面对更加复杂的群体，可能会进一步增加创新的难度；

3. 节事活动的国际化具有显著的创意文化特征和区位纽带特征，活动的(企业)品牌优势与地域特色优势相结合，无论对于本地还是世界范围内的创意阶层和游客来说，都具有较强吸引力。

资料来源：H. Etemad, H. Motaghi, “Internationalization pattern of creative-cultural events: Two cases from Canada,” *International Business Review*, Vol.27, No.5, 2018.

第三节　节事活动创意策划的内容

一、节事活动创意策划的流程

乔·戈德布拉特(Joe Goldblatt)将节事活动创意策划的思维过程概括为“5W+How”体系。[①]

“Why”，即明确举办节事活动的原因和目的，回答“为什么要举办这项活动”“该活动最具吸引力的内容是什么”等问题。

“When”，即确定举办节事活动的时间，时间框架必须与活动规模相称。

“Where”，即落实举办节事活动的最优地点。

“Who”，即把握节事活动的目标受众和利益相关者，明确“希望哪些群体来参加活动”“谁能从这项活动中受益”等问题。

“What”，即设计节事活动的内容和形式，特别是有别于其他活动的创意内容，思考什么样的元素和资源才能满足上述各项要求。

“How”，即如何对活动进行有效的调研、设计、策划和评估。

节事活动的创意策划过程大致可分为“前期准备—方案实施—后续评估”三个阶段，具体策划流程包括以下九个方面。

(一)需求调研

收集有关活动的各种资料，包括文字、图片以及影像等形式，内容涵盖国家和地区有关节事活动的政策法规、公众关注的热点议题、同类活动实例的信息、场地状况和时间选择等。策划团队应对收集来的资料进行分类编排并总结归档，开展详细的调研与可行性研究。调查是策划的基础，调研结果与现实状况、实际经验相结合能够为策划提供客观可靠的依据。为了使节事活动更具创意，资料的收集可以适当超越传统的思维定式，既关注大众需求，同时也留意尚未开发的潜在热点。

---

① 参见[美]乔·戈德布拉特：《国际性大型活动管理》，陈加丰、王新译，机械工业出版社2003年版，第46～51页。

（二）目标确立

目标即策划所希望达到的预期效果，是策划的起点。节事活动创意策划如果缺少明确的目标，或无法开始工作，或导致严重的失误。以节事活动项目的特殊性为出发点，策划目标应确立在选择目标市场和确定活动定位的基础之上，通过分析市场需求和竞争环境确定目标市场，并对组织者与参加者进行分析，明确活动定位。

（三）信息收集

翔实的有效信息是活动策划者生成创意的基础，也是提升策划可行性的重要因素。每一项成功的策划都是创造性思维的过程及结果，运用特定信息，为下一步策划方案的拟定提供资料。

（四）创意激发

创意是策划的核心，也是节事活动形成吸引力和竞争力的关键。当策划者的创意得到激发，不仅能加速策划方案的成型，也能提升策划的质量。例如，美食主题活动“伍德吃托克”就是从摇滚音乐节“伍德斯托克”获得的命名灵感，融创意市集、美食品鉴、现场表演、社交活动于一体，自 2015 年创办以来受到了广大年轻消费者的喜爱。

（五）初步方案拟定

第一，构想主题。主题是对活动内容的高度概括，能有效地作用于节事价值传递和体验的制造。一项节事活动想要受到公众的认可，就必须精心挑选主题，避免与现实脱节或是千篇一律、毫无新意。

第二，确定日期和地点。除了固定的节庆或纪念日，节事活动日期的选择往往具有较高的灵活性。进行活动策划时，确定活动日期是首要任务，以便安排后续工作的具体时间进程，并将其纳入组织计划之中。地点的选择必须综合考虑活动性质、活动经费、目标群体、活动可行性等诸多因素，选择最符合活动主题又便于参与者前去的场地。

第三，估算规模与费用。在对活动进行策划时，应当用科学的方式对参与人数进行估算，以确定活动的规模，避免资源闲置或是准备不充分影响活动效果。此外，还应及时制定预算，计算活动成本和各项支出，使有限的资金作用最大化。

（六）方案筛选

节事活动创意策划必须明确活动的目的与意义，围绕主题精心设计兼具创意性和可行性的活动内容，并依据实际条件和策划原则筛选出最终方案。在方案的选择上，策划团队不仅要保证方案能够顺利实施，还应避免同类活动间的内容雷同甚至是知识产权争议，选择最优方案，为参与者提供更优质的体验。

（七）方案调整与修正

节事活动创意策划具有较强的动态性特征。在方案选定后，创意策划团队还应根据实际情况对方案进行调整和修正，保障活动顺利开展并收获预期效益。

（八）方案实施

对创意策划方案进行具体实施，将策划内容特别是创意部分，真正地落实于活动的各项组织管理工作中。

（九）后续工作与总结评估

节事活动项目管理团队通常会在活动结束后对活动策划及实施的全过程、全要素进行评估，做好后期服务工作。

节事活动创意策划是复杂的系统工程，对策划方案的科学性、创造性要求都很高。在策划过程中，活动策划者必须不断推陈出新，通过独具创意的新方法、周密的计划和精心的安排来提升活动的吸引力，打造高质量的节事品牌。

二、节事活动的可行性研究

（一）节事活动可行性研究的含义及作用

节事活动项目的可行性研究，指在具体活动项目投资运营决策之前，调查研究与项目相关的自然、社会、经济、技术资料，分析实施可能性较高的方案，预测活动项目实施后所能产生的社会经济效益。[①] 在此基础之上，综合论证活动项目投资的必要性、财务上的营利性以及技术上的领先性，从而为投资决策提供科学依据。节事活动的策划离不开可行性研究，这一环节关系到策划质量的高低和活动的成败。具体来说，节事活动策划过程中的可行性研究具有以下作用。

第一，判断节事活动项目的“必要性”及发展前景，尽可能地防止或减少因决策失误而造成的资源浪费。可行性研究通过分析影响活动效益的多方面因素，如举办地区位条件、经验优势、产业基础、消费偏好等，为立项决策提供依据。政府财政部门或其他投资方向活动提供资金支持，也是建立在全面、科学的可行性研究基础之上的。

第二，为后续详细策划的编制打下基础。可行性研究在论证活动项目合理性的过程中，必然会对活动内容、流程、场地等问题进行初步设计与说明。当活动项目的可行性得到确认后，这一阶段的研究将成为策划团队完善方案的基础。

第三，指导活动策划和组织过程中具体工作的开展，为项目评估提供参照。可行性研究是一个由表及里、由略到详、前后联接、反复优化的过程，既能为节事活动项目策划组织过程中资源配置、合作关系建立等细节问题提供依据，同时也是活动结束后进行整体评估的参照标准。

（二）节事活动可行性研究的内容

节事活动可行性研究的主要内容有以下几种。

---

① 参见卢晓编著：《节事活动策划与管理》，上海人民出版社2016年版，第96页。

1. 立项必要性

节事活动立项的必要性是可行性研究的基本内容，通过全面分析活动项目所面对的外部环境，进行准确的市场预测，从而判断该活动是否有必要进行。

环境分析是立项必要性研究的首要问题。节事活动的综合性、关联性极强，对外部环境的依赖性也极为明显，自然条件、政治经济环境、社会文化传统和产业政策等因素都会对活动的组织管理产生影响。只有符合社会经济发展需要、契合国家及地区整体发展规划、满足市场需求的节事活动，才具有立项的必要性。

市场预测是立项必要性研究中的关键问题，避免雷同活动重复举办，优化活动项目策划效率和效益。判断一个活动是否有必要立项，首先要考虑举办地的经济发展水平和市场需求，掌握现有及潜在竞争对手的基本情况，对本项目的成本和收益进行预测。实践证明，缺乏精准的市场预测导致了一些不具备立项必要性的活动项目进入节事市场，造成严重的资源浪费。

2. 落地可行性

节事活动项目策划能否顺利落地，通常从内容主题与市场需求的契合度、项目方案的合理性、主承办方的人力和技术条件等方面进行衡量。例如，活动规模、时间及参与者的设计是否合理，活动场地的选择是否科学，是否对活动的组织结构和人员配置进行了细致的计划，能否建立良好的合作关系，等等。

一项节事活动的方案设计是否可行，可由相关领域的专家从效益前景、技术能力、团队建构等方面进行综合评价，最终提出决策建议。

3. 预期效益

对于一个节事活动项目来说，是否具有可预期的经济效益、社会效益和生态效益是评价策划方案可行性的重要标准。成功的节事活动，预期效益既包括该项目在财务上的可行性，具有较强的盈利能力，实现多产业联动发展；还体现在对举办地发展模式创新、文化传承等方面的积极作用，发挥节事活动独特而深远的价值。客观、科学地分析活动预期效益，能够帮助决策者做出正确决定并选择最优方案。

4. 风险因素及对策

除了上述几点，可行性研究还需要对节事活动项目的市场风险、技术风险、财务风险、组织风险、法律风险、经济及社会风险等因素进行分析，有针对性地制定规避风险的对策，为节事活动组织管理全过程中的风险管理提供依据。

第四节　节事活动形象策划与品牌管理

随着节事经济的发展，多样化的节事活动不仅创造了可观的综合效益，也引领着营销模式和消费场景的变革。不断创新活动内容与形式，塑造兼具文化内涵和市场竞争力的节事品牌，是节事活动创意策划和价值提升的关键。

一、节事活动的形象策划

（一）节事活动形象策划与定位创意

节事活动形象是指社会公众和利益相关者对节事活动的整体印象与评价，是节事活动品牌的载体，也是节事活动吸引力和市场竞争力的重要组成部分。

1. 节事活动形象的分类

按照形象产生的过程，节事活动形象可分为原生形象、引致形象和复合形象三个阶段。原生形象阶段指未对特定节事活动产生明确的参与动机前，通过经历或教育而形成的一系列有关该节事活动的印象。引致形象阶段是明确了参与意愿或计划后，为了更好地体验节事活动，通过信息搜集与整合而形成的有关节事活动的印象。复合形象阶段指参与节事活动后，将亲身体验的感受与前两个阶段形成的印象相结合，对节事活动做出更直观的评价，形成综合性更强的形象，并以各种方式向外界进行传播。

根据现实性来分类，节事活动形象包括实际形象和期望形象。实际形象是由多种现实因素塑造的、已在社会公众群体中得到广泛认可的印象与评价。期望形象是公众对于该活动理想化的愿景，是节事活动形象塑造的努力方向。节事活动的形象定位，实质上也是确定节事活动的发展目标。

根据可见性标准，节事活动形象又可分为有形形象和无形形象。有形形象指参与者能通过特定实体直接感受到的节事活动相关信息，包括特色标识、旅游纪念品、活动设施等。参与者通过心理活动，将有形形象在头脑中升华，进而形成的活动形象则属于无形形象，包括节事活动的文化特色、理念风格等。

2. 节事活动形象的特征

（1）可识别性。节事活动的形象，其作用如同其他商品与服务的“商标”，突出活动的个性化特征，使其区别于其他的节事活动项目。

（2）可塑造性。节事活动的形象不是一成不变的，策划者和主办方可以通过特定方式与途径对其进行塑造。

（3）相对稳定性。公众对特定节事活动产生认知与评价之后，一般来说短时间内不会轻易改变。节事活动形象的相对稳定性既是优势，也是挑战。节事活动可以凭借长期延续的优质形象吸引参与者，然而一旦出现突发事件导致形象受损，负面影响的消除也需要一个较长的过程。稍有不慎，节事活动的品牌价值便会一落千丈甚至被市场淘汰。

（4）可传播性。节事活动想要树立起优质、可靠的形象，必须借助多样化的媒体平台进行宣传，才能实现扩大知名度、提升吸引力的目标。

3. 节事活动形象定位的作用

形象定位旨在以差异化战略形成竞争优势,并以目标受众群体的感受与评价为表现形式。节事活动的形象定位实质就是一种创意设计,旨在针对受众心理实现差异化的传播,是塑造优质活动品牌的前提和依据。节事活动的定位主要作用于以下几个方面。

(1)对外树立良好形象。节事活动通过特定符号将自身优势传递给社会公众,建立与公众之间的信任,从而逐步在市场环境中培育良好的形象,更有效地传播活动品牌文化,吸引社会各界的关注。通过形象定位,节事活动能够突出自身的独特性,与其他同类活动区别开来,增强营销效果。同时,良好的形象有助于节事活动获得更广泛的认可,有效地拓展筹资渠道,在市场竞争中事半功倍。

(2)对内优化管理水平。节事活动的形象定位,既是强化优势、创造优越外部环境的过程,同时也是规范内部管理、吸引优质人才的过程。形象定位重在"看清自己"和"明确目标",培育良好的活动品牌形象能够鼓舞项目工作人员的士气,增强凝聚力和向心力,优化工作效果,营造高效、和谐的工作氛围。不仅如此,良好的形象能显著增加公众对该活动及相关组织的好感度,成为充实人才队伍、提升活动组织管理水平的有利条件。

4. 节事活动形象定位的原则

(1)突出地域特色。地域特色是构成节事活动形象可识别的核心,特色突出的节事活动具有更强的市场吸引力和竞争力。只有将独特的区位条件、经济社会发展水平和历史文脉串联起来,形成具有地域特色的策划,才能使节事活动在公众心目中留下深刻持久的印象。例如,极具地方特色的岁时节庆活动南朗"崖口飘色"是国家级非物质文化遗产,源于唐代"耍菩萨"祭祀民俗,后称为"出会景""枭色""飘色"等,每年农历五月初六在广东省中山市南朗镇崖口村举行。"崖口飘色"主要以民间传说为素材,色彩绚丽、故事性强,吸引了众多游客前往。早年间崖口村曾有村民去香港的太古船厂做过焊接师傅,焊接技艺十分精湛,这些村民将先进的技术用于色梗和秋千架的焊接,大大提升了崖口飘色的色梗技术。与一般飘色不同,南朗"崖口飘色"以最有当地特色的"秋千色"为主,色芯、色脚不固定在色梗上,可以随时更换,既增加了观赏性又展现了人文关怀。为了安全起见,每次活动开始前都会对焊接进行严格的承载力测试,确保参与者安全和活动顺利进行。

(2)重视市场导向。一项节事活动在进行形象定位时,应不断进行客源市场细分,以此来确定和更新目标市场,准确掌握客源市场的区位条件、消费者的需求等,设计满足各类消费者需要的节事活动形象。赞助商往往也会选择那些知名度高、传播性强的节事活动作为自己的赞助对象,通过冠名、实物赞助、志愿服务等方式将产品的价值与活动的内涵结合起来。例如,"淘宝造物节"是阿里巴巴自 2016 年以来面向年轻消费群体推出的融合型活动，通过大力扶持原创商家，以“创造力”为核心鼓励内容孵化与创意生产，提出“解放想象力，年轻就要造”等口号。活动期间，各式各样的新技术、新理念和创意商品汇集于线下市集，辅以年轻消费群体喜爱的主题活动，为参与者带来独特的节事体验。

(3)与区域发展规划相协调。节事活动形象的塑造并不是独立的，节事活动的定位应当与举办地的发展规划紧密结合，立足实际、以人为本，使节事活动真正成为区域发展的重要推动力，实现经济、社会、文化多重效益的综合提升。例如，洛阳牡丹花会始于 1983 年，为了配合当地“以花为媒，广交朋友，宣传洛阳，扩大开放”的发展战略，于 2010 年 11 月经国务院、国家文化部正式批准升格为国家级节会，更名为“中国洛阳牡丹文化节”，融赏花观灯、旅游观光、经贸合作与交流为一体，不仅是深受当地居民喜爱的盛大节事，也发展成为世界了解洛阳的窗口。

(4)传统与创新相结合。创意与内涵决定着策划的质量和竞争力，在节事活动的品牌塑造中发挥着日益重要的作用。节事活动形象的定位，不仅要深入挖掘和利用活动举办地的历史文化和特色传统，同时也要用现代化的诠释方式使其符合社会发展的新需求，适应消费者的理解能力和消费心理。例如，火把节是彝族、白族、纳西族等民族的传统节日，民俗文化价值显著。云南省巍山县民族文化底蕴深厚，彝族风情极具特色。2019 年，巍山县与华侨城集团合作，将科技产品与民族文化相结合，地域特色与节事产品相结合，运用千余架无人机打造空中灯光秀，借助声、光、电等高科技手段展示当地百姓的生活状态，使古老的火把节散发现代魅力，为传统节事的活化创新提供了思路。

5. 节事活动创意定位的方法

(1)特色定位。特色定位，即根据节事活动所具有的某一项或某几项鲜明的特色来进行定位。用来定位的活动特色应当是消费者及赞助商等利益相关者重视并能直接感觉到的，能满足消费者的体验需求并创造可观的利益。节事活动只有准确把握特色，打造个性鲜明的形象，才能吸引公众的关注，实现预期目标。

(2)功能定位。功能定位，即根据节事活动所能产生的主要功能来定位。策划团队应对节事活动所能满足公众需求的一项或几项特别突出的功能进行精心策划，以此来打造该活动的特质。

(3)优势定位。这种定位方法以节事活动举办地区位、资源、产业、人才等优势因素作为定位的基础，通过活动的规模、品位、服务质量等方面展示其吸引力。其目的在于借助相关品牌知名度高的优势，增强公众对节事活动产品的信任，影响消费者的选择偏好。应注意的是，优势定位法或领先定位法，只适用于优势鲜明并早已为公众所认可的活动品牌，否则适得其反。

(4)理念定位。理念，即活动的整体观念、活动宗旨和价值观念。这种定位方式重在阐明活动的宗旨和价值观念，有利于对内树立共同的价值观念，培养和增强成员的凝聚力和向心力，对外在广大社会公众中形成良好印象，提升信任感、知名度和认可度。

(5)逆向定位。逆向定位来自逆向思维的启发，即在定位时对固有思维模式“反其道而行之”，从而吸引消费者的关注。逆向定位策略可基于活动的功能、定价、服务和情感等方面展开，在定位中体现与其他活动不一样的创意思维，以此来塑造自身独特的优势。

(6)比附定位。比附定位法也被称为“对比定位”“反衬定位”“比衬定位”等，通过与消费者极为熟知的知名节事品牌构建联系，引起消费者对本活动项目的关注。比附定位法所选择的参照对象往往是优势突出、信誉优良、消费者认可度稳固的知名品牌，通过对比这些市场地位优越的品牌，突出本项目在特定内容上的相对优势和个性化区别，提升市场地位与形象，增强消费者的认同感。

(二)节事活动主题的创意策划

节事活动形象策划的关键是打造标志性节事活动，因此，主题选择与策划的质量往往决定着整个活动的成败。确定节事活动的主题，即是确定活动的核心。

1. 节事活动主题的类型

节事活动的内容涵盖旅游类主题、经贸类主题、赛事类主题、民俗类主题、人物类主题、物品类主题、文化艺术类主题、自然生态类主题等等。随着社会的发展，融合型、创意型主题节事活动越来越多，一项节事活动中围绕某一核心符号可能会有多个相关主题。

根据节事活动主题的来源，可分为既有主题和创新主题两大类。既有主题大多是传承多年的传统节事活动，它表现出深厚文化的历史沉淀，具有浓郁的民族风格。例如，春节、中秋节、泼水节等传统节庆，通过深入挖掘文化及民俗内涵，与现代化策划理念、技术相结合，能够打造出一系列优质的节事活动。创新主题是与固有节庆无关而是针对特定活动设计的主题，如超级碗(Super Bowl，美国职业橄榄球大联盟年度冠军赛)、嘉年华等。

派恩和吉尔摩从体验经济的特殊性出发，为主题开发提出了以下几点要求，对于节事活动主题的创意策划也有启示作用。

第一，吸引人的主题必须能够改变参与者的现实感。成功的节事活动主题，必须建立不同于日常生活的供参与者学习、娱乐、感受和投入的现实，也是培养参与者“地方依恋”与“活动依恋”的核心要素。

第二，通过对时间、空间、物质等要素进行干预来改变参与者的现实感。例如，以“未来时空”为主题的体验活动、原生态的演出舞台等等。

第三，以统一的线索串联起对时间、空间、物质的干预，形成活动的整体感，让体验制造者在潜移默化中将主题价值传递给体验者。

第四，通过营造多元地点感来强化主题，避免活动场景千篇一律。例如，慕尼黑啤酒节将啤酒大棚按品牌分配给各个知名厂家，每个大棚的布局和风格都各具特色，广受好评，并为活动及参与企业培养了一批忠实顾客。

第五，活动主题必须符合体验营造者的特征，符合一般的社会规则与认知。①

2. 节事活动主题创意策划的主要模式

(1)创新型，即策划者创造性地提出了全新的主题内容，或将多种创意元素进行组合。例如，陈向宏、黄磊、赖声川、孟京辉等文艺界人士发起了乌镇戏剧节，依托于乌镇深厚的文化底蕴和独特的自然景观，设置了特邀剧目、青年竞演、古镇嘉年华、小镇对话(论坛、峰会、工作坊、朗读会、展览)等板块，吸引了来自世界各地的戏剧爱好者，也增添了乌镇的旅游吸引力。

(2)发展型，即由小规模、自发性的主题活动演进为主题特色鲜明、规模较大的节事活动。例如，英国诺丁山狂欢节源于20世纪60年代，最初的形式仅仅是为数不多的参与者身穿民族服装敲着钢鼓围绕街道行走，经过几十年发展已经成为规模盛大的多元文化节日和伦敦最炙手可热的旅游项目之一。

延伸阅读

诺丁山狂欢节的起源

在世界各地的狂欢节中，诺丁山狂欢节可谓是特色鲜明，以浓郁的加勒比海情调吸引着来自世界各地的游客。论服装和面具，诺丁山狂欢节如同一场奇异华丽的化装舞会；论音乐，钢鼓乐队、卡里普索歌曲、索加音乐则是诺丁山狂欢节的灵魂。你知道诺丁山狂欢节是怎样兴起的吗？

克劳迪亚·琼斯，1915年出生于加勒比地区的英国殖民地特立尼达，1955年之后移居伦敦西部加勒比移民聚居的诺丁山区。1958年，琼斯创办《西印度群岛报》，号召殖民地人民团结起来争取独立、实现种族平等与世界和平。次年，诺丁山区出现针对黑人的种族暴力事件，琼斯因此在当地组织了一次步行活动。并于当年8月发起了英国第一届室内加勒比狂欢节，宣扬加勒比地区的优秀文化，倡导种族之间的融合与团结。1964年琼斯去世后，这一活动逐步演变成街头狂欢，并发展为全球瞩目的盛大文化节事——诺丁山狂欢节。

① 参见[美]B. 约瑟夫·派恩、詹姆斯·H. 吉尔摩：《体验经济》(更新版)，毕崇毅译，机械工业出版社2012年版，第57～60页。

资料来源：王青：《2020 诺丁山狂欢节：与以往相比，我们更需要这样一场狂欢》，2020 年 8 月 30 日，https://www.sohu.com/a/415633115_114988。

(3)拆分型，即大型节事活动可以拆分为一系列相关主题活动。中国(曲阜)国际孔子文化节的前身是创办于 1984 年的“孔子诞辰故里游”活动，为了更好地纪念孔子对人类文化的杰出贡献，弘扬中华优秀传统文化，经中共山东省委、省政府批准，“孔子诞辰故里游”活动自 1989 年起更名为国际孔子文化节，每年孔子诞辰前后在孔子故里山东省曲阜市举办。每年国际孔子文化节期间，祭孔大典、孔子家乡修学游、尼山世界文明论坛等主题活动也同时举行。

(4)整合型，即多个同类型、相近主题的活动整合成为一个规模较大、市场吸引力较强的活动。例如，上海之春国际音乐节是由创办于 20 世纪 60 年代的上海之春音乐舞蹈月和始于 20 世纪 80 年代的上海国际广播音乐节融合而成的活动品牌，主要活动包括：音乐舞蹈新人新作展演、上海地区群众性合唱邀请赛、国际广播音乐节目“金编钟”奖展播及评选颁奖活动、国内广播音乐节目主持人大赛、《东方风云榜》十大金曲评选颁奖演唱会、国际音像制品博览会等等。

3. 节事活动主题创意策划的内容

(1)名称策划。节事活动名称的拟定应遵守法律规定、尊重文化风俗、便于理解记忆并易于宣传推广，能直观并充分地展示活动主题与特色，避免使用产生歧义的字词及生僻字，综合考虑拟定的名称是否具有市场吸引力，以及是否会对后续的品牌注册产生影响。如江西新余仙女湖景区“国庆有余、渔乐无穷”节庆活动、上海为了迎接第三届中国国际进口博览会而设计的“逛马路节”等在名称的拟定上都独具创意，为活动增添了个性色彩和吸引力。

(2)标志策划。节事活动的标志通常由极具艺术性的符号、图案、颜色及文字构成，以体现活动名称、主题特色、举办时间地点为设计思路，以塑造和传播活动形象、吸引公众关注为主要目的。活动标志的策划应突出以下几点。

①个性化。节事活动标志的设计应以活动类型和举办地特色为基础，结合目标受众的需求，设计出能够充分体现活动个性、可识别性强的标志，进而为差异化营销提供依据。

②吸引力。节事活动标志的设计需要有较强的视觉冲击力，能够在第一时间吸引公众的关注和参与兴趣，这就要求标志的设计者结合活动的主题与内容，发挥创造力，设计既符合活动特质又满足审美需求的标志。

③传播效果。设计感强、特色鲜明的标志更容易引起社会公众的共鸣，优化节事活动的传播效果，成为提升活动知名度的有效途径，进而促进活动预期目标的达成。

1992年巴塞罗那奥运会会徽的设计理念至今仍被许多人称赞(见图7-1)。会徽上半部由蓝、黄、红色一点和两个弯曲的线条组成,红、黄、蓝三原色的色块拼接象征着地中海文化的三个永恒主题:太阳、生命与大海,一点两线既象征大地、天空,又仿佛是一个人正在运动。这一标志不仅代表着巴塞罗那悠久的文化和现代化建设的生命活力,同时,还可理解为巴塞罗那人正张开双臂迎接来自五大洲的客人。

图7-1　1992年巴塞罗那奥运会会徽

图片来源:国际奥委会官方网站。

(3)口号与吉祥物策划。节事活动的口号要能够突出活动主题、简明扼要,并反映时代特征和社会公众较为关注的话题。例如,奥林匹克运动会口号的拟定主要围绕人类发展过程中的重要议题、活动举办时期的热点问题以及举办国对社会发展的期望与态度,留下了许多经典的口号(见表7-2)。

表7-2　1984～2020年夏季奥林匹克运动会口号

时间(年)	地点	口号
1984	洛杉矶	Play a part in history(参与历史)
1988	汉城(现更名为首尔特别市)	Harmony and progress(和谐与进步)
1992	巴塞罗那	Friends for life(永远的朋友)
1996	亚特兰大	Harmony, radiance, grace, the celebration of century(和谐、光辉、优雅的世纪庆典)
2000	悉尼	Share the spirit(分享奥林匹克精神)
2004	雅典	Welcome home(欢迎回家)
2008	北京	One world, one dream(同一个世界,同一个梦想)

续表

时间(年)	地点	口号
2012	伦敦	Inspire a generation(激励一代人)
2016	里约热内卢	A new world(新世界)
2020	东京	United by emotion(激情聚会)

"吉祥物"一词,源于法语"Mascotte",英文"Mascot"由此衍变而来,意为能带来吉祥、好运的人、动物或东西。吉祥物不是一般意义上的艺术作品,而是设计者通过转化事物属性、谐音取意等方式,提炼活动主题的核心内容,形成具有鲜明的地方特色和时代特征、创意新颖的图案(或物品),是活动主题的特殊体现。节事活动的吉祥物一般在选定后不会轻易变化,具有相对较强的稳定性。

2008 年北京奥林匹克运动会的吉祥物"福娃"(见图 7-2),即是把动物和人的形象完美结合,强调了以人为本、人与动物、自然界和谐相处的天人合一的理念;在设计理念上,首次把奥运元素直接引用到吉祥物上,如福娃欢欢的创意来源于奥运会圣火;在设计应用上,更加突出了延展使用上的个性化。

图 7-2 2008 年北京奥运会吉祥物"福娃"

图片来源:中国奥委会官方网站。

(4)主题氛围策划。节事活动氛围,即基于某种理念而营造出来的整体气氛,包括活动场地的基调、音乐音响、装饰色调等。节事活动的基调应与活动主题相协调,以放松休闲为主,同时突出地域特色和文化内涵,开展各项活动内容。音乐、音响和装饰对于烘托活动现场气氛、满足公众体验需求有着不容忽视的作用。因此,在进行节事活动的主题策划时,如何营造恰当的氛围也是重要任务之一。

(三)节事活动商品创意策划

节事活动商品,包括消费者在参与活动的整个过程中购买的与活动相关联或具有举办地特色的商品(纪念品)。购物消费是消费者节事活动体验的重要组成部分,对消费者来说,每当看到自己在活动中购买的特色鲜明、创意十足的纪念品,都会唤起参与活动的种种美好记忆。而质量低劣、缺乏特色的纪念品,则会给消费者留下极为负面的印象，导致节事活动整体形象受损。

成功的节事活动商品策划应符合以下原则。

1. 独特的纪念价值

节事活动商品与其他商品的区别在于其所具有的特殊纪念意义。消费者参与活动的体验是独特的、难以复制的，因此，节事活动商品与纪念品的设计要充分反映举办地独特的文化风貌和活动的个性，具有显著的纪念价值，不断强化消费者对活动的记忆，使商品的流通促进活动品牌的传播推广。

2. 高品位的艺术特色

活动商品的设计应充分考虑活动消费者的审美偏好。无论消费者购买活动商品是为了给自己留作纪念还是作为礼品转赠他人，都格外关注商品的质量和价值。因此，节事活动商品应当具有大众化的艺术性，能被广大消费者所认可与接受，彰显活动品味。

3. 多样化的载体

节事活动商品的目标受众群体主要是活动的参与者，其中有不少是外地甚至外国慕名前来的游客。因此，活动商品的形式应充分考虑消费者的多样化需求，既方便携带和保存，又能给予消费者美好的体验。

二、节事活动的品牌管理

(一)节事活动品牌的内涵与策划要点

1. 节事活动品牌的内涵

节事活动品牌是活动组织者向所有参与者所展示的，用来识别某一节事产品的名称、标志和商标，涵盖消费者对活动的物质体验和精神体验。节事活动的价值、文化和个性是节事活动品牌的基础，人们参与节事活动的行为被赋予象征性的意义，最终将改变人们的生活态度以及生活观点。

2. 节事活动品牌的特征

(1)非物质性。与有形资产不同，品牌本身就是无形的，节事活动品牌更是缺少可依托的实体产品，无法仅凭感官直接感受到它的存在。但节事活动的经营者可以凭借品牌无形资产的优势不断获取利益，比如良好的信誉可以吸引来更优越的赞助，进而不断开拓市场、进一步提升品牌价值，形成良性循环。

(2)集合性。节事活动品牌内涵丰富，是整合了相关产品、服务、体验、符号等要素的复杂象征。节事活动品牌的培育是系统化的过程，应全面地考虑所有影响因素及利益相关者。此外，节事品牌的价值具有极强的延伸力，成功的节事品牌将带动产业链上、中、下游进入集团化发展阶段。

(3)独特性。节事活动品牌的独特性就是一项活动与其他活动之间的差异。

品牌独特性有助于一项节事活动在市场竞争中脱颖而出，在消费者心目中占据自己的位置。成功的品牌通常具有强烈的感染力，能够不断挖掘不同消费者群体的潜在兴趣。活动品牌属于知识产权范畴，因此节事品牌的独特性还意味着专有性，标识、专利等应借助法律加以维护。

(4)风险性。节事活动品牌的风险性，指活动在筹办过程中具有极大的不确定性。节事活动有时具有很高的潜在价值，有时则由于社会环境、市场变化、技术、经营服务等方面出现意外，组织管理状况不佳导致品牌价值“跳水”。前期策划的不完善和现场出现的危机，以及运营方的资金问题等，都会给节事活动品牌的塑造和维护带来阻碍。

3. 节事活动品牌策划的要点

第一，优质服务是塑造节事品牌的重要支撑，是品牌推广和价值提升的必经之路，公众对节事品牌的认可度、忠诚度很大程度上源于享受到的服务及在此基础上产生的体验。

第二，文化内涵是节事活动的灵魂，形象策划和活动设计往往依托于地域文化与节事活动主题的紧密结合，既有“热闹”又有“灵魂”的活动才能走得长远。

第三，成功的节事活动离不开高效的管理。节事活动品牌的策划应充分考虑如何进行科学的管理，使节事活动策划各阶段的工作按部就班进行，保证节事活动项目正常运转，满足多样化的市场需求。

第四，创意是节事活动保持强大生命力的关键。在日趋激烈的市场竞争中，只有不断创新，才能始终符合社会和市场需求，才能增强自身抵御风险的能力。

第五，公关与赞助是节事活动的重要支持。有效利用公关活动来吸引媒体关注，达到较好的宣传效果，能够为活动带来更大的经济效益和社会效益。

(二)节事活动品牌管理的目标与原则

1. 节事活动品牌管理的目标

(1)提高产品和服务质量。节事活动策划最重要的目的就是提供更优质的服务，更好地满足消费者对于参与活动、丰富体验的多样化需求。通过品牌管理，可以提高活动内容的质量，优化服务水平，进而增强节事活动的价值。

(2)增强活动的独特性。综观世界范围内成功的节事活动项目，都拥有鲜明的个性和超群的魅力，吸引着海内外消费者。人们参与节事活动，既是消费活动产品、享受服务，更是选择了一次独特的体验。对节事活动品牌进行科学管理，能保持和增强活动的独特性，确保其在市场竞争中占据独有的位置。

(3)塑造良好形象。节事活动的形象是一个总体概念，分为具体形象和抽象形象。如品牌名称、标志等的策划都可以塑造品牌的具体形象，而品牌的广告策划、公关策划、定位策划等主要塑造的是品牌的抽象形象。只有形成极具市场吸引力的优质形象，节事活动的产业链才能进一步延伸，创造更多的附加价值，从而增强节事活动项目的竞争力，节事活动品牌才能更长久，实现其在社会经济发展和文化传承中的作用。

2. 节事活动品牌管理的原则

(1)以树立良好信誉为出发点。节事活动品牌之间的竞争始于信誉。在当前的市场环境中，节事活动想要增强品牌价值，必须依靠优化管理和控制质量树立良好的信誉，有效提升客户满意度。此外，节事活动品牌的管理应及时跟进市场需求的变化，打造满足个性化需求的创新产品。

(2)建立情感纽带。随着市场竞争日趋激烈，品牌之间的竞争打的不仅是"信誉牌"，也是"感情牌"。为了使公众对品牌的认知从商标符号上升到信誉，最后升华到感情，国内外知名品牌都不遗余力地同消费者建立多样化联系，努力维系情感纽带以保持客户的忠诚度。此外，这一目标的实现既需要消费者群体的支持，也离不开政府、媒体、专家及合作伙伴等对节事活动的支持。

(3)明确"差异化"发展战略。"差异化""个性化"是节事活动品牌化发展的基础，也是吸引消费者的关键因素。例如，人们喜欢去迪士尼、环球影城等主题公园，不仅因为它是一个大型游乐场所，有丰富多彩的项目；人们更看重的是可以通过参与各项活动重温童年乐趣，甚至满足长期以来的愿望。因此，节事活动品牌的竞争优势应当通过差异化的发展战略进行打造，不断创新主题和活动形式，赋予消费者更独特的体验，以此来提升品牌价值。

(4)长期的培育与维护。与品牌的形成相比，管理和维护则是更艰难的过程，缺少长期维护战略的品牌无法成长为真正优质、有竞争力的品牌。例如，有的品牌仅仅依靠花费大量资金投放广告来招揽客户，缺少科学的品牌管理，在知名度得到初步提升后便不再研究市场需求的变化，也没有提供所承诺的服务。这种情况下，消费者新鲜感丧失后必然会放弃这一品牌，导致其价值迅速降低，前期成本也无法获得预期回报。因此，品牌管理的重点和难点在于品牌的长期培育与维护，注重综合效益。

三、节事活动的市场营销策划

为了吸引更多参与者、实现预期目标，节事活动的策划应重视如何开辟市场、整合资源等问题，以实现有效营销。这种策划以市场环境和竞争信息分析为基础，综合考虑节事活动、自身优劣势、竞争对手的谋略和市场变化趋势等因素，结合发展机遇与可调动的资源，对推广路径、商业赞助、营销内容等进行创意设计。

(一)节事活动营销策划的原则

1. 勇于创新

节事活动的营销，重在创意。无论是节事活动项目的定位、设计创意还是营销载体，如果不具有独创性，就无法在市场竞争中赢得主动。独创原则贯穿于节事活动策划的各个环节，通过个性化的营销理念和手段使其在众多的竞争项目中脱颖而出。

2. 整体考察

节事活动的营销也具有较强的系统性，任何环节都要注意系统内部因素的变化所引起的其他因素的变化及产生的影响。坚持系统原则，就是要把节事活动的营销体系作为一个整体，用系统的方法综合分析，选择最优方案以实现决策目标。强调系统原则，就是强调节事活动营销策划的整体性、全局性和效益性。

3. 可行为先

节事活动的营销方案必须符合切实可行的策划目标和效果，即节事的营销策划行为要具备科学性、可操作性，在实施过程中能合理有效地利用人力、物力、财力和时间，实施效果能达到甚至超过该方案设计的具体要求。策划方案要达到有效、可行，不仅要用最小的代价争取最大的利益，更强调怎样把风险降到最低，平稳地实现策划目标。

4. 灵活应变

节事活动营销策划要有灵活应变的能力，在复杂环境中及时准确地把握发展变化的信息，预测事物发展变化的可能轨迹，并以此为依据调整策划目标和修改策划方案。此外，节事营销要充分利用一切资源，如主题、口号、吉祥物等，灵活组合具有市场吸引力的元素，为节事品牌的塑造和增值打好基础。

5. 把握心理

节事活动有着鲜明的大众性特点，消费者的参与程度越高，节事活动就越成功。消费者所有的消费行为都是在一定的情感推动下完成的，对消费者心理需求的把握是否准确直接决定着营销策划的成败。因此，只有采用公众喜闻乐见的形式、与消费者实现情感沟通，才能更好地刺激消费者购买。

(二)节事活动营销策划的实施

节事活动营销策划的实施可分为以下几个步骤。

1. 发现和分析市场机会

市场机会是指市场上存在的未被满足的消费需求。在日趋激烈的市场竞争中，节事活动如果仅仅依靠已有的形式和内容，不可能实现长久的良性发展。所以，不断地寻找、发现新的市场机会对于节事活动策划至关重要，为自身的生存和发展寻找出路，完善产品与服务，为有效营销奠定基础。

活动策划和运营团队应及时获取最新的市场信息，了解消费者希望参加什么样的节事活动，赞助商倾向于赞助什么样的节事活动，以激发新的创意构想。发现市场机会，可以通过在现有市场中挖掘潜力，在传统活动基础上增加新的内容；可以将现有的节事活动产品与其他同类活动进行有机整合，扩大整体优势；也可以跳出传统的活动策划思维，开发全新的活动内容，引领新的市场需求。

2. 选择目标市场

所谓目标市场，就是节事活动经营者决定要进入的节事活动市场部分，决定着活动面临的竞争环境和目标受众。一项节事活动应准确选定一个或多个适宜自己的目标市场，综合考察机遇和风险，根据自身特色与实力开展目标市场营销。

3. 制定营销方案

明确了目标市场后，活动策划者应有针对性地进行市场定位并塑造产品和服务的形象，综合运用定位、产品、价格、促销、地点（场所）五大因素形成系统化的市场营销组合。营销方案的选定应以目标受众需求为出发点，突出特色，灵活配置资源，最终实现营销目标和活动预期收益。

4. 科学编制预算

节事活动营销组合的设计应考虑两个基本问题：第一，该节事活动计划在市场营销环节投入怎样规模的资金；第二，根据自身的情况和所举办节事活动的特点，明确市场营销预算的具体分配方式是怎样的。为了提升活动品牌知名度，营销投入是必不可少的，但也不应盲目斥巨资于此。从实际出发，灵活选定营销模式、合理制定预算，才能推动品牌良性发展。

5. 执行市场营销方案

为了更好地完成节事活动的营销工作，活动策划和经营者必须对每一个节事活动设置独立的营销团队，立足实际，开展营销活动。此外，营销效果的评估对于检验方案的合理性、完善后续工作有着重要意义，有助于进一步挖掘活动潜力，找准市场定位。

第五节　节事活动评估与收尾工作

一、节事活动评估概述

（一）节事活动评估的概念与类型

节事活动评估是针对一项节事活动从前期工作、目标确立到实施运作的综合研究，对服务、直接或间接效益、作用和影响进行系统、客观的分析与评价，总结经验教训，并通过及时有效的信息反馈，为策划团队、赞助商、运营方等提供参考。

节事活动评估可分为以下三种主要类型。

1. 事前评估

事前评估，即活动前评估，通常发生在活动的研究和策划阶段。事前评估的目的是确定举办该活动可能需要的资源数量和该活动继续发展的可能性，据此得出能否立项的结论。事前评估往往体现在活动项目可行性研究之中，根据国家有关的方针政策、法律法规，从经济角度、社会角度和环境角度对活动进行评估，对拟开展的活动的市场进行调研，对规模、投入与产出等问题进行估算，预测成功的可能性和未来的发展前景，从而对活动的必要性和可行性进行判断。

2. 过程评估

过程评估也被称为“中间评估”或“监控评估”，是对活动的进展进行跟踪和控制，考察策划方案的落地情况。这种评估往往以检验活动营销、形象、时间等策划的质量为目的，或评估在实施过程中的重大变更及其对活动效益的作用和影响，或为活动中的重大困难和问题寻求对策及出路。例如，对预算进行控制评估，可以一定程度地避免浪费，提高整个活动的收益；对时间安排进行评估，可以保证活动进度按照计划实施，及时发现组织管理中的问题，如期完成活动任务。

3. 事后评估

事后评估是节事活动评估最常用的形式。这一类评估主要通过目标、执行过程、效益与影响等方面对已经完成的活动进行综合分析，采取定性和定量相结合的方法，全面评价活动项目的策划、筹备、实施和收尾，分析活动实际运作与预测情况的差距，判断相关预测是否准确，总结经验教训。并以此为基础，通过及时有效的反馈，提高管理和服务水平。事后评估既是项目总结，同时也具有前景预测的作用，为今后改进节事活动项目策划、管理和监督工作创造条件。

从具体内容来看，事后评估可分为项目实施效果评估和项目影响评估。项目实施效果评估通常在项目结束后 2～5 年内进行，评判活动目标的实现程度，为新项目提供宏观导向、政策和管理等方面的信息。项目影响评估则以评价报告为基础，分析特定节事活动的发展趋势及其对社会、经济和环境的影响，为决策提供切实可行的依据。[①]

（二）节事活动评估的意义

1. 完整了节事活动组织管理过程

活动评估通过对活动实际效果和前期预测进行比较，衡量主要目标指标的完成度，分析实际状况与预期目标的偏离程度及其原因，总结经验教训，对存在的问题加以改进。评估结果可作为总结报告中的重要组成部分，反馈给政府、机构、企业和个人等利益相关者。评估是节事活动管理中必不可少的环节，论证了该活动继续举办的可行性，为其改进完善提出建设性对策，更好地发挥节事活动的综合效益。

2. 提升节事活动行业的规范化水平

当节事活动产业的发展已经初具规模，通过评估规范市场行为并整合资源，是

① 参见卢晓编著：《节事活动策划与管理》，上海人民出版社 2016 年版，第 392 页。

促进产业升级、提升活动效益的有效手段。节事活动市场的规范，既要遵守国际惯例与市场规则，同时应结合各地实际对主办方资质进行动态化评估与认证。活动管理应逐步由审批制向登记制过渡，加强政府宏观调控，尽快制定、完善相关法律法规，使节事活动市场有“法”可依、有“章”可循。

3. 进一步推动节事活动市场化

日益激烈的市场竞争使评估具有了判断节事活动效益的功能，并以市场标准检验活动的策划管理水平。引进市场化的竞争机制和公正的评估体系，可以避免节事活动策划和运营中的一些误区。首先，缓解市场竞争的无序性，提升节事活动整合力度。目前，多头管理、重复办节的现象普遍存在，缺乏对活动主办者资质的审查。节事活动主题的雷同化和内容的同质性导致一些活动质量偏低，难以实现资源的优化配置。尤其是很多地方以政府出面办“节”办“赛”的模式为主，活动项目的可行性研究与评估环节形同虚设，缺乏多样化投资主体。其次，提升服务质量。从整体来看，只有少数活动设立了专门的服务机构，主办方普遍存在服务意识淡薄的问题，严重影响着参与者的体验和活动的形象。最后，塑造优质节事活动品牌。目前，节事活动市场存在着许多规模小、质量低的活动，由于缺乏明确定位而处于杂、乱、滥的状态。节事活动评估能够淘汰部分高投入、低产出的活动，帮助有发展价值的活动提升竞争力，增强投资者信心，实现品牌增值。

4. 为新项目提供可借鉴依据

一项新的节事活动项目从策划到运营不仅需要理论上的支持，更需要已有的操作实践为其提供宝贵的经验教训，尽可能地避免走弯路。科学的评估能够使新办节事活动的质量和管理水平得到稳步提升，优化资源配置，减少资源浪费。

（三）节事活动评估的原则

1. 公正

公正是节事活动评估的首要原则，也是贯穿活动项目评估全过程的重要特性。活动策划运营团队进行的自我评价应遵守公正、客观的原则，但自我评价只是对自身工作得失的总结，不能代表整个节事活动的最终评价。评估团队应从第三方的角度出发，独立地发现问题、分析原因，保证结论的客观性。

2. 可信

评价的过程应该以可靠的资料信息和客观的评价标准为基础，由活动的策划运营团队提供详细可靠的信息，程序严谨，方法科学，真实反映活动的成果与问题，避免评估环节流于形式。

3. 可行

节事活动评估的方式必须具备极强的可操作性，评价结果应当明确、实用，突出重点问题，为后续项目的优化提供参考。

4. 透明

节事活动具有极强的公众参与性，透明度越高的活动越能获得公众的信赖。提升活动评估的透明度，同时也能吸引更多的公众关注活动的运营管理，进而达到社会监督的目的，树立科学、负责的公众形象。

二、节事活动评估内容与方法

(一)节事活动评估的内容

节事活动评估一般包括以下基本内容。

1. 节事活动策划评估

节事活动策划评估即对节事活动的策划方案进行评估，评估内容包括以下两个方面。

(1)策划方案评估。评估内容包括节事活动的举办时间、地点、规模、主承办机构、活动定位、人员分工、形象策划、营销方式等，分析这些要素的优缺点，为后期同类活动的策划和举办提供资料。

(2)目标评估。评估预期目标及其实现程度是节事活动评估的主要任务，具体指标包括宏观指标和直接目标。宏观指标评价活动对地区或国家经济、社会发展的总体影响和作用，直接目的则通过量化指标评价活动向社会提供的产品或服务。首先，节事活动目标的评价应依据主要指标判断目标的实现程度，确定预期目标与实际效果之间的差距并分析原因。其次，要在实践中检验目标的合理性，通过评价找出是否存在目标不明确、过于理想化等问题，为新项目的策划提供经验。

2. 节事活动筹备、实施工作评估

节事活动筹备和实施工作比较复杂，涉及时间进度、推广宣传、现场服务、预算执行等方方面面。对节事活动工作进行评价，应对照立项策划或可行性研究报告进行分析，找出差距、分析原因。节事活动筹备及实施工作评估具体包括以下几个方面。

(1)筹备工作评估。主要针对活动正式开始前的细节，包括各主体、各要素的统筹、准备、协调，以及各项工作的安排和调整等等。

(2)服务代理工作评估。对通过公开招标的服务商、代理商、指定赞助商、旅游代理商、清洁公司、保安公司等的工作进行评价。

(3)宣传推广工作评估。包括媒体宣传与公关、推广进度安排、宣传渠道的建立、宣传资料的印制与发放、宣传效果、新闻媒体的反应(刊载、播放的次数，版面大小，时间长短)等。

(4)组织结构与人员评估。对组织形式、人员构成、工作态度、工作效率等进行评价，评价人员安排和工作时间是否合理、工作效率是否符合要求等。

(5)现场管理水平评估。包括场地选择、设备设施、后勤服务、物流配送、现场工作人员管理、突发事件应急措施和各环节的服务，以及对这些服务的质量、提供方式等进行评估。

(6)时间管理评估。判断活动各项工作的时间安排是否科学合理，包括招商、宣传推广、服务、收尾等。

(7)服务管理工作评估。包括活动组织管理的质量和效率、服务质量等等。

(8)财务实施评估。包括对节事活动的预算制定与执行情况、成本、费用支出时间安排，收益、收款情况，超支原因及其他财务管理问题进行评价。

3. 效益与影响评估

(1)效益评估。节事活动的效益评价指对活动项目进行财务评价和经济评价，主要分析指标为内部的收益率、净现值和贷款偿还期等盈利能力和偿还能力，包括成本效益评估、成本利润评估等。

(2)影响评估。节事活动的影响评价内容包括经济影响、环境影响和社会影响。具体有以下几个方面。

①经济影响：分析节事活动对所在地区、所属行业和国家所产生的经济方面的影响。由于部分因素难以量化，经济影响评价通常只作定性分析或并入社会影响评价。

②环境影响：通常包括节事活动举办地环境质量、自然资源利用和保护、区域生态平衡、环境管理等方面。

③社会影响：分析节事活动在社会经济发展中有形或无形的效益和结果，重点评价节事活动对举办国、举办地、社区的政治、文化、经济、生活等方面的影响。

(二)节事活动评估的方法

节事活动的评估一般采用宏观分析和微观分析相结合、定量分析和定性分析相结合的方法，通过综合分析，总结经验和教训，提出可行性建议。目前，常用的节事活动评估方法有以下几种。

1. 调查法

调查法是节事活动评估最常用的方法，操作相对简单，既可以获得直观的数据，又能了解调查对象对于活动的定性描述。节事活动期间，参与者的流动性大、停留时间较短，因此调查法主要通过问卷调查和对话访谈等形式搜集相关信息。

2. 对比分析法

对比分析法是节事活动评价的基本方法，以分析调查结果为基础，将节事活动的预期目标与活动实施的实际情况进行对比，评价该活动的效益和影响。

3. 内部总结法

节事活动结束后，主办方通常会组织由内部人员参加的总结会议，要求每个工作人员对自己在节事活动的整个过程中所做的工作进行述职。亲身参与活动策划和运营的人员，不论是提交的书面材料还是口头汇报的总结情况，都是节事活动评估可以参考的有效信息。

(三)节事活动评估的流程

节事活动评估过程，指的是从制定评估计划到评估结束的全部过程中，为了实现评估目标而进行的工作步骤。

1. 制定节事活动评估计划

评估计划的制定通常需要考虑以下几个方面的内容。

(1)评估内容。除了所有项目都会涉及的常规内容外，节事活动评估还应根据具体的活动类型和特征决定评估的最终内容。

(2)评估对象。根据评估内容选择需要收集的数据和资料，其中数据指可量化的部分，而资料主要指需要进行主观判断的部分。

(3)建立评估团队并选择评估人员。节事活动项目的评估需要多名评估人员分工协作，因此建立高效的评估团队至关重要。评估人员应充分了解评估目标，拥有使被访问者对问题产生兴趣并愿意据实作答、反馈有效信息的能力，掌握丰富的评估技巧与经验，善于沟通协作。

(4)选择评估方法。通常可以采用层次分析法和德尔菲法相结合、定性和定量相结合的方法，提高信息收集与分析的科学性。

(5)确定评估报告形式。评估报告通常体现为描述性和数据性两种形式。描述性的报告是定性的总结，只有大致的结论；而数据性的报告可以通过表格或图来反映结果。评估报告形式的选择取决于具体的对象和受众的要求，多以书面形式呈现，极少数情况下也存在非正式的口头分析。

2. 收集信息

信息收集和整理是耗时最长、花费最大而且最容易出现误差的环节。这一阶段，评估人员按既定的时间、方法针对既定对象进行调查，收集相关资料。定性的方法适于深入地了解及发现问题，可以用于场地设计、宣传推广等内容的评估；定量方法适于广泛地收集数据，可以用于成本效益等内容的评估。

节事活动信息的收集方法由收集的内容和特点而确定。节事活动的举办次数、场地面积大小等这些数据在节事活动正式开始之前即可获得，对于活动的赞助商、承包商、服务商的收益可以在活动结束之后从相关单位处获得，至于观众的数量和情况，可以通过设计包含年龄、性别、消费模式等信息的登记表和具体情况来定。售票的活动，可以根据经验和售票情况来估算；非售票的活动，可以通过公共交通及相关设施情况进行估算，掌握大致数据。

3. 分析数据

当数据收集完成后，评估人员将按照事先确定的方案进行数据处理，具体工作包括统计、比较与分析。在这一环节,所收集到的信息将被统计整理成系统、有用的评估材料,参照具体评估标准进行比较,并分析其中的原因、规律和问题。

统计工作主要是整理收集到的数据和其他信息,计算出总数和比例。统计工作主要以数字为对象,因此数据的准确性尤为重要。统计工作完成后,评估人员通常会比较预期目标和统计结果,判断活动目标的实现程度、组织工作的效率高低、活动的收益大小等等。进行分析工作时,要客观、全面地考查活动策划的实施效果,在统计、比较的基础上,综合分析组织管理工作和取得的收益,找出数据和情况之间的内在关系、原因和问题。应当格外注意的是,数据的分析必须注重时效性,否则评估的意义将大打折扣。

4. 得出评估结论

评估结果通常以标准和数字排列的形式来呈现,即按所制定的计划排列评估内容和结果。这种形式适合表现定量的评估内容以及量化的定性评估内容,包括活动的基本情况、工作质量等。除此之外,有的评估团队通过对比的形式按所制定的计划排列评估内容,同时排列策划阶段的预期目标和活动运营的实际情况。

三、节事活动的收尾与工作总结

(一)节事活动项目的收尾

当一项节事活动现场工作结束后,项目运营团队应及时、认真地做好收尾工作。收尾工作常常是零碎烦琐又耗费时间和精力的,极容易被主办方忽略。收尾工作如果处理不当,会给后续活动的开展带来隐患。一般来说,项目收尾包括合同收尾和行政收尾。

1. 合同收尾

合同收尾是在活动接近尾声时,合同签订方按规定履行各自义务,应及时了结合同并结清账目,包括解决所有尚未了结的事项。合同没有全部履行而提前终止,则属于特殊的合同收尾,因双方协商一致或一方违约产生。

合同文件至少应包括合同本身及所有有关的表格和清单、经过批准的合同变更、由分包商、承包商、赞助商提出的技术文件和进度报告、单据和付款记录等财务文件以及所有与合同有关的检查结果。

经过整理及准确编号的完整合同记录将会和活动记录一起存档,随后应当向分包商、承包商、赞助商等发出本合同已经履行完毕的正式书面通知。

2. 行政收尾

活动在成功完成后或因故中止时,必须做好行政收尾工作。行政收尾工作主要包括收集、整理和发布相关信息、资料和文件,正式宣布活动或活动阶段的结束。

行政收尾主要通过将项目结果形成文件,供活动主办方或运营方进行正式验收，包括收集活动记录、确定这些记录所反映的技术指标、分析活动的经验教训以及把这些资料存档供相关人员查阅。节事活动的每个阶段都应当做好行政收尾工作，防止有价值的资料在收尾环节不慎遗失，影响后续工作。

活动临近结束时，行政收尾需交付一套完整且附有编号的完整活动记录，同时还要考虑总结评价，明确活动项目策划运营工作的经验教训。

（二）节事活动项目的总结

1. 活动项目总结的目的

（1）检验项目效果。通过总结，节事活动项目的策划者、运营者可以明确项目进行中的成果与不足，总结哪些工作是有效的、是值得发扬和延续的。

（2）避免重复错误。节事活动难以避免存在着或多或少的问题或错误，通过事后总结，分析问题、探究原因，能够防止错误再次发生，为优化活动运营工作提供依据。

（3）激励团队成员。活动项目总结能够使团队成员认识到收获与不足，激励成员更加积极努力地工作，提升团队成员的工作能力与热情。

（4）积累实践依据。节事活动的赞助商或组织者在选择活动项目的代理方或承包方时，有时需要出示相关活动项目成功实践的记录，活动项目的总结报告就可以作为实践依据。这也是优质活动品牌打造中的重要环节，对活动的长远发展极为有益。

2. 活动项目总结的内容

（1）时间进度。实际进度与计划进度相比有什么差异？对工作量的估计如何？这些都是项目总结的基本内容。活动组织者应建立并不断完善相关数据库，而项目总结则可以提供相应数据，以提高下次计划的准确性。

（2）项目成本。活动结束后，为实现预期目标而付出的全部代价都应当认真总结，重新衡量活动的必要性及策划的可行性。

（3）项目质量。活动总结应包括活动项目的最终成效、取得的成果与最初需求的贴合度，通过对比分析得出结论。有没有达到最初的目标，在社会上的影响力如何？观众的满意度如何？现场管理的秩序如何？交通管制是否到位？这些经验或教训对于新项目的策划有着极为重要的意义。

（4）团队组织建设。当一项节事活动结束后，主办方应认真总结团队成员的绩效表现，以及活动管理和实施过程中的内外部沟通交流是否充分，分析这些因素对活动效果的影响。

（5）差异性优势。节事活动的策划和运营团队应综观活动全过程，总结该项目与以往活动相比是否存在特别之处，如满足参与者个性化需求、独具创意的节事环境、优越的资源供应等等。总而言之，活动过程中的重要事件、关键的解决方案和实施过程等都应当得到总结。

(6)经验与教训。列举从该活动项目的策划与组织中所得到的最主要的经验与教训,以及对后续活动策划管理工作的建议,使活动项目总结的功能最大化。

本章小结

1. 节事活动包括节庆、体育赛事、纪念仪式、狂欢活动、典礼、舞会等各类庆典与活动,具有多样性、参与性、地域性和计划性的特征。为了突出特色、提升工作效率并实现效益最大化,节事活动的创意策划应遵循可行性原则、个性化原则、系统性原则、效益性原则、市场化原则和可持续原则。

2. 节事活动创意策划是面向未来的创意过程,重视体验和价值传递。节事创意策划大致可分为"前期准备—方案实施—后续评估"三个阶段,具体流程包括需求调研、目标确立、信息收集、创意激发、方案拟定与筛选、方案修正与实施、活动评估。策划者通过独具创意的新方法、周密的计划和精心的安排来提升活动的吸引力,满足参与者的体验需求,打造高质量的节事品牌。

3. 节事活动的可行性研究包括项目背景分析、市场分析、活动项目设计、组织机构和人员配备、活动时间安排、财务评价和专家综合评议,为项目投资决策、资金筹集、计划编制、合作关系建立、后期评估等提供依据。

4. 节事活动的价值、文化和个性是品牌塑造的基础,节事品牌的管理应以树立良好信誉为出发点,建立与消费者之间的感情纽带,明确"差异化"发展战略,培育和维护真正优质、有竞争力的品牌。

5. 节事活动评估可分为活动策划评估、筹备和实施工作评估以及效益和影响评估,分析策划要素的优缺点,在实践中检验目标的合理性,总结经验和教训,有助于后期同类活动的策划和举办。

思考与练习

1. 简述节事活动的内涵与基本特征。
2. 简述节事活动创意策划的原则与内容。
3. 分析节事活动可行性研究的必要性和流程。
4. 查阅资料,分析知名节事活动吉祥物的设计创意与启示。
5. 结合实例,分析如何塑造和维护优质节事品牌。
6. 简述节事活动评估的方法和内容。

案例分析

从美食市集到消费新业态,"伍德吃托克"的创新升级

美食主题活动"伍德吃托克"兴起于 2015 年,融美食、音乐、时尚设计、娱乐体

验于一体,被称为中国版的“威廉斯堡市集”。在首场线下活动举行的短短三天里,万余名食客贡献了超过一百万元的销售额,使“伍德吃托克”迅速发展为青年消费群体中极具号召力的嘉年华品牌。目前,每场“伍德吃托克”的票价为30～60元,合作品牌保持在100～120个之间,盈利模式主要来源于票价、赞助收益及展位租金。

针对青年消费群体在创意娱乐、美食体验、社交互动等方面的需求,“伍德吃托克”活动的策划重点在于跨界场景体验模块的构建。例如,“美食走廊 & 好物走廊”集合各类休闲餐饮与创意商品,契合活动初创时的主题;将“饿感力论坛”打造成“生活方式领域的TED”,邀请畅销书嘉宾、创业明星及文创及跨界领域KOL作为论坛嘉宾,在论坛中和品牌商家及观众进行互动交流;平台式快闪店“奇妙精选”集结消费升级领域创业公司,包括女性电商、自媒体社群、文艺阅读App等,不以销售为目标,以现场互动为主。伍德吃托克通过精准把握目标群体的消费诉求,打造差异化、符号化的场景体验,使得每场活动都会增加一批忠实的品牌拥护者。通过子活动IP矩阵的打造,“伍德吃托克”逐步实现由创意活动向文化品牌的转型。

“伍德吃托克”以“市集”为主要载体,但又不局限于传统形式。作为创新型节事活动,“伍德吃托克”所创造的,既是消费者端的全新消费场景,也是品牌端的新兴展示渠道。从实验型的迷你市集、内容丰富的大型美食节,到综合性生活方式展,不断创新的“伍德吃托克”致力于为合作品牌提供整合营销服务,营造“吃+逛+社交互动+消费”的多赢复合场景。对于举办地来说,“伍德吃托克”活动带来的客源群体及附属黏性,对商圈营销和活动产业整体发展都有着不可小觑的带动作用。2018年6月28日,“伍德吃托克”的首个线下实体空间——“伍台”(Woodsatge)正式营业。在弱化“市集”标签的同时,“伍德吃托克”未来发展的重心无疑是强化线上线下融媒体社群的连接,孵化更多创意活动,输出独特的文化内容,持续引领节事产业创新与消费模式变革。

资料来源:谭文振:《号称中国版布鲁克林吃货节,伍德吃托克是如何呈现在你面前的?》,2017年7月24日,https://www.yievent.com/h-pd-351.html。

☞ **问题**

1.“伍德吃托克”的策划创意对我国节事活动产业的发展创新有什么启示?

2. 查阅资料,全球范围内还有哪些独具创意的节事活动?这些活动体现着节事产业怎样的发展趋势?

第八章　会展文案写作

学习导引

会展活动过程是一种信息集散和信息互动的过程。在会展活动中，各类信息高度密集、高度共享，其来源主要有会展管理过程中产生的信息和会展活动本身产生的信息。会展信息的载体多种多样，用纸质或电子载体记录的文字或图表类会展信息皆可称为会展文案。会展文案既包括展览、会议、节事等策划案，也包括与其相关的各类文件或文书。其作用、写作原则、主要类型及其撰写特点有哪些？通过本章的学习，让我们去寻找答案。

学习重点

通过本章学习，重点掌握以下知识要点：

1. 会展文案包括的范围。
2. 会展文案的作用、主要类型、写作原则及要求。
3. 展览、会议、节事文案的类型及主要内容。

第一节　会展文案概述

会展包括博览会、展览展销活动、大型会议、体育竞技运动、文化活动、节庆活动等。会展文案是因会展活动的需要而产生的，它在会展管理和举办过程中使用，以语言文字为主要形式，记载会展信息。它表现为围绕会展活动的各种应用性文书材料及其整理归档后的案卷。会展文案，既可以指会展活动当前正在运行、发挥现实效用的会展文件或会展文书，又可以指经过系统化整理立卷并归档、正在或即将发挥历史效用的会展档案。

一、会展文案的作用

(一)指导执行作用

会展公告、通告、通知、日程、议程、策划方案、赞助方案等,对各项活动的执行具有指导作用。尤其是策划方案,包括了整个会展活动的各个环节、步骤等,是承办方后续举办会展活动的执行参照。

(二)保障服务作用

会展活动的主办方、承办方,在会展举办过程中向与会者、参会者、参展商、观众等提供相应服务。会展文案,如会议议程,包括会议举办期间的流程安排,会议承办方需按议程提供的相应服务;再如会展策划方案,即会展活动承办方为各相关人员提供服务的准则;又如会展赞助方案,指会展主办方和承办方按照合同为赞助单位提供相应的宣传等服务。

(三)促进交流作用

会展活动包含会议、展览、大型活动等集体性活动。这些活动是在一定的地域空间,围绕特定主题,定期或不定期、制度或非制度举办,众多人聚集在一起传递和交流信息。会议议案、会议报告、会展简报、会展通知、活动通告、宣传文案等能将会展信息快速地在会展活动参加者间传播,从而促进交流。

(四)参考借鉴作用

会展文案,尤其是宣传文案、总结报告、新闻报道等,所涉及的文字、数据、照片、影像等材料,为将来相关会展活动举办提供参考和借鉴,有的保存为档案,成为会展活动的历史资料,供以后研究、使用等。①

二、会展文案的主要类型

(一)按会展的类型划分

1. 展览会文案

(1)展览会策划文案。展览会是为参展商和买家提供一定平台和场所,以促使交易达成的组织活动。展览会策划是一个综合而又复杂的过程,需从目的、要求、方式、方法、进度等方面进行具体、周密的部署,以增强其操作性。文案内容包括主题、主办方、承办方、举办时间及地点、活动内容、市场分析、可行性预估等。

(2)展览会营销文案。展览会营销主要包括招展、招商、招观(邀请观众)等。首先是招展文案,其基本内容包括:基本事项、展区和展位的划分、招展价格、招展分工、招展代理、招展宣传推广、招展预算、招展进度控制。其次是展览会招商函,

---

① 参见许传宏编著:《会展文案》,清华大学出版社2013年版,第6~7页。

其基本内容包括：展会名称、举办城市、时间、地点、背景、目标、主办方和承办方、活动内容和形式、参加或参与对象、相关收费标准、联系方式及其他说明。最后是观众邀请函，其基本内容包括：展会简介、展会招展概况、相关活动、参观回执表等，邀请函主要是针对目标观众，尤其是专业观众而发放的，针对性较强，能起到较好的营销和宣传推广作用。[①]

(3)展览会服务文案。展览会服务包括展前服务、展中服务、展后服务。服务文案中对展前的预订服务、物流服务、联系外包服务要有详细的规划和安排。其中，需基于参展商的核心需求，为参展商收集市场信息、开拓新市场、邀请专业观众、发布新产品、会见企业现有客户、推广企业形象、寻求各地代理商/经销商、现场销售等做好相应的服务工作。服务文案中对展览会现场管理、环境卫生、秩序维持、安保应急等服务要有精细的规划和组织方案。服务文案中对展后撤展、结算等服务也要安排周到。

(4)展览会评估总结文案。对展览会组织与服务工作进行评价，主要包括展览会的组织工作、专业买家(国内、海外)邀请工作、现场管理与服务工作、宣传推广以及其他配套服务等评价。文案具体内容主要有：展览会总体评价、展览会的主要特点、展览会的总量及结构指标、参展商满意度评价、参展商的基本状况、参展商的总体评价、参展商对组织工作的评价、参展商对配套服务的评价、专业观众满意度评价、专业观众的基本状况、专业观众的总体评价、专业观众对组织工作的评价、专业观众对配套服务工作的评价、参展商支出总量与结构、专业观众支出总量与结构、展览会对举办城市的经济带动效应、主要结论及对下一届博览会的改进建议。相关附件包括：参展商调查项目均值表、专业观众调查项目均值表、国内外参展商展览面积一览表、展览会主要指标数据来源等。

2. 会议文案

(1)会议策划文案。会议策划文案，包括会议项目从立项、筹备到组织、实施等环节的策划。主要涵盖项目背景分析、市场调研及可行性分析、活动内容设计及亮点打造、日程及议程安排、会议工作安排及宣传计划、参会报名及人员组织、财务预算、应急预案等。会议议程是会议策划文案中最为核心的内容。会议议程是会议需要遵循的程序。它包括两层含义，一是指会议的议事程序；二是指列入会议的各项议题。会议议程是整个会议议题性活动顺序的总体安排，不包括会议期间的仪式性、辅助性活动。

(2)会议邀请文案。会议邀请文案包括会议通知和会议邀请函。

---

① 参见许传宏编著：《会展策划与管理》，华中科技大学出版社 2019 年版，第 151～157 页。

①会议通知。会议通知按通知的性质可分成预备性通知和正式通知。预备性通知先于正式通知发出,其作用主要是请与会者事先做好参加会议的准备。会议通知包括:会议名称、主办单位、承办单位、协办单位、会议主要内容(主题、议题、日程等)、参加对象、会议的时间、会议地点、联络信息等。

②会议邀请函。主要类型有政府会议邀请函、机关会议邀请函、论坛会议邀请函、商业会议邀请函、客户会议邀请函、年会邀请函等。邀请函内容包括敬称、会议名称、会议目标、会议时间、具体活动安排、活动地点、活动人数及费用、拟邀请人员级别、报名方式、联系信息、报名回执表发送及时间期限、其他事项说明(如费用说明、接待方式)等。①

3. 节事活动文案

(1)节事活动策划文案。节事活动策划工作主要分为三个阶段:前期筹备、现场组织与实施、后续总结评估。前期筹备阶段的工作内容包括:节事活动市场需求调查、相关活动的策划、筛选策划案、调整与修正策划方案。现场组织与实施工作内容包括:开幕式、现场组织与调度、相关活动的实施与管理、秩序维护与安保工作、闭幕式等。后续总结评估工作内容包括:调查问卷设计、问卷发放与回收、问卷统计、定性评价与定量评价、撰写评估报告。节事活动策划文案即围绕上述三个阶段的策划工作内容进行撰写,主要包括:前期市场调研、可行性报告、活动主题确定、举办时间及地点、相关活动流程及执行、活动宣传推广、活动经费预算、应急预案、后续评估等。②

(2)开幕式及闭幕式文案。举办大型节事活动,开幕式及闭幕式相对较隆重,开幕式作为最具宣传的亮点,其主持人和出席嘉宾的影响力、发言嘉宾、演出活动等显得尤为关键。闭幕式上,主持人、相关领导嘉宾对活动的总结、对下届活动的寄语等亦是十分重要。文案内容包括:活动名称、举办时间、地点、活动介绍、活动流程、主要领导或嘉宾简介、主持人及到场媒体介绍、演出活动及节目介绍、落款、其他说明等。

(3)签约仪式文案。大型节事活动对举办地有宣传推广及拉动地方经济、文化发展等作用。有时一些招商引资项目会借助节事活动的影响力,在活动举办过程中进行签约。签约仪式文案主要包括:仪式名称、举办地点和时间、仪式流程、签约领导或嘉宾、主持人、到场媒体介绍、落款、其他说明等。

(4)发布会文案。节事活动的发布会文案主要包括敬称、会议主办方、会议名称、会议举办时间及地点、出席嘉宾情况、发布的新产品或新主题(商品名、商品简介、商品产销分析与市场预测、商品专题论坛、商品推介、商品供求信息)、具体地

---

① 参见许传宏编著:《会展文案》,清华大学出版社 2013 年版,第 102 页。

② 参见许传宏编著:《会展文案》,清华大学出版社 2013 年版,第 156～157 页。

址、联系信息、拟参加者反馈渠道及时间期限等。

（二）按文案的功能划分

1. 管理规范类文案

政府管理部门、行业协会、会展企业发布的有关会展管理的法规、通知、通报、报告，以及会议的议事规则、会议议程、选举办法、表决程序、展会的参展须知等，都要起到传达信息、发挥传播的功能，这些文案要求十分规范。

2. 策划申办类文案

会展活动需要前期精心策划，会展项目可行性论证报告、会展活动总体方案、会展活动举办申请报告、会展接待方案、招展方案、开幕式方案等，是活动执行的参照文案。

3. 商务契约类文案

会展主办方、承办方、参展商、参加者等在会展活动的经济联系及契约合同的文案，如招展招商公告、招展邀请函、参展手册、招标书、投标书、会展承办合同、参展合同、赞助方案等，都属于商务契约类文案。

4. 信息宣传类文案

会展活动举办过程中发布的会展广告、会展新闻发布稿、会展简报、会展调查报告、会展总结、展览评估等，属于信息宣传类文案。

5. 礼仪事务类文案

会展活动邀请函、请柬、通知、致辞、签到簿、报道注册表等用于会展礼仪工作和事务工作的，属于会展礼仪事务类文案。

6. 会展成果类文案

会议活动中报告、议案、提案、决议、决定、纪要、公告、合同、协议、意向书、条约、协定、谅解备忘录、声明、宣言、计划、纲领，以及展会活动中的总结报告、统计报告等，都属于会展活动成果类文案。这些文案具有简洁准确、结构格式规范标准、及时实效等特点，必须妥善管理、仔细整理（立卷）、严格归档。[①]

7. 会展赞助方案

会展赞助能让会展组织方获得资金或实物支持，赞助者获得更好的宣传效应。由于会展活动是面向公众的，影响范围较大，会展组织机构应对会展赞助方案和计划实施方案进行认真研究，对赞助企业进行慎重审核、评估和选择，从而实现真正的双赢。赞助方案的内容要具体、翔实、明确，包括赞助目标、赞助形式、宣传推广方案、文字与美工设计、费用预算、回报条款、具体实施方案等。

---

① 参见许传宏编著：《会展文案》，清华大学出版社 2013 年版，第 2～3 页。

三、会展文案写作的原则

会展文案是根据需要撰写，或用于机构内部的信息交流，或用于机构对外信息交流，是会展机构在公务活动中用于传播或记录信息的文本。撰写会展文案需坚持以下基本原则。

（一）严谨规范

会展文案具有较强的实用性及目的性，是一种通行的公文或商业文案，其传播和使用有着特定的对象。为了使相关信息更好地上传下达、传播推广，会展文案的结构、体式要遵照2012年中共中央办公厅、国务院办公厅印发的《党政机关公文处理工作条例》，做到规范化、制度化、科学化，坚持实事求是、精简、高效的原则，讲求及时、准确。如上行的请示、申请、报告，平行的通知、通告、函等，须讲求简洁、准确、实用。

（二）主题鲜明

会展活动都有相应的主题，会展方案表达的立场、观点、信息等应突出主题。例如，会议通知须体现会议精神及凝练、鲜明的主题。展览会、节庆活动等在确立主题后，各种文案的写作和发布也需要紧扣主题。

（三）客观真实

会展文案是通过书写而形成的文件或新闻报道的文本，服务于会展机构的经营管理工作或市场营销。会展活动举办之前的各种文案数据，如前期市场调研等，会展举办过程中宣传文案涉及的图片和数据等，会展活动结束后总结报告中的统计数据等，都应遵循真实原则。

延伸阅读

声 明

第二届虹桥国际经济论坛将于2019年11月5日在国家会展中心（上海）举办。关于论坛筹备有关安排，中国国际进口博览局声明如下。

一、虹桥国际经济论坛由商务部和上海市人民政府主办，中国国际进口博览局和国家会展中心（上海）承办。有关论坛议程、出席领导人安排、论坛席位等信息，以主办单位和承办单位公布为准。上述信息将通过新闻发布会、论坛解读会和进口博览会官网等渠道适时进行官方权威发布。

二、任何单位或个人不得擅自发布虹桥国际经济论坛信息，未经授权不得擅自组织参加第二届虹桥国际经济论坛开幕式、分论坛，否则我局将依法追究其法律责任。因上述原因造成无法入场等问题及有关损失的，与我局无关，我局不承担任何责任。

关于虹桥国际经济论坛有关事宜，请向我局咨询。（联系电话：021-67008504；邮箱：miaochen@ciie.org）

特此声明。

中国国际进口博览局

2019年9月20日

资料来源：中国国际进口博览会官方网站，2019年9月20日，https://www.ciie.org/zbh/cn/19news/notice/20190920/18448.html。

四、会展文案的写作方法

（一）按文案使用对象规范写作

会展文案包括请示、报告、方案、计划、合同、函、通知、纪要、简介、说明、指引等，这些文案的格式、规范、体例等各有不同。如请示、申请报告、方案、函等，主要是报送上级的文案，即上行文案；函、合同、纪要等向平行单位或对等单位发布的，即平行文案；通知、说明、指引等对下级单位发放的，即下行文案。确定文案所服务的对象，可以较为准确地掌握文案写作的规范用语、恰当口吻及语气等。如向上级领导递送的展会组织工作方案，尤其是举办请示报告等，一般要包括项目的市场可行性分析，须重视相关内容的撰写，以增加成功举办的可行性和必然性。又如，商业信函的内容与文字比较简洁，也可应一些客商的阅读习惯加入一些宣传介绍性内容。此外，会议纪要、会展简报等主要便于阅读及掌握相关数据信息等，适宜用新闻稿形式，讲求精炼、真实、准确。

（二）按文案性质确立写作方法

首先，掌握公文的写作方法。会展文案多属于公文，公文的写作，在主送对象、文本标题、文本格式、内容表述、文本落款、随文附件、语言表达等方面，都有一定之规，许多已经成为公认的范式。公文一般由秘密等级、保密期限、紧急程度、发文机关标识、发文字号、签发人、标题、主送机关、正文、附件说明、成文日期、印章、附注、附件、主题词、抄送机关、印发机关、印发日期等部分组成。因此，掌握公文写作的基本规范，是写好会展文案的基本功。

其次，掌握商业文件的写作方法。会展企业等所需的文案主要用于经营管理，多属于商业性文件。商业文件的写作，在遵循公文写作的基本规范外，还须根据会展机构行文的需要，体现其商业属性。如对外介绍会展机构情况的文案，在表达上需要满足会展机构自我推广的需要；又如会展机构联系客户的信函，需要使用尊称或敬语。

最后，掌握新闻的写作方法。会展机构的新闻性宣传文案，则须遵循新闻写作的通常规范和基本原则。会展机构写作的新闻作品，服务于会展机构市场营销的需要，故而重视宣传推广。这与专业新闻机构的新闻写作所推崇的客观通讯报道有些区别。因此，掌握新闻写作的技巧，对写好会展文案及会展机构的新闻作品大有裨益。

(三)按开展业务工作的需求写作

会展主办方，如会展管理机构、行业协会等管理者及员工需接触大量的文案，尤其是文秘工作人员需要完成文案写作任务。会展机构主要文案包括会展项目市场调研报告、组织工作方案、重要合同、重要公关函件(含代拟稿)等。撰写者主要是机构负责人，或是机构内某部门负责人，这些文案作者须熟悉机构业务特点和经营状况，知晓文案供需关系，了解项目运营管理，具备会展项目的数据梳理及分析能力，同时要懂得文案写作要求(格式、语言)，具备较高的公文写作能力。会展承办方，如会展公司、会议公司、旅游公司等，担任销售、营销、运营工作的管理者及员工，也需要写作与业务工作相关的文案。会展项目组(部)主要文案包括邀请函、商业函、配套活动方案、邀请与会嘉宾讲稿、考察报告、总结报告、项目新闻稿等。撰写者主要为项目负责人或相关工作人员，必须懂项目管理、熟悉会展业务，同时也要懂公文写作规范。

(四)会展文案使用语言文字的要求

会展文案是会展机构的文字作品，可以反映所在机构的文化品格。在会展机构的内部，优秀的文案可以补益沟通，凝聚共识，甚至可以辅助决策。在会展机构的对外关系中，优秀的文案可以规范而准确地表达诉求或意图，有益于外部资源的配置以及包括客户关系在内的公共关系的维护。反之，不合格或低水准的文案，不但不能发挥应有的作用，如果对外发布，还有可能对机构产生负面影响。因此，会展文案的撰写者需不断提高文案写作能力、语言文字表达水平、提升业务水平、完善自身的综合素质等，才能更好地驾驭不同类型的文案，按要求完成撰写工作。①

第二节 展览会文案写作

展览会相关文案按照文案形成时间和功能，可以分为展览会策划文案、展览会营销文案、展览会服务文案、展览会评估总结文案等。各类文案都有自身的结构，

① 参见许传宏编著：《会展文案》，清华大学出版社2013年版，第7～9页。

写作时具有格式要求和不同的写作特点。值得注意的是，展览会文案中有很大一部分比如策划文案、营销文案中广告文案、活动文案等是需要呈现给潜在目标客户(专业观众或非专业观众)阅读和观看的，为了能够在激烈的“注意力”竞争中获得关注和认可，这部分文案的写作在遵循写作规范和信息传达准确的基础上，应该注重创意性，以求使目标客户耳目一新。同时，文案的写作与呈现是一个项目策划创意水平的体现之一，应该用具有创新性的撰写与设计体现策划团队的创意结晶。

一、展览会策划文案

展览会策划文案是在行业分析、市场调研、可行性研究、展览会构想等成果的基础上，为策划举办展览会项目而提出的一整套举办规划、策略和方法。展览会策划文案是展览会策划中最核心的部分之一，对展览会策划、筹备与执行具有整体的指导作用。

(一)展览会策划文案的构成

一般来说，一部展览会策划文案由这样几大部分构成：展览会概要(展览会的名称、主题、办展机构、举办时间与地点、办展频率等)、展览会环境分析(市场分析、资源分析、竞争分析等)、展览会定位(展览会的规模、展品范围、特色、展览会的目标参展商和观众)、展区展位划分及定价、展览会活动安排、展览会宣传和营销、展览会服务项目、展览会时间进度安排、展览会人员安排、展览会财务预算、展览会评估计划以及展览会带动作用展望。当然，不同的展览会策划文案在构成部分的选择和顺序上略有差异。

(二)展览会策划文案的格式与写作要点

1. 展览会概要

(1)展览会的名称。展览会的名称包括基本部分、限定部分和行业标识。其中，基本部分用来表明展览会的性质和特征，常用的有“展览会”“博览会”“展销会”“交易会”“节”等；限定部分用来说明展会举办的时间、地点和展会的性质，比如说明展会时间的××年、第××届，说明展会地点的×城市、×省，说明展会性质的×地区、全国、世界、国际，等等；行业标识说明展会题材和展览范围。以“第八届山东国际文化产业博览交易会”为例，“博览交易会”为基本部分，“第八届、山东、国际”是限定部分，“文化产业”为行业标识。值得一提的是，限定部分中的“全国”“中国”“中华”等词语不能随意使用，需要报归口管理部门批准后方可使用。

(2)主题。用简洁明了、优美大方并且没有歧义的词句凝练展览会主题，并对主题的内涵、演绎等进行简要说明。

(3)办展机构。主办单位、承办单位、协办单位、支持单位、合作单位等。

(4)举办时间。说明展览会开始和结束的时间。

(5)地点。说明展览会在哪个城市的哪个场馆举办。

(6)办展频率。说明展览会举办的周期安排,比如一年两次、每年一次、两年一次等。

2. 展览会环境分析

对展览会的市场环境、竞争环境、资源环境等开展详细的分析,常用的工具有SWOT分析和PEST分析等。

3. 展览会定位

(1)展览会的规模。说明展览会的总展出面积、预计参展单位数量、预计专业观众和普通观众的数量。

(2)展品范围。说明展览会展品的产业类别、产品大类。

(3)特色。说明本展览会相比较于其他展会、同类展会、往届展会的独到和创新之处。

(4)展览会的目标参展商和观众。说明拟招展和招商对象的范围、层次,并列举重要的参展商和专业观众。

4. 展区展位划分及定价

说明展区划分方案和展位分配方案,并辅以平面图的形式进行呈现。对展位定价进行分类说明。

5. 展览会活动安排。

包括开幕式和闭幕式、展览会期间的各种活动。介绍每一项活动的举办时间、举办地点、活动嘉宾、参与观众、活动内容设计、议程安排等。

6. 展览会宣传和营销

说明宣传与营销方式的对象分析、内容设计、手段选择、渠道选择、时间安排等。可以分展前、展中、展后三个阶段,并按时间顺序对展览会宣传与营销策划进行说明。

7. 展览会服务项目

说明主要服务项目的安排和服务机构的对接。比如物流企业、展台搭建企业、餐饮企业等的选择与对接方式,以及酒店服务、旅游服务、票务服务、安保服务、保洁服务等的项目安排。

8. 展览会时间进度安排

说明展览会各项工作的时间进度安排,即什么时间段完成什么工作和应该达成什么效果。往往采用时间进度安排表、甘特图等形式进行说明。

9. 展览会人员安排

说明展览会工作团队的组织架构,具体包括工作部门设置、每个工作部门的负责人、工作岗位设立、工作人员安排及数量等。

10. 展览会财务预算

包括展览会的主要支出项目和预算、收入项目和预算、整体经济效益分析。对于特色盈利手段、特别节约手段可以作特殊说明。

11. 展览会评估计划

说明展览会结束之后对展会效果如何评估。

12. 展览会带动作用展望

分析并预估展览会的带动作用，主要包括对所在地的直接经济带动作用、对所在产业的推动作用、对地域形象的塑造作用、对社会发展的促进作用等。

二、展览会营销文案

展览会营销文案是在展览会营销与宣传过程中需要使用的文书，包括招展和招商策划文案、展览会邀请函、招展公告、展览会广告文案、展览会信息发布稿、展览会新闻稿、展览会通讯、展览会简报等。有些文案在前面相关章节中已经做过介绍，此处不再赘述。下面我们从中选择几种进行介绍。

（一）展览会广告文案

展览会广告的种类很多，比如招展广告、招租广告、招商广告、展会宣传广告、活动征集广告等。展览会广告文案是展览会广告作品的文字稿。展览会广告文案应该主题鲜明、信息真实，同时还应该生动活泼、新颖有趣，这样才更容易吸引受众的注意力。展览会广告文案的结构与写作要点如下。

1. 标题

展览会广告的标题是点明广告主题的关键性文字，写法比较灵活。可以直接用展览会名称作为标题，比如“2021 年中国进出口商品交易会”或者“2021 年广交会即将开幕”；也可以不在标题中出现展览会名称，而只用引起读者好奇心和兴趣的句子，展览会相关信息在正文中揭晓，比如“包罗万象庆新年”（××年货展）、“规模巨大优惠多”（××车展）；还可以将展会名称作为主标题，将描述展会特色的词句作为副标题，比如“翻开大百科全书——××届世博会”。需要注意的是，标题中展览会的名称需要用全称或者社会所公认的简称。

2. 广告语

广告语也称广告词、广告口号，是为强化广告对象的形象，在广告中长期、反复使用的宣传词句。广告语的写作需要独具匠心，既要点明主题、形象鲜明、与众不同，还要简洁凝练、好读好记。展览会广告的广告语，往往会体现展览会的主题，有时会直接把展览会主题当做广告语来用。很多展览会广告，不使用广告语。

3. 正文

正文是展览会广告的主体部分，是对标题和广告语的展开阐释。展览会广告的目的不同,其信息传达的重点不同,比如展会宣传广告注重综合信息,招展广告侧重展区展位、服务内容和招商情况,招商广告侧重服务内容和招展情况。以展览会宣传广告为例,正文主要包括:

(1)展会基本信息介绍。

(2)展会特色与定位。

(3)展览会规模与展区展位情况。

(4)展览会内容设计与活动安排。

(5)费用与价格。

(6)报名方式与截止日期。

(7)办展机构联系方式。

正文的撰写,可以采用陈述式,即用准确、客观、平实的语言对展会进行介绍,发布在报刊、网络上的展览会广告多采用这种形式;也可以采用渲染式,即采用文学手法,注重表达艺术,文字充满感染力和调动性,招贴广告多采用这种形式。

4. 广告附文

广告附文是在正文之后,对读者提供的进一步信息,比如办展机构和项目的国内外权威认证和所获荣誉等。

(二)展览会信息发布稿

展览会信息发布稿,是指展览新闻发布会、记者招待会等信息发布活动上所用的发言稿,包括举办信息发布稿、筹备进展信息发布稿、开幕信息发布稿、成果信息发布稿等。以下简要介绍其结构与写作格式:

1. 标题

展览会信息发布稿的标题一般采用“展览会名称”加“新闻发布稿”或“记者招待会发布稿”的形式。

2. 发布时间

举行发布会的时间,写在标题下面。

3. 发布人身份和姓名

写在发布时间之下。

4. 称呼

作为发言稿,发言人需要跟参加发布会的人们打招呼,应该礼貌地称呼在座记者和各方代表,比如“各位记者朋友,女士们,先生们”。

5. 正文

信息发布稿的正文,需要根据发布会的主题和形式确定具体内容和结构。以举办信息发布稿为例,通常在开头部分介绍展览会的基本信息,比如背景、时间、地点、办展机构、展览主题,再分若干方面介绍展览会的策划设想,比如展览范围、展览规模、重点参展商等内容。正文写作力求简洁、条理，同时注重生动性和亲切感。

6. 谢辞

发言结束之前，向在场记者和观众表示感谢。

三、展览会服务文案

展览会服务文案是办展机构为更好地引导参展商和观众参与展览会向其提供的现场服务而进行的文字说明，比如展览会日程文案、注册表和签到表、会展证件与证书、展览会刊、参展商服务手册、参观指南、布展和撤展通知等。下面我们选择几种进行介绍。

（一）展览会日程文案

展览会日程文案是指把展览会的全部内容和项目按照时间顺序进行具体安排的文字或表格呈现，一般包括报道、布展、开幕式、主题活动日程、开馆、闭馆、撤展等时间安排。撰写格式如下。

1. 标题

由“展览会名称”加上“日程”或“日程安排”构成。

2. 正文

活动较多的展览会日程文案首先需要划分日期、时间单元和时间段，然后按照时间划分以列表的方式写明活动名称、内容、参加对象、举办地点等详细信息。

活动较少的展览会日程文案直接按照时间先后顺序，以文字方式写明展览会的内容和活动安排即可。

3. 署名与时间

一般署办展机构的名称。在署名后标明日程安排制定或通过的年、月、日。

（二）参展商服务手册

参展商服务手册是综合了展览会基本信息、服务项目、参展规则和注意事项的文案。

1.参展商服务手册的主要内容

(1)展会简介。包括展览会的名称、主题、时间、地点、办展机构、展会特色、往届展会概况等。

(2)场地介绍。包括展馆介绍、展区和展位平面图、展览场地的交通示意图和到达交通方式、展览场地的基本技术参数以及展览场地周边的配套设施介绍等。

(3)注意事项。包括注册注意事项、交通和安保规定、现场展品销售规定、知识产权保护义务与责任等。

(4)展位搭建指南。包括标准展位配置说明、展位搭建要求、展位使用注意事项等。

(5)展品运输指南。主要说明运输方式和运输路线、交运和文件提交的期限、货运文件的准备和交付、收费标准、包装要求、海关报关、运输回程等。

(6)其他服务指南。旅游指南、住宿指南、餐饮指南等。

2. 参展商服务手册的格式

(1)标题。“展览会名称”加“参展商服务指南”“展览手册”或“参展说明书”。

(2)前言。介绍服务手册编制的目的、对参展商表示欢迎、提醒参展商遵守规则和注意事项。

(3)正文。参展商服务手册往往制作成设计精美的小册子,版式设计灵活,所以正文写作格式也比较灵活,可以采用章条法或序号法,也可以不标序号,用标题的字号字体的变化突出层次感。①

(4)相关表格和图片。在文中插入适当的表格和图片增加手册的直观性、灵活性和趣味性。

(三)参观指南

参观指南是在展览会举办期间引导观众参观、提高参观有效性和满意度的指导性文书,同时也是展会现场的一种宣传措施和服务方式。② 参观指南一般包含如下内容。

1. 展会介绍

包括展览会的名称、主题、时间、地点、办展机构、展会特色、往届展会概况等内容。

2. 展区展位与参展企业信息

包括展馆介绍、展区和展位平面图、参展企业名单等。

3. 展览会的综合信息

包括展览会日程安排、班车时间、接送地点、酒店和餐饮服务等。

4. 下届展览会信息

下一届展览会时间和地点已经确定的,可以在此次指南中加以说明,为下届展会提前做宣传和推广。

四、展览会评估总结文案

展览会评估总结文案主要包括展览会评估报告和展览会总结报告。

(一)展览会评估报告

1.展览会评估报告的结构

(1)评估背景和目的。说明开展此次评估的背景和评估目的。

---

① 参见向国敏、刘俊毅:《会展文集写作与评议》,华东师范大学出版社 2016 年版,第 243 页。

② 参见向国敏、刘俊毅:《会展文集写作与评议》,华东师范大学出版社 2016 年版,第 248 页。

(2)评估方法。①评估对象,说明从什么样的对象中抽取样本进行评估;②样本容量,说明抽取多少观众作为样本,或者选取多少实验单位;③样本结构,根据什么样的抽样方法进行样本抽取,抽取样本的结构如何,是否具有代表性;④资料收集、处理方法及工具,说明对资料进行收集、统计和处理的工具和方法;⑤实施过程及问题处理;⑥调查完成情况,说明调查完成率,如有未完成或调查无效的部分要做原因说明。①

(3)评估结果。评估结果是对评估资料进行整理和分析。评估结果需要用统计表和统计图进行呈现,还需要对图表中的数据资料所隐含的趋势、关系和规律进行说明。评估结果应该包含的内容有展台效果、成本效益比、成交笔数、成交额、接待客户数量、观众质量、观众满意度等。②

(4)结论和建议

说明评估结论,并针对评估结论,提出改进意见。

2.展览会评估报告的格式

(1)标题

展览会评估报告的标题由"展览会名称"加"评估报告"构成。比如"中国义乌国际小商品博览会评估报告"。

(2)署名

署报告撰写单位的名称,置于标题之下。展览会评估报告撰写单位一般是办展单位或专业评估机构。

(3)正文

①开头。介绍展会基本情况和评估的背景、目的和方法。如果是委托专业评估机构撰写评估报告,则需要说明委托原因。②主体。详细阐述评估报告的各项指标和结果,可以用图表说明和文字说明相结合的方式。③结尾。说明评估结论,提出针对性建议。

(4)附件

需要时,可以将说明性的图表和资料作为附件。

(5)日期

写明提交评估报告的年、月、日。

(二)展览会总结报告

展览会总结报告是展览会结束后,对展览会的整体策划、筹备与执行过程进行回顾、分析和评价的书面报告。

---

① 参见许传宏编著:《会展文案》,清华大学出版社 2018 年版,第 226 页。

② 参见许传宏编著:《会展文案》,清华大学出版社 2018 年版,第 226 页。

1. 展览会总结报告的主要内容

展览会总结报告，是对从策划、筹备到执行的整个过程中的关键环节的总结，主要覆盖展览会策划、筹备、招商和招展工作、宣传推广、展会服务、现场管理、日程安排、客户关系管理等环节。

2. 展览会总结报告的格式

(1)标题。展览会总结报告的标题一般以“展览会名称”加“总结报告”四个字组成，比如，“中国上海国际童书展览会总结报告”。有时候会加副标题，用以点明总结报告的主题。

(2)署名。署报告撰写单位的名称，置于标题之下。

(3)正文。①开头：简要说明展览会的基本概况、举办背景、展会规模、展会定位、展会特色、参展商和观众数量、总成交额等内容。②主体：第一种写法是按照具体做法、成绩、经验、体会、存在问题与改进措施的顺序写，是使用较为广泛的写法；第二种是按照时间进度安排的顺序写，适合于周期长、阶段性很强的展览会项目；第三种是按照展览会项目关键环节的顺序写，逐项加以总结。[①] 这三种写法并不是完全独立的，有时会综合使用。撰写时力求重点突出、逻辑严密、层次分明、材料翔实、分析透彻和总结深刻。③结尾：结尾撰写时，可以照应开头，也可以归纳主题，还可以点明下一步努力的方向和改进的措施。

(4)日期。在正文右下角写明提交总结报告的年、月、日。

第三节　会议文案写作

会议文案种类繁多，主要由会议策划文案、会议邀请文案等组成，此外，一些会议还有赞助方案，也可算作会议文案的一部分。会议策划文案主要包括前期筹划、活动设计、项目执行等相关文案；会议邀请文案，主要包括会议通知、邀请函等。它们是会议准备及举办过程中所用的文案。会议策划文案、会议通知、会议邀请函等，是在会议召开之前必须用到的重要文案；会议日程、会议议程等，则是会议举办过程中的常用文案。

一、会议策划文案

会议策划文案包括会议项目从立项、筹备、组织、实施等环节的策划。具体内容有：项目背景分析、市场调研及可行性分析、活动内容设计及亮点打造、日程及议程安排、会议工作安排及宣传计划、参会报名及人员组织、财务预算、应急预案、其

---

① 参见向国敏、刘俊毅：《会展文案写作与评议》，华东师范大学出版社 2016 年版，第 279 页。

他注意事项等。

（一）前期筹划相关文案

会议策划立项，首先要进行项目背景分析。会议项目的立项，尤其是一些创新型的大型会议项目，需要契合时代发展背景、国家战略需求、行业发展需要等，因此，首先要完成项目背景分析。其次要进行会议项目的可行性研究。策划新的会议项目要突出适宜性和前瞻性，具体体现在适应市场发展需求及对行业发展的预见。这就需要进行综合调研，并在调研基础上做可行性分析。市场调研主要包括会议项目举办的必要性、会议主题的确立、会议举办地选择、参会人预测、同类竞争会议举办现状等。此后的可行性分析也是建立在市场调研基础之上的。当前，比较常用的分析方法有 PEST 分析和 SWOT 分析。PEST 分析，主要探讨会议项目举办的 Political factors（政治环境）、Economic factors（经济环境）、Social and cultural factors（社会文化环境）、Technological factors（技术环境）。SWOT 分析，主要分析会议项目举办的 Strengths（优势）、Opportunities（机会）、Weaknesses（劣势）、Threats（威胁）。

（二）活动设计相关文案

会议项目经过充分的背景分析、市场调研，以及审慎的可行性研究后，便可立即着手进行核心内容的策划与部署。会议策划文案的核心部分，主要包括相关活动内容设计及亮点打造、日程及议程安排等。

1. 核心活动策划

(1)活动设计。会议主题和会议目标确定后，围绕会议目标策划各类活动。会议活动中，须满足最基本的食、住、会场要求。适当的旅游、娱乐活动，能活跃会议气氛，尤其是对公司年会、新品发布会的活动设计十分重要。常规会议活动，主要包括开幕式、嘉宾致辞、专家讲座、主题报告、专业论坛、议题讨论、活动沙龙、采访活动、新闻发布会、颁奖晚会等环节。在会议过程中安排的平行会议、平行活动，可以满足参会者不同需求。此外，大型会议还可组织一些卫星会议，以满足周边城市围绕相关主题举办会议的需求，加强这些城市对会议的参与性。值得一提的是，现代学术会议及商务型会议，常常设计一些与主题相配套的考察、参观活动，这些活动具有学术性或娱乐性，或两者兼有。

(2)亮点打造。会议活动亮点的打造，根据具体的会议类型、会议形式等来设计。严肃的政府会议，一般注重会议精神的传达、会议决策的制定等。其他行业性、产业性会议等，可适当增加会议亮点的打造。比如，利用现代科技打造智能签到。应用人脸识别系统与 LED 大屏互联，参会者签到时，LED 大屏自动显示头像并营造欢迎氛围，同时，还可从前期完成注册报名的数据库中调取照片信息等，进行现场制证。又如，活动现场设置微信互动墙和直播弹幕投影，进行线上线下双向互动,实现参会者与嘉宾的密切互动。再如,一些公司年会可设置“有话问老总”“趣味快问快答”“现场幸运抽奖”等互动环节。此外,一些新产品发布会,还可设置体验展活动。

2. 会议议程

(1)议程的内容设置。会议议程是为使会议顺利召开所需遵循的程序和工作内容。它包括两层含义,一是指会议的议事程序,二是指列入会议的各项议题。会议议程是整个会议议题性活动顺序的总体安排,不包括会议期间的仪式性、辅助性活动。会议议程的内容设置主要包括:举办日期、活动名称、具体时间节点、举办地点、活动的具体流程。

(2)议程的时间安排。会议的议程是由会议各个日程组成,而会议日程是将各项会议活动(包括仪式性、辅助性活动)落实到单位时间,因此议程的时间安排要求与日程具有一致性。会议议程的时间安排,主要是日期的确定,以及结合会议主题、议题、活动等,进行时间节点的安排。①

延伸阅读

第22届国际历史科学大会会议议程(节选)

主办单位:国际历史学会

承办单位:中国史学会、山东大学

2015年8月23日(周日)

国际历史学会第一次全体成员大会

时间:10:00—12:00(9:15—10:00签到);13:30—15:20 地点:山东大厦高速厅

1.开幕致辞:国际历史学会主席 Marjatta Hietala

2.秘书长报告:Robert Frank

3.财务总监报告:Laurent Tissot

4.新成员:国际历史学会候选成员陈述(国家史学会和国际附属组织);讨论和表决

5.2017年国际历史学会全体成员大会的举办地点:莫斯科;讨论和表决

6.下届执行局成员:提名委员会提议的流程概况和候选人介绍

7.国际历史学会—积家历史学奖:2014～2015年度奖项概况;结果公布;评奖规则说明

8.2020年第23届国际历史科学大会举办地:申办城市报告(雅典、波兹南、坦

① 参见周健华编著:《会议策划与组织》,北京师范大学出版社2020年版,第195～198页。

佩雷)

开幕式

时间:16:00—18:30

地点:山东大厦山东会堂

1.领导致辞

2.音乐表演

3.主题演讲:自然与人类历史

主持人:国际历史学会秘书长 Robert Frank

讲演嘉宾:

Andrea Giardina(意大利)、Mamadou Fall(塞内加尔)、夏明方(中国)

欢迎晚宴

时间:19:15—20:45

地点:山东大厦金色大厅、南郊宾馆蓝色大厅。

注:请按餐券指示的餐厅和桌号就座(黄色餐券为金色大厅,蓝色餐券为蓝色大厅)

8月24日(周一)

主题会议 MT 1 全球视野下的中国

第一场 时间:09:00—12:15 地点:山东大厦山东会堂

召集人:王建朗(中国社科院)/ María Dolores Elizalde(西班牙国家研究委员会)

协办单位:中国史学会/西班牙史学会

评议人:彭慕兰(芝加哥大学)

发言人:万明(中国社科院历史研究所)

《中国的白银货币化:明朝中国与全球互动》

发言人:Guido Abbattista(意大利的里雅斯特大学)

《"长时段启蒙运动"中的欧洲与中国:1780～1850年的文明、商业意识形态与民族群体》

发言人:Paul A. Kramer(美国范德比大学)

《金门与门户开放:1868～1910年文明、帝国与美国排华史上的例外》

发言人:Pierre Singaravlou(巴黎第一大学)

《全球化的实验室?1900年前后的天津》

发言人:Valdo Ferretti(罗马大学)

《20世纪初的中国与国联》

发言人:川岛真(东京大学)

《中国近现代外交史上的国际主义与民族主义:朝贡体系、革命与战争》

……

8 月 29 日(周六)

国际历史学会第二次全体成员大会

时间:9:00—11:00

地点:山东大学明德楼二层会议室

1.开幕致辞:Marjatta Hietala

2.秘书长报告表决

3.财务总监报告表决

4.执行局成员选举(2015～2020)

5.国际历史学会—积家历史学奖:规则表决

6.2020 年第 23 届国际历史科学大会举办地:国际历史学会全体成员大会表决

7.其他事务:Robert Frank

8.总结:Marjatta Hietala

闭幕式

时间:11:15—12:45

地点:山东大学圣昆仑音乐厅

主持人:中国史学会秘书长王建朗

1.山东大学校长张荣致辞

2.国际历史学会秘书长(2010～2015)Robert Frank 致辞

3.国际历史学会主席(2010～2015)Marjatta Hietala 致辞

4.新任国际历史学会秘书长(2015～2020)致辞

5.新任国际历史学会主席(2015～2020)致辞

6.音乐表演

欢送午餐

时间:13:00　地点:山东大学齐园餐厅

资料来源:第 22 届国际历史科学大会山东大学组委会秘书处:《第 22 届国际历史科学大会会议议程》,《文史哲》2015 年第 3 期。

(三)项目执行具体文案

1. 市场推广

会议的市场推广主要分为线上推广与线下推广两个部分。线上推广包括新媒体、新闻客户端等方式。线下推广以纸质媒体、户外广告牌、邀请函的方式进行。会议市场推广计划,包括网络媒体、纸质媒体、户外广告邀请函、新闻发布等推广项目,通过不同渠道,宣传不同内容。会议市场推广进度,是指百度、新浪微博、会议官网、微信公众号、杂志、报纸、站牌、邀请函、新闻发布等宣传工作的推进，通常以进度表呈现，包括前期、中期、后期宣传。线上线下相结合的宣传方式，按照时间轴贯穿整个会议举办过程。

2. 人员设置

会议工作分工及安排，主要是会议工作人员的配置及会议组织结构的厘清，如图 8-1 所示。

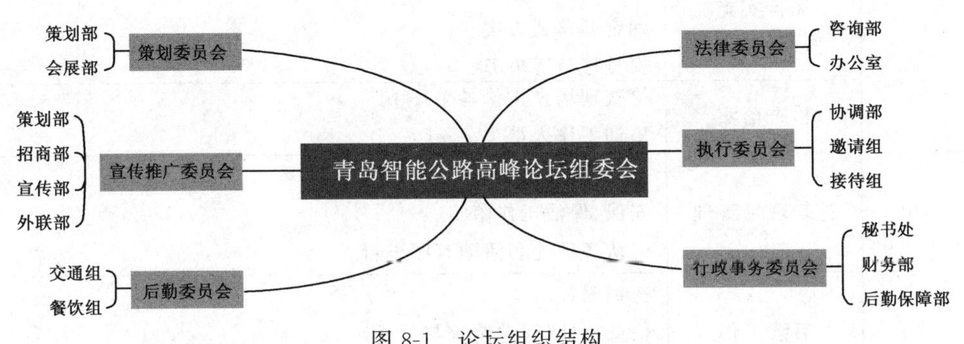

图 8-1　论坛组织结构

资料来源：周亚秋、杨唯一、郑遥遥、高晨雨：《“2020 青岛智能公路高峰论坛”策划方案》，“2019 第五届山东省‘技能兴鲁’职业技能大赛——全省会展行业创意设计竞赛”，青岛酒店管理职业技术学院参赛作品。

3. 整体工作计划

会议整体工作计划，主要包括会前各类事项的筹划与筹备、会议举办过程中的现场管理、会议结束后的送别服务、信息统计、财务结算等。如表 8-1 所示：

表 8-1　　2020 青岛智能公路高峰论坛工作计划表

	事项	内容
会前	项目启动	组建项目组 论坛方案策划
	初步实施	制定论坛布置方案 制定论坛日宣传方案 策划论坛日相关活动
	具体实施	准备相关审批材料 政府审批备案 媒体公关

续表

	事项	内容
会前	人员接待	确认相关服务人员 落实活动贵宾的食、住、行 确保准时、准确参加相关活动
	完善实施	确定活动嘉宾名单 审核具体工作、安排人员布场 确定开幕式方案 安排接待等事务
	检查落实	检查现场及工作各个环节 培训工作人员
会中	论坛现场管理	与会人员现场服务工作 安保、保洁工作落实 确认各项配套活动有序进行
会后	后续工作	送别服务 信息统计(问卷调查与分析) 撰写报告与具体收支情况
	结算阶段	财务结算 活动总结

资料来源:周亚秋、杨唯一、郑遥遥、高晨雨:《"2020 青岛智能公路高峰论坛"策划方案》,"2019 第五届山东省'技能兴鲁'职业技能大赛——全省会展行业创意设计竞赛",青岛酒店管理职业技术学院参赛作品。

4. 财务预算

财务预算包括:会场租赁费、专家邀请费、住宿费、餐饮费、交通费、宣传费、文件资料费、场布费、设备费、邀请函制作、鲜花、铭牌、横幅、嘉宾礼品、合照、会议人员费(主持人、翻译、安保员、保洁员、志愿者等),以及外包演出、外包旅游活动、场地搭建等费用支出。

5. 应急预案

完成应急预案的具体步骤,主要指成立应急预案小组,并做好分工,以总体协调、安排、组织各项安全应急工作,迅速处理突发事件的救援工作,包括火灾事故、拥挤踩踏、突然停电、极端天气、其他安全事故,并根据现实条件提供医护准备等。

二、会议邀请文案

(一)会议通知

会议通知是向与会者传递召开会议信息的载体,是会议组织者同与会者之间进行会前沟通的重要渠道，也是会议准备工作的重要环节。它的作用在于：传递有关会议的内容、性质、方式、时间、地点等基本信息，以便与会对象做出是否参会选择，让与会者做好充分的思想准备和物质准备，以便安排好工作，按时赴会；及时反馈与会者的有关信息，使会议组织者做好接待准备；收集与会者提出的议案、提交的论文或交流资料、准备展示的物品等，以便进一步完善议程，审定或筛选论文或资料。在一些法定性会议中，正式成员具有出席会议的法定权利，向他们发出会议通知是会务工作机构的法定义务，同时也是对与会者权利的尊重。[①]

1. 会议通知的种类

会议通知按性质可分成预备性通知和正式通知。预备性通知先于正式通知发出，其作用主要是请与会者事先做好参加会议的准备。会议通知按名称可分为会议通知、邀请信（函、书）、请柬、海报、公告等。用于研究工作、进行决策的会议通知，发送对象是会议的常规成员和法定成员、本机关或本单位内部的工作人员、下级机关或所属单位等；邀请信（函、书）一般用于横向性会议，具有礼节性，发送对象是不受本机关职权所制约的单位以及个人，如召开学术性会议，通常以发邀请信为宜；请柬主要用于举行仪式类活动，如开幕式、签字仪式等，发送对象一般都是上级领导、社会人士、同行业单位等；海报是一种公开性的会议通知形式，通常采用张贴的方式，主要用于可以自由参加的学术性报告会；公告是一种专门用于股份公司召开股东大会时，通过登报发出的会议通知。

2. 会议通知的内容

会议通知的内容要尽可能详尽、明确。书面通知一般应当写明以下几方面的内容。

(1)会议名称。会议名称全写。

(2)主办单位。会议举办的主导方、发起方。主办单位名称须全写，多方联合主办，则写明所有主办单位的名称。

(3)承办单位。会议举行的承办方，负责会议举办的各项具体工作。承办单位名称须全写，多方联合承办的，则写明所有承办单位的名称。

(4)协办单位。协助会议举行的相关单位。协办单位名称须全写，多方协助办理，则写明所有协办单位的名称。

(5)会议内容。包括会议举办的目的、主题、议题、日程和议程等。

(6)参加对象。确定参会对象的大致范围，将会议通知发给与会者个人，如参会人员有职务、级别等要求，则下发时向单位说明。

(7)会议时间。包括报到时间、会议正式开始时间、会议结束时间。

---

① 参见许传宏编著：《会展文案》，清华大学出版社 2013 年版，第 102 页。

(8)会议地点。包括会场所在的具体地址、会场名称,可附简要地图,标注地理方位、交通线路等。

(9)其他事项。包括参会费用、报名方式和截止日期、论文提交要求及截止日期、会议接待(接机、接站)等。

(10)联络信息。包括会议筹备机构的地址、邮编、传真号码、联系人姓名及电话、电子邮箱、网址、微信公众号等。[①]

(二)会议邀请函

会议邀请函是会议主办方向参会方发出的邀请信函,主要包括以下几类。

(1)政府会议邀请函。政府会议邀请函,包括敬称、会议时间、会议地点、参会嘉宾、主办单位、支持单位、会议举办目的、会议议题、会议讨论的主要内容、报名时间及截止日期、联系信息等。

(2)机关会议邀请函。机关会议邀请函,包括组织机构、指导单位、协办单位、承办单位、主题背景、主要议题、主要活动、与会嘉宾、大会议程、会议时间、会议地点等。

(3)论坛会议邀请函。论坛会议邀请函,包括敬称、论坛举办目的、主题、邀请的重要专家或嘉宾、会议主办方、会议名称、会议举办时间及地点、会议讨论的主要内容、报名要求(是否提交论文)、报名方式、费用说明、报名时间及截止日期、会议日程及议程、具体地址、联系信息等。

(4)年会邀请函。年会邀请函,包括敬称、年会背景、举办目的、年会名称、主办单位、承办单位、组织机构、年会内容、活动形式、参加对象、举办时间和地点、联络方式、费用说明、接待方式、落款(署主办单位名称并盖章)等。

(5)发布会邀请函。发布会邀请函,包括敬称、会议主办方、会议名称、会议举办时间及地点、出席嘉宾情况、发布的新产品或新主题、具体地址、联系信息、拟参加者反馈渠道及时间期限等。

(6)商业会议邀请函。商业会议邀请函,包括敬称、会议举办日期、会议简介、会议主题、会议举办具体时间安排、会议主要嘉宾、联系方式、会议地址、指导单位、主办单位、承办单位、支持单位、拟参加者反馈渠道及时间期限等。

(7)客户会议邀请函。客户会议邀请函,包括敬称、会议名称、会议目标、会议时间、具体活动安排、活动地点、活动人数及费用、拟邀请人员级别、报名方式、联系信息、报名回执表发送及时间期限等。

(8)订货会邀请函。订货会邀请函,包括邀请单位敬称、商品名、商品简介、会议主题与内容、订货会组织单位、邀请参加人员、会议时间、会议地址、联系方式、其

---

① 参见许传宏编著:《会展文案》,清华大学出版社 2013 年版,第 102～103 页。

他事项说明(费用说明、接待方式等)。[①]

三、会议赞助文案

(一)赞助类型

所谓赞助,通常是指某单位或某人拿出资金、物品等,对其他单位或个人进行帮助和支持。赞助单位力所能及地参与赞助活动,是其进行商务活动的常规形式,也是其协调本单位与政府、社会各界公共关系的重要手段。因此,赞助一直颇受企业等重视。其分类包括:一是依据赞助物所划分的赞助类型。赞助物,在此特指赞助单位或个人向受赞助者提供的赞助物品。它往往取决于赞助单位或个人的实力与受赞助者的实际需求。二是依据赞助项目所划分的赞助类型。赞助的项目,在此具体是指受赞助的对象。[②]

除此之外,还可以根据赞助单位或个人向受赞助者所提供的对方所需金额的多少,将赞助的类型分为全额赞助或部分赞助。或者根据赞助单位或个人的具体数量的多少,将赞助的类型分为单方赞助与多方赞助。

(二)赞助方案内容

赞助是企业进行品牌营销与传播的重要途径和手段。赞助方案的主要内容包括:赞助级别(全场总赞助、钻石级、铂金级、黄金级等)、不同级别的赞助金额、赞助回报及具体方式等。如全场总赞助回报方式及享受服务事项明细一般包括:开幕式前排就座、欢迎大会出席名额、商业晚宴出席名额、行业交流酒会出席名额、大会专题分论坛主持人和大会专题分论坛发言人、赠送参会名额、大会宣传资料中印出赞助单位标识、大会网站重点突出赞助单位标识、大会现场显著位置放置赞助单位标识、大会会刊上刊登赞助单位标识和单位介绍、项目发布及对接服务(官网、大会现场)、大会展报的专题报道、大会期间行业媒体专访、大会现场专用洽谈室、大会期间酒店客房、专用车服务、冠名一场专题活动等。其他级别赞助,根据不同级别的赞助金额等,给予相应的赞助回报。一般而言,各赞助条款可以根据赞助公司具体情况和市场战略与会议举办方进行协商,作适当调整。

1. 赞助方式

通常而言,赞助物可以分为实物、资金、义卖、义工四类。依据会议举办的需要,会议赞助物主要包括实物赠予、会议物料、资金、器材及设备使用支持、技术支持等。[③] 例如,会议现场赞助有:冠名招待酒会,设立酒会洽谈区,为所有参会嘉宾提供免费餐饮;为会议提供志愿者服装、导视系统等物料及设备。

---

① 参见周健华编著:《会展策划与组织》,北京师范大学出版社2020年版,第172～173页。

② 参见左慧主编:《新编现代礼仪现用再查》,内蒙古人民出版社2002年版,第200～202页。

③ 参见左慧主编:《新编现代礼仪现用再查》,内蒙古人民出版社2002年版,第201～203页。

2. 宣传策略

赞助商可选择单一宣传方案、组合宣传方案，可根据赞助金额、实物等数额及力度，将赞助商的宣传贯穿整个会议活动，或穿插于会议某一项或几项活动。赞助商可通过冠名、本企业领导作为剪彩嘉宾或发言嘉宾、会议手册封面、灯箱广告、横幅、软文广告、新闻报道等宣传方式实现企业品牌或产品宣传。通常情况下，会议举办方为提供赞助的企业提供一个全方位的展示平台，通过大会的会前、会中、会后的市场推广和集中展示，增加公众对赞助企业的品牌或产品等接触和了解，扩大其知名度。

延伸阅读

第三届中国语言服务业协同创新发展国际论坛暨 2018 年语资网会员大会赞助类型和回馈权益

时间：2018 年 10 月 17～18 日

地址：安徽工业大学学术会议中心（安徽马鞍山）

1.室外合影宣传板右上角 1/8 版面冠名：¥×××元，限 1 家。

2.译直播独家广告：¥×××元，限 1 家。

3.大会主会场论坛椅背广告：¥×××元，限 1 家。

4.语资网 & 安工大"雨山湖之夜"欢迎晚宴冠名：¥×××元，限 1 家。

5.吊牌广告：¥×××元，限 1 家。

6.参会嘉宾礼物独家赞助商：×××元/家，限 2 家。

7.参会嘉宾资料袋独家赞助商：¥×××元/家，限 1 家。

8.会刊反面独家广告：¥×××元/家，限 1 家。

9.新时代高校翻译专业产教融合发展论坛椅背广告：¥×××元/家，限 1 家。

10."一带一路"倡议下国际学生教育发展论坛椅背广告：¥×××元/家，限 1 家。

11. 大厅展位（按付款时间顺序排列）：¥×××元/家，限 10 家。

12. 会刊内页整版广告（按付款时间顺序排列）：¥×××元/家，不限制。

赞助联系人：左先生 189××××××××。

报名链接：https://q.eqxiu.com/s/5UsZMxB4。

资料来源：《第三届中国语言服务业协同创新发展国际论坛暨 2018 年语资网会员大会赞助类型和回馈权益》，2018 年 10 月 24 日，http://www.ilaic.org/event_8.html。

3. 赞助分析

根据赞助的类型、力度等，对赞助单位的动机、目的，以及所要达成的目标等进行直观了解、深入分析，依据会议举办的客观条件等，为赞助商实现冠名、软文广告、新闻报道、会议使用物料上的广告、电子刊物广告等宣传目标。会议组织方在会议举办过程中，尽可能帮助赞助企业扩大赞助活动的社会影响；同时，可采用广告和新闻传播等手段，使赞助活动的效益达到最佳峰值，争取会议赞助的可持续性。

4. 赞助单位目标达成测评

赞助活动结束后，组织应该对照计划，测定实际效果。赞助活动的效果应由组织方自身和专家共同评测，尽可能做到符合客观实际。检测过程包括检查、收集各个方面对此次赞助的看法、评论，看是否达到预定目的。比如，是否为赞助企业提供新的合作交流机会，还有哪些差距，对效果不理想的应该找出原因。最终形成总结报告，并归档储存，为以后的赞助活动提供参考。

第四节　节事活动文案写作

节事活动作为会展产业中的重要门类，包括各类节日、仪式、赛事、活动、庆典等等。在节事活动统筹、规划、组织、协调全过程中，活动主题内容策划、可行性研究、营销推广方案、现场管理方案、配套活动策划等等，都属于节事活动文案的范畴。随着市场需求日益多样化，节事活动的内容和形式急需创新，节事文案的写作在遵循规范性的同时，也应注重创意性，助力优质节事品牌的塑造。

一、节事活动文案写作概述

（一）节事活动文案的类型

依据节事活动项目从策划筹备到现场组织管理再到收尾评估的时间线，可将节事活动文案分为活动前文案、活动中文案和活动后文案三大类型。

1. 活动前文案

活动前文案，即节事活动项目前期筹备阶段需要完成的文案，主要包括节事活动立项申请书、节事活动项目策划、可行性分析报告、活动通知、邀请函、活动流程、接待方案、宣传方案、安保方案，以及与合作方共同拟定的合作合同，等等。

2. 活动中文案

活动中文案，顾名思义，指节事活动举办过程中服务于现场组织管理的文案。这一类文案主要包括活动开（闭）幕式方案、嘉宾致辞、现场登记表、媒体报道、调查问卷以及所需要的各类统计表、简报、通讯等等。

3. 活动后文案

活动后文案是节事活动项目成功举办或提前终止后所要完成的文案，包括总结性新闻报道、社交平台推送的宣传文稿、活动项目总结、活动项目评估报告等等。

(二)节事活动文案的写作要点

文案质量是决定节事活动项目整体水平的重要因素，高质量活动文案的写作应遵循以下几个要点。

1. 信息准确，目的明确

文案并非简单的文字组合，而是开展工作、解决问题的依据，同时也是提升活动品牌价值的利器。因此，节事活动文案的写作应具有极强的目的性，避免散漫的拼凑和缺乏具体目标的设计。

由于节事活动项目的运作涉及多部门、多行业，服务对象较为复杂，对现场管理的要求极高。因此，作为前期筹备和现场组织依据的节事活动文案必须逻辑严密、信息准确。为了使方案执行者能准确地获得有效信息和行为依据，节事活动策划方案对于每一环节工作内容的表述应当简练清晰，不得使用模糊或容易产生歧义的语言。

2. 主题突出，创意鲜明

节事活动的吸引力和竞争力源自它的个性，因此，选择适当的主题并进行独创性的设计和安排是节事活动策划中的焦点问题。节事活动的主题内容、受众群体不同，所处的地域环境和面临的竞争也存在差异。因此，节事活动文案的写作应深入挖掘活动主题的个性价值，突出活动特色，以此为基础展现独到的创意并产生强大的市场吸引力，使节事活动收获预期的效果。

节事活动文案的写作既要科学准确，又要力争以创新取胜，可以是活动理念的创新、主题的创新，也可以是活动形式的创新和组织机制的创新，还可以是策划视角和写作手法的创新。通过创新保持活动的生命力，给参与者留下深刻印象。成功的文案不仅可以为活动"造势"，更是凸显价值、积累口碑的帮手。

3. 注重细节，严格规范

节事活动项目文案的写作既要立足现实，又要面向未来，涉及活动项目筹备和实施过程中的许多具体问题。因此，节事活动文案的写作应关注容易被忽略或出现纰漏的细节问题，严格规范节事活动程序。

4. 高效可行，切忌浪费

节事活动项目文案应具有较强的可执行性，并且对活动过程中可能发生的状况具有一定的预知性。在当前的社会环境和市场环境中，节事活动各类文案的写作也应当以"高效"为核心，与活动主题相匹配，科学性、可行性和独特性缺一不可，将活动价值更好地传递给公众，也提升活动策划与组织的效率及质量。

二、节事活动开、闭幕式文案写作

开幕式是标志着节事活动正式开始的具有象征意义的仪式，对于提升活动知名度、扩大影响力有着重要的作用。开幕式文案的作用是对开幕式的各项内容进行策划与安排，保障开幕式顺利进行。

闭幕式是标志着节事活动结束的具有象征意义的仪式，通过闭幕式策划方案对各项工作进行安排，格式规范与开幕式策划方案一致。

（一）开幕式策划方案的主要内容

节事活动开幕式策划方案一般包含以下内容。

（1）开幕式的名称、时间、地点。

（2）开幕式相关方。包括主管机关、承办单位、协办单位、赞助单位、新闻单位等。

（3）主持人、致辞人和主要嘉宾的身份、姓名及出场顺序。

（4）开幕式的形式。常见的形式包括以致辞为主的形式、以文艺演出为主的形式、以比赛的形式（体育类节事活动）及以群众参与活动为主的形式。

（5）配套设施。开幕式相关的硬件准备。

（6）接待。对相关人员的接待安排和分工。

（7）开幕式的流程。

（8）经费安排。

（二）闭幕式策划方案的内容

节事活动闭幕式策划方案主要包含以下内容。

（1）闭幕式的名称、时间、地点。

（2）主办单位和参与范围。

（3）主持人、致辞人和主要嘉宾的姓名、身份及出场顺序。

（4）闭幕式形式。同开幕式相似，闭幕式常见的形式有以致辞为主的形式、以文艺演出为主的形式、以群众参与活动为主的形式。与开幕式不同的是，闭幕式通常时间较短，内容较少。

（5）配套设施。闭幕式相关的硬件准备。

（6）接待。对相关人员的接待安排和分工。

（7）闭幕式的流程。

（8）经费安排。

（三）开、闭幕式策划文案的格式规范

（1）标题。策划方案的标题应明确展示节事活动和开、闭幕式的名称。

（2）主送机关。如果该活动的开、闭幕式方案需要报请上级批准，应当写明主

送机关。

(3)策划方案正文。首先,应当阐明开、闭幕式的目的和意义;其次,条理清晰地说明方案各项内容。需要报请上级批准的方案,结尾处应写"敬请审核以上方案"等字样。

(4)落款及时间。开、闭幕式的策划方案应当署名并明确标注时间。

三、节事活动签约仪式文案写作

随着政府主导、市场运作的组织形式逐渐成为国内节事活动产业的主流,签约仪式也成为了活动项目筹备和实施过程中的重要活动。签约仪式标志着合作的生效,也具有一定的宣传推广功能。节事活动签约仪式策划方案通常包括以下主要内容。

(1)签约时间、地点、主持人。

(2)签约双方。

(3)参与签约的人员及其职务。

(4)签约仪式议程安排。常见的签约仪式通常按以下流程进行:

①由主持人进行开场白,介绍参加签约仪式的主要来宾。

②相关领导或签约双方代表致辞。

③主持人或双方代表介绍签约项目情况。

④双方代表进行签约。

⑤主持人宣布签约完成。

⑥庆祝活动或仪式。

(5)主要筹备工作。

(6)会场布置。

(7)所需物资清单及预算。

(8)其他注意事项。

四、节事活动发布会文案写作

节事活动发布会既是信息公开的平台和渠道,在现在的市场环境中,又对活动进行宣传推广、提升活动及举办地形象、吸引消费者注意的重要方式。

节事活动发布会策划方案主要包括以下内容。

(一)明确发布会的背景、主题与目标

这一部分内容的写作要点是注重逻辑上的贯穿一致,突出该发布会的核心构成或策划的创意之处。其中,发布会目标指的是主办方组织活动的意向和发布会预期的效果,应鲜明地体现于发布会主题之上。因此,发布会的主题必须能够涵盖

活动的背景和意义，用言简意赅而又能吸引眼球的创意性词语予以概括。

(二)准确传达活动时间与地点

在发布会文案中，策划者必须明确活动时间和地点的安排，尤其要注意发布会可能会遇到的紧急状况，诸如(户外发布会)天气状况、交通状况、现场突发事件等。

(三)设计发布会的形式与内容

发布会的形式及内容是发布会文案的核心，因此策划者要根据主办方的意图对相关内容进行创造性的设计。该部分写作的基本要领是，发布会的形式要有具体的流程，发布会的内容要有与时间节点相一致的运作清单。

(四)设计发布会流程

一般来说，发布会的流程大致可以分为三个阶段。

(1)前期准备。明确工作人员的安排、场地及设备、主办方、邀请嘉宾、前期宣传、具体环节、主持人、应急预案等内容。

(2)发布会现场管理。根据发布会内容的时间顺序或逻辑顺序，列出整体运行流程，辅以图表标示重要内容及时间节点，涉及如奖项评定标准、活动规则等特定内容可选择以附录的形式详细呈现。

(3)发布会收尾。发布会结束后，后续收尾工作包括汇总活动记录、总结工作得失、撰写新闻稿件、清理场地、归还租用物品、资金结算等。

本章小结

1. 会展文案，既可指会展活动当前正在运转、发挥现实效用的会展文件或会展文书，又可以指经过系统化整理立卷并归档、正在或即将发挥历史效用的会展档案。包括展览会文案、会议文案、活动文案等。

2. 文案收看的对象、文案性质、开展业务的需求等决定着会展文案的写作方法，会展文案使用的语言文字也有自身的要求。

3. 展览会策划文案、展览会营销文案、展览会服务文案、展览会评估总结文案的写作方法。

4. 会议通知、会议议程安排、会议邀请函、会议赞助方案的写作方法。

5. 节事活动文案的类型与写作特点；节事活动开、闭幕式文案和节事活动签约仪式的文案写作。

思考与练习

1. 会展文案的作用是什么？有哪些类型？

2. 展览会策划文案的构成有哪些？格式与要点是什么？

3. 试撰写一份展览会广告文案。

4. 参展商服务手册的内容有哪些？
5. 展览会评估总结文案的结构包括哪些内容？
6. 会议通知有哪些类型？通知写作主要包含哪些内容？
7. 试撰写一份会议议程。
8. 会议赞助方案包括哪些内容？
9. 节事活动文案的写作要点有哪些？
10. 试撰写一份活动开幕式文案。

案例分析(一)

2019年中国地理学会(华北地区)学术年会通知(第二轮)

根据中国地理学会工作安排，定于2019年7月17～19日在山西忻州召开"2019年中国地理学会(华北地区)学术年会"。会议主题为"地理空间·人地和谐·绿色发展"。

一、会议组织

主办单位：中国地理学会

承办单位：忻州师范学院、五台山风景名胜区管理委员会、中共宁武县委、宁武县人民政府、中国地理学会华北地区代表处

协办单位：山西师范大学地理科学学院、太原师范学院地理科学学院、山西财经大学资源环境学院、北京地理学会、天津市地理学会、河北省地理学会、山东省地理学会、内蒙古地理学会

二、会议议题

"天人合一"思想与生态环境可持续发展；

绿色发展与地理学；

生态环境优化与自然地理学；

区域协同发展与人文地理学；

大数据应用与GIS、遥感技术；

全域旅游发展与经济转型；

……

三、会议日程

时间	项目	地点
7月17日10:00—21:00	报到注册、缴费	忻州市泛华大酒店
7月18日9:00—9:30	年会开幕式	忻州师范学院崇艺楼演播厅

续表

时间	项目	地点
7月18日9:30—12:30	大会学术报告	忻州师范学院崇艺楼演播厅
7月18日14:00—18:10	大会学术报告	忻州师范学院崇艺楼演播厅
7月19日8:30—12:00	分会场学术报告	忻州师范学院行知楼
7月19日13:30—17:15	分会场学术报告	忻州师范学院行知楼
7月19日17:30—18:30	年会闭幕式	忻州师范学院行知楼
7月20日	野外研学或离会	

四、特邀大会报告人

×××　××××××××××教授。

×××　××××××××××教授。

……

五、论文征集

(1)论文格式：论文题目、作者姓名、作者单位、中文摘要(300～500字)、关键词(3～5个)、论文正文、参考文献以及相应的英文题目、姓名、单位、摘要、关键词。具体格式请参照最新一期《地理学报》。

(2)作者简介：论文首页脚注处注明“作者简介”，包括姓名、出生年月、性别、职务与职称、主要研究方向，以及详细通信地址、联系电话、Email。

(3)论文要求：要求论文论点明确、文字通顺、数据可靠、文责自负。格式为word文档。

(4)提交方式：请将论文摘要和全文(论文语言为中文)以电子邮件发送至会议邮箱278××××××@qq.com，截稿时间为2019年7月5日。

六、野外研学

本次年会全权委托第三方组织野外研学。参会者自愿参加，费用自理。具体事宜请联系：史先生(139××××××××)。

研学备选点：五台山(冰缘地貌的形成机制与宗教文化的价值体系)、雁门山(边塞关城、商城的变迁与古丝绸之路的关系)、管涔山(“万年冰洞”冰室效应的形成机制、高山湖泊群的演化过程与动力机制、汾河源头水质的时空变异与原因)、恒山(地质地貌的形成机制与宗教文化的价值体系)、大同火山群(第四纪火山群的地貌特征及其发育过程)、武周山(砂岩地貌的形成机制与宗教文化的价值体系)、大同市区(依托历史文化名城的资源型城市转型模式)。

七、会议交通

(1)忻州西站(高铁):至忻州泛华大酒店(约6公里),出租车费用约××元。

(2)忻州火车站:至忻州泛华大酒店(约2公里),出租车费用约××元。

(3)太原武宿国际机场:至忻州泛华大酒店(约90公里)。

(4)忻州五台山机场:至忻州泛华大酒店(约40公里)。乘坐机场大巴直达忻州泛华大酒店,费用约××元;乘坐出租车费用约××元。

(5)忻州汽车客运中心:至忻州泛华大酒店(约4公里),乘坐出租车费用约××元。

八、会议费用

(1)注册费

非中国地理学会会员:××元

中国地理学会有效注册会员:××元

中学地理教师及在校学生(以工作证、学生证为凭):××元

(2)住宿费

会议期间住宿统一安排,费用自理,请自行向会议酒店索取发票。会议酒店(忻州市泛华大酒店)标准间协议价:××元/标间(含早餐)。受季节性价格波动影响,住宿费用可能出现小额浮动。

九、会议注意事项及联系方式

请于2019年7月10日前将回执单发至会议邮箱:××××××@163.com。

附件:

2019年中国地理学会华北片区年会二号通知

2019年中国地理学会(华北地区)学术年会回执单

野外研学详细信息

资料来源:《2019年中国地理学会(华北地区)学术年会通知(第二轮)》,2019年7月2日,http://www.gsc.org.cn/content.aspx? id=1015。

☞ **问题**

1. 归纳上述会议通知所包含的主要内容。
2. 查阅资料,为某一在济南市举办的学术会议撰写一份会议通知。

案例分析(二)

泉城“游”你——2019济南旅游文化艺术节开幕式文案

一、时间:2019年10月1日

二、地点:济南市泉城广场

三、主办单位:济南市人民政府

承办单位:济南市文化和旅游局、济南市文化广电新闻出版局

支持单位:山东旅游有限公司、济南市旅游汽车有限公司、嘉华旅游、齐鲁晚报、山东电视台、山东龙冈旅游集团、济南市公共交通客运有限责任公司

四、参加人员:政府代表、旅游文化艺术节主办方、山东省知名旅行社代表、赞助商代表、新闻媒体记者、相关工作人员、游客及观众

五、开幕式活动流程:

8:00—8:10　相关工作人员就位,进行各项准备、验收工作

8:10—8:20　嘉宾到场签到

8:20—8:30　引导嘉宾步入主席台

8:30—8:40　主持人宣布开幕式开始,介绍与会代表、媒体

8:40—9:20　嘉宾致辞,活动开始

9:20—9:25　各方代表共同按动启动球,宣布本届旅游文化艺术节正式开幕

9:25—9:40　启动球按动后,进行音乐喷泉表演

9:40—10:50　开幕式文艺汇演

10:50—10:55　主持人宣布开幕式结束

10:55　工作人员引导代表、主办方、新闻媒体记者、观众退场

资料来源:《泉城“游”你——2019济南旅游文化艺术节策划方案》,“2019年山东省‘技能兴鲁’职业技能大赛——全省会展行业创意设计竞赛”,济南大学参赛作品。

问题

1. 活动开幕式文案包含哪些内容?

2. 按照活动开幕式文案撰写规范,你认为上述文案应该如何修改?

参考文献

[1]刘大可主编:《展览会组织与经营》,中国人民大学出版社 2012 年版。

[2]罗秋菊主编:《会展概论》,高等教育出版社 2020 年版。

[3]李玺、叶升编著:《企业活动策划——理论、方法与实务》,清华大学出版社 2014 年版。

[4]杨杜等:《管理学研究方法》,东北财经大学出版社 2013 年版。

[5]江金波编著:《会展项目管理——理论、方法与实践》,清华大学出版社 2014 年版。

[6]张灿鹏编著:《市场调查与分析》,北京交通大学出版社 2021 年版。

[7]周晓音、李群编著:《会展调研实务》,浙江工商大学出版社 2021 年版。

[8]张学梅、付业勤主编:《会展市场营销》,西安交通大学出版社 2018 年版。

[9]王春雷、陈震:《展览项目管理:从调研到评估》,中国旅游出版社 2012 年版。

[10]吴诗中主编:《科技展览策划与设计》,中国科学技术出版社 2019 年版。

[11]黄彬主编:《展览策划与组织》,浙江大学出版社 2020 年版。

[12]冯利英等编著:《市场调查——理论、分析方法与实践案例》,经济管理出版社 2017 年版。

[13]施谊主编:《会展项目管理》,北京大学出版社 2015 年版。

[14]陈凯主编:《市场调研与分析》,中国人民大学出版社 2021 年版。

[15]刘晓杰、杜娟主编:《会展服务》,化学工业出版社 2017 年版。

[16]张晶主编:《会展服务与管理》,南京师范大学出版社 2013 年版。

[17]张凡编著:《会展策划》,华中科技大学出版社 2019 年版。

[18]吴志才编著:《会展策划理论与实务》,经济管理出版社 2016 年版。

[19]舒波、冯麟茜主编:《会展策划与管理》,清华大学出版社 2016 年版。

[20]陈鲁梅主编:《会展策划与管理》,化学工业出版社 2016 年版。

[21]吴杰主编:《会展策划》,中国旅游出版社 2016 年版。

[22]许传宏编著:《会展文案》,清华大学出版社 2013 年版。

[23]许传宏:《会展创意设计源流》,清华大学出版社 2018 年版。

[24]许传宏编著:《会展策划与管理》,华中科技大学出版社 2019 年版。

[25]马聪玲:《中国节事旅游研究:理论分析与案例解读》,中国旅游出版社 2009 年版。

[26]肖葱、罗明志主编:《会展策划与管理》,华中科技大学出版社 2019 年版。

[27]谭红翔主编:《会展策划实务》,对外经贸大学出版社 2007 年版。

[28]朱沁夫、雷春编著:《会展策划与管理》,哈尔滨工程大学出版社 2012 年版。

[29]刘松萍、吴建华主编:《会展文案》,南开大学出版社 2013 年版。

[30]向国敏、刘俊毅:《会展文案:写作与评改》,华东师范大学出版社 2016 年版。

[31]戴光全、马聪玲主编:《节事活动策划与组织管理》,中国劳动社会保障出版社 2007 年版。

[32]方玲玲、洪长晖主编:《会展文案写作》,浙江大学出版社 2015 年版。

[33]纪庆军、王茜主编:《会展文案写作》,山东科学技术出版社 2016 年版。

[34]毛军权、王海庄编著:《会展文案》,复旦大学出版社 2006 年版。

[35]张骁鸣等编著:《节事活动策划与管理》,中山大学出版社 2014 年版。

[36]卢晓编著:《节事活动策划与管理》,上海人民出版社 2016 年版。

[37]吴建中主编:《世博会主题演绎》,上海科学技术文献出版社 2008 年版。

[38]刘嘉龙主编:《会展策划与管理》,中国旅游出版社 2015 年版。

[39]马勇、王春雷主编:《会展管理的理论、方法与案例》,高等教育出版社 2003 年版。

[40]陈楠主编:《会展业概论》,北京大学出版社 2014 年版。

[41]马骐、仲欣主编:《会展业策划与管理》,清华大学出版社、北京交通大学出版社 2018 年版。

[42]向国敏:《会议学与会议管理》,首都经济贸易大学出版社 2016 年版。

[43]王战主编:《2010 年世博会创新与发展——2003/2004 年上海发展报告》,上海财经大学出版社 2004 年版。

[44][美]乔·戈德布拉特:《国际性大型活动管理》,陈加丰、王新译,机械工业出版社 2003 年版。

[45][美]伦纳德·纳德勒、泽西·纳德勒:《成功的会议管理:从策划到评估》,刘祥亚、周晶译,机械工业出版社 2003 年版。

[46][加]克劳德·赛尔旺、[日]竹田一平:《国际级博览会影响研究》,魏家雨等译,上海科学技术文献出版社 2003 年版。

[47][挪威]安娜·路易莎·桑切斯·劳斯:《博物馆网站与社交媒体:参与性、可持续性、信任及多元化》,刘哲译,上海科技教育出版社 2017 年版。

[48][美]B.约瑟夫·派恩、詹姆斯·H.吉尔摩:《体验经济》(更新版),毕崇毅译,机械工业出版社 2012 年版。

[49]包铁全、郭旭峰:《文化创意产业视角下的体育产业发展战略》,《中国商贸》2009 年第 11 期。

[50]王青道:《后内容时代的会议该怎么策划》,《中国贸易报》2014 年 9 月 30 日。

[51]徐依娜:《5G 改变世界　5G 创造未来　首届世界 5G 大会在京开幕》,《中国会展(中国会议)》2019 年第 22 期。

[52]徐依娜:《巴黎连续两年蝉联首位　ICCA 发布 2019 年国际协会会议数量排名》,《中国会展(中国会议)》2020 年第 10 期。

[53]庄米:《第四届亚洲国际优质布料及配件展览会毛纺部分调研》,《毛纺科技》1991 年第 3 期。

[54]祝成炎等:《91 年上海多国纺织工业展览会丝绸设备调研报告》,《丝绸》1991 年第 10 期。

[55]王春雷:《从一份调查报告看展览会网站设计》,《中国广告》2006 年第 4 期。

[56]董山峰:《“物业管理”因世博而变——对话上海市物业管理协会会长蔡兴发》,《光明日报》2010 年 10 月 30 日。